本书出版获湖北省重点学科（中国史学科）资助

李灵玢 著

洞商与羊楼洞区域社会

中国社会科学出版社

图书在版编目（CIP）数据

洞商与羊楼洞区域社会/李灵玢著.—北京：中国
社会科学出版社，2016.3
ISBN 978 - 7 - 5161 - 8136 - 2

Ⅰ.①洞… Ⅱ.①李… Ⅲ.①茶叶—商业史—
研究—赤壁市 Ⅳ.①F326.12

中国版本图书馆 CIP 数据核字（2016）第 099852 号

出 版 人	赵剑英
责任编辑	安　芳
责任校对	郝阳洋
责任印制	李寡寡

出　　　版	中国社会科学出版社
社　　　址	北京鼓楼西大街甲 158 号
邮　　　编	100720
网　　　址	http://www.csspw.cn
发 行 部	010 - 84083685
门 市 部	010 - 84029450
经　　　销	新华书店及其他书店

印　　　刷	北京明恒达印务有限公司
装　　　订	廊坊市广阳区广增装订厂
版　　　次	2016 年 3 月第 1 版
印　　　次	2016 年 3 月第 1 次印刷

开　　　本	710×1000　1/16
印　　　张	15.25
插　　　页	2
字　　　数	258 千字
定　　　价	56.00 元

目　　录

绪　　论

第一节　缘起

2012 年初春的一天，笔者进入羊楼洞进行田野调查。

今天的羊楼洞，主体制茶业已经迁出，收购茶货的主要业务也早已停办，当年进驻过无数茶庄的巨大行屋已在抗日战争中被日军山连村司令官带领的骑兵以马拉火烧毁去太半，仅剩的一条石板街，以及街两边密集排列的曾经是各色店铺的门面屋，都已经褪去了往时的繁华与喧嚣，在四面青山的陪伴下静静地延伸伫立，在我回荡的足音中仿佛悄悄诉说着曾经的财富神话。

行走在悠长的石板路上，我心中常常会升起一种异样的、不真实的感觉。在我心中，羊楼洞真是一个很不适宜成为商业中心的小镇，它僻处鄂南山中，交通甚不便利，距最近的水道也有好几公里，而且即使在水满时节也只能通行吃水较浅的小船；居民人数不多，且田多为山地，原本毫无政治影响；就属于茶产地这一点而言，它与周遭几十里当中的许多小镇并无二致。茶业为清朝晚期我国最大项涉外贸易，每年数千万两白银的海量交易，难道历史真会选中羊楼洞这样一个并不起眼的山间小镇作为茶市和茶业的中心吗？

然而脚下默默延伸的石板街，以及石板上隐约可见的车轮辗出的沟槽，都在清晰地告诉我，这一切都曾真实地发生过。当年这条石板街上，数百辆结队而行的独轮车曾各自满载数百斤茶货匆匆辗过；在这个小镇上，当年确实曾经人头攒动，每当茶季，往来的商贩、行人摩肩接踵，等待出卖毛茶的茶农和茶贩排起的队伍沿街迤逦。酒馆和小食店的叫卖声、茶烟馆和妓楼中小曲的吟唱声、牙行和当铺中传出为示公允而故意拉长喊出的评级声、运茶的独轮车队车轴和车轮发出的咿呀声、铁匠铺喘息的风箱和打铁时发出的叮当声，曾汇成愉快而喧闹的巨大声流。熟食铺、酱园、糟行和菜市发出的各种气味，撩拨着人们的味蕾和神经；行人各色服饰、匹头行扯出的新到布样，不同店铺悬挂的商帘、牌匾五光十色，巨大的财富就曾在这声色的海洋中无声地流动。这些情景的真实性，我已经无数次在图书馆那些厚厚的书籍中读到，又曾在省档案馆那些蒙有灰尘的卷宗中验证。

于是，一些疑问都在这似真似幻的时刻浮上我的心头：历史在什么样的时刻曾给了此地以什么样的机缘，使这个长不过千米的街道和几里见方的小镇勃然兴盛，以至于在西方并不记载蒲圻县的地图上，羊楼洞这一个小镇地名竟赫然以醒目的形式出现？羊楼洞的茶业是如何产生、发展、鼎盛，又是如何走向衰亡？考察中一直存在于我心中的疑问，也逐渐凝结成最初撰写本书的动因——写一部最为真实地反映羊楼洞茶业兴衰的洞镇茶业史。

为了获得更多的第一手资料，我一次次进入羊楼洞和与之有关的赵李桥、羊楼司、新店，逐一细看茶砖厂每一个车间，踏勘新店河中用麻条石砌成的旧水码头，徜徉在回子街曲折的深巷中。我进入仅存不多的已改成民居的茶行老屋，询问老屋变迁的历史，探访他们家中的旧时族谱，去看他们珍藏的半块俄商制作的红茶茶砖；我约谈耆老，听他们讲述小镇的旧事和民间传说；我到羊楼洞饶氏家族的谱局做客，倾听饶氏老人叙述饶家故事以及家谱编纂的曲折艰辛；我上松峰山，进入茶园，踏访当年因修水库而平掉的旧坟和砌入大坝水口的墓碑；我找到文化站，去阅读拍摄那些民间编写的故事和读本，访寻那半篇残留的泉记；我在刚过年关的寒风冷雨中伫立在赤壁市小巷街口，借着昏黄的路灯等待当地冯姓民俗专家回家，想起程门立雪的故事，于是祈祷自己的"冯门立雨"也能获得了解茶乡口碑和掌故的回报。在寻访资料的过程中，村镇的居民也向我诉说他们自己的心事。我总难忘记，伴旗山雷氏老人和他的亲人们托我反映他们的茶山被开发商占用而延付报偿问题时，那无比期盼的目光；北山村黄氏老人为订正他心目中的一个讹字，专赴省城约我带他下阅马场、上黄鹤楼核查碑志，我忘不了当他如愿以偿时，那满意的眼神。我也忘不了羊楼洞那个叫雷敢的青年向我诉说他外出打工而染病的经历；赵李桥茶厂刘氏老门卫向我诉说承包茶厂的浙江籍商人不顾员工利益和生产需要竭泽而渔的行径。他们的淡然和激愤都让我心有触动。

"历史上的重要事件都是人们有目的的行为结合在一起的结果。"①耶鲁大学人类学家萧凤霞（Helen Siu）曾说过的这句话，不知从何时起越来越清晰地在我脑海中浮现回旋。我渐渐地更想了解，当年这些人的祖先，他们曾为着什么样的目的行动着？羊楼洞本地的绅商和外来的客商都做了些什么，使得每年数千万斤茶货从这里陆续运出，而数百万两白银的利润就在这个并不起眼的山中小镇落地？我从文献中已然了解到，先有晋商，后有代表英国商人的粤赣商人，以及俄罗斯商人曾来到这里，促进了羊楼洞茶业的发展和兴盛，而现在我更想了解，羊楼洞本地的人是怎样由被动或主动的应付，到积极地进取开拓，接纳各方有利因素、消解不利因素，使羊楼洞一方的商贸茶业做大？往昔那些反映茶业兴衰的数字曾经让我激动不已，而现在让我更感兴趣的，似乎已变成造就羊楼洞经济并在这些数字背后忙碌活动着的人们。我在与导师谈过数次之后，这一想法逐渐明晰，经过导师指导，我将本书书名由《近代湖北羊楼洞茶业研究》改为《洞商与羊楼洞区域社会》；研究重点由茶业改为茶商，中心由茶业改为人；本书也由地方经济史的研究转入区域社会史探索的领域。

第二节　目标与区域

笔者把本书的主要目标定在发掘羊楼洞这个特定区域社会在近代的变迁过程，这一过程恰如萧凤霞所说，曾"塑造了特定的社会语境，人类主体在其中发现自我，全情投入"②。这里所说的"特定的社会语境"，就是羊楼洞茶叶社会的商业语境；而所谓"人类主体"，则主要是指羊楼洞本地茶商即洞商，以及与之产生和成长有重要关系的山西茶商即晋商，作为英商代理进入羊楼洞的粤赣茶商，再有就是俄国茶商及其买办。

"洞商"这一概念是笔者对羊楼洞本地商人群体的概括称谓。在羊楼

---

① 萧凤霞：《跨越时空：二十一世纪的历史人类学》，《中国社会科学报》2010 年第 130 期。
② 同上。

洞业茶之初，与晋商合作经商的羊楼洞本地商人在地方文献中还仅仅被称为"洞人"，例如叶瑞廷的《莼蒲随笔》："闻自康熙年间，有山西估客购茶于邑西乡芙蓉山，洞人迎之，代收茶，取行佣。"这是因为在晋商到来之前，最初与其合作代为收购茶货的这些羊楼洞本地人还不具备商人的身份。所以最初"洞商"的诞生，是晋商到来并大力培植的结果。最初时期的"洞商"，其主要经营方式为"坐贾"，即利用高大行屋作为与外来晋商合作的投资，坐地赚取属于自己的一小部分业茶利润。经过与晋商等外来商人相当长一个时期的合作，羊楼洞地方的商人群体逐渐成长起来。特别是在他们主动引进以输英红茶为背景的粤赣商人之后，羊楼洞本地商人逐渐脱离了单纯对于晋商的依靠，许多本地商人走出去，走广东，到汉口，赴上海，直接与洋商交易，凭借同光时期茶贸的蓬勃兴盛获得了极大发展，但这时地方文献对他们的称呼却还只是"本帮商人""本帮商团"或"行帮商人"，而并没有"洞商"这个名号。例如 1883 年汉口六帮茶商联合抵制西方买主，1886 年六帮茶商议定公砝规章，六帮之中都有所谓"本帮"茶商。他们自称为"本帮""行（háng）帮"，这些称呼是相对于"晋商""徽商""闽商"等外来客商的"外帮""客帮"而言的。这一时期羊楼洞成为输洋茶叶的收购和产制中心，大批本地商人投入茶业，本帮茶庄从无到有，由少渐多，洞商成长壮大，出现了每茶季出入巨额资金的超级大茶商。这些茶商已经不限于经营茶叶，还在雄厚资本的基础之上开办当铺和钱庄，并在上海、汉口、湘潭及湖北各地开设钱庄和茶庄分点，在广东的羊楼洞茶商雷立南等甚至作为湖北商人的领袖在广州主持重建湖北会馆。羊楼洞商人集团在经济实力和社会影响力方面，已经成为名副其实的湖北商人第一帮。"洞商"这个名称其实是站在第三方研究者的角度对羊楼洞茶商集团做的一个概括，它就相当于传统地方文献中所说的"本帮"商人。

羊楼洞社会在近代的变迁实际上经历了一个较长的过程：羊楼洞本地很早就有经商传统，当地也很早就有茶叶的生产和商品茶的输出，但是如上文所述，在晋商到来之前它的巨大产业潜力并未苏醒，它的商业模式并未建立。在晋商与羊楼洞本地商人联手开拓之后，才又有了红茶与代表英商利益的粤商的进入，而羊楼洞本地商人也借此机遇直接出外经营。英商的退出与俄商以汉口为基地进行的垄断先后发生，导致茶贸利权外移，羊楼洞本地茶商因日益边缘化而生存艰难。所谓羊楼洞商贸茶业实际上是洞商与多方密切联系并分阶段共同推动的综合商业体系。对内，它与晋商、粤商等关系紧密；对外，它与俄商、英商及西北边贸联系密切。中国鄂南数县以羊楼洞为中心的一小片地区的农业、手工业产出及羊楼洞商人追逐财富的活动，却联系着几乎整个世界的商业、经济和政治。

这就关涉到前面提及的区域社会史研究的所谓"区域"问题。

从本书标题所标明的文字看，本书所谓的区域，应该就是作为茶叶产地的羊楼洞及其周边地区，但是实际上，本书所研究的羊楼洞从来就不是地图上固定的一个地名、一个地点，它从一开始就是超越地方的。由于羊楼洞直接参与国际商贸商品茶叶的出产、集散和制作，它的兴盛和衰微直接与国际商贸形势相关联；羊楼洞出产的茶叶经由洞商与雁行的晋商合作而辗转运出，羊楼洞商人走广东、下汉口、赴上海经商，他们足迹所到之处即是区域的延伸。笔者在研究中发现，许多时候，不弄清彼地的历史情形就无法了解和阐述羊楼洞茶业和茶商的状况和行为。例如晋商"大盛魁"在蒙古地区的活动就促成了包括羊楼洞在内的产茶基地的开辟和成长；太平军发动的战争及晋商在福建下梅村经营的失败，就与晋商在咸丰年间大规模进入羊楼洞一事息息相关；了解晋商的行为特点及其漫长商路，才可以理解何以洞商在与晋商合作的阶段中主要采取"坐贾"的经营形式；了解汉口开埠的背景，我们才可以了解同光时期羊楼洞茶业何以获得突飞猛进的发展；印度、斯里兰卡茶园的开辟如何导致汉口俄商独大和羊楼洞包茶庄的大量产生以及洞商利润日益微薄化，等等。这些主客体的不断互动使得本书所谓区域的主体羊楼洞常常显得变化无常、漂移不定，使得它从一开始就是"超越地方"甚至超越国境的。在这方面，笔者遵循科大卫、萧凤霞、黄国信等关于区域的观点："正是人类学家参与观察的方法给我们一个重要提示，他们研究区域，研究的是区域中活动的人，这些人往往居住在人类学家进行田野调查的很小的地理空间之内，但他们的活动范围常常超越其居住空间，他们要与外界进行经济交换，他们与外界有亲朋往来，他们甚至要去外面的世界求学、考试、经商等，人类学'深描'当地人生活状况的研究，当然不可能对研究对象的这些活动视而不见。这说明，对于人类学来说，区域只能是研究对象也就是人的区域，随着人的流动，区域也是流动的，区域的边界并非僵硬的地理界线。历史人

类学吸取了人类学关于区域的此种认识，这在某种程度上表明，区域研究
是跟随着作为研究对象的人的流动和作为研究者问题意识之流动而进行的
研究。……根据问题意识的不同，区域的内涵可以小到一个村落，大至整
个世界。沿着这种思考方向，我们认为，区域是在不同的历史过程中，由
不同的人群因应不同的需要而产生的工具与多层次的观念。……区域与在
长期历史过程中积淀下来的各种要素（如地理、市场、语言、风俗、族
群）及与之相应的主观认知息息相关，是存在于人们心中的多层次、多向
度、动态而弹性的指涉。……区域研究就不应该是先划定地理范围，再作
茧自缚的研究类型。从某种角度上看，真正区域研究的取向应该是反过来
的，即首先要追问我们何以认为这样的划定是合理的？这样的划定关系着
怎样的历史建构过程？通过对这些问题的回答，达致对地方性传统与王朝
观念、制度互动过程的深入了解。"[1] 笔者认为，我们也许还可以对此作更
为通俗的理解：把上述区域的变动不居甚至国际影响到地区的这些变动视
为舞台背景的转换，在布景不断变换的羊楼洞舞台上，只要表演的主角永
远是洞商及与之相关的人，这也就确定了本书所谓区域的辩证所在——
"region is seen as a conscious historical construct"（区域被视为一种有意识的
历史建构）[2]。

　　解释这一点，有助于说明本书在以时间的顺序发展建立纵向坐标，以
探索解答以上主要问题作为主线的同时，何以用一系列子问题的文化解析
和深入探索建立横向和相对平面的研究体系。这些子问题如：羊楼洞的自
然与历史条件有何独特之处？主导北方边贸与外贸的晋商为何以及何时、
如何选中羊楼洞作为其主要产茶基地？羊楼洞本地商人采取何种方式与晋
商合作？他们自己曾有什么样的商业传统？他们与晋商合作的主要产品老
青茶砖如何制作及发展？羊楼洞本地商人自身在主要与晋商合作的阶段有
何使晋商看中并长期留驻的经商特点？为何坐贾方式是洞商在与晋商合作
时期的主要经商形式？他们的商业组织、商业文化和主要盈利模式是什
么？英商的主要代理粤商何时及为何到达羊楼洞？红茶的进入及竞卖对于

---

　　[1] 黄国信、温春来、吴滔：《历史人类学与近代区域社会史研究》，《近代研究》2006 年第
5 期。

　　[2] Helen Siu. David Faure（eds.），*Down to Earth：The Territorial Bond in South China*（《扎根乡
土》），Stanford University Press，1995，p. 1.

汉口开埠有什么影响？而汉口的开埠又对于羊楼洞的茶业有何影响？红茶
的经营对洞商由坐贾转为行商的经营行为有什么影响？汉口成为茶贸中心
以及俄商一方独大对于羊楼洞茶业有什么影响？地方政府对此如何认识并
采取了什么措施，而羊楼洞本地茶商又如何应对？羊楼洞茶业的发展对于
羊楼洞当地社会的方方面面都有什么影响？盛极一时的羊楼洞茶贸为何以
及如何式微、衰亡的？

这些问题的提出和阐释的尝试，使研究的结构既有一个纵向的中心线
索——洞镇茶叶社会的形成与发展历程，又将这一线索置于广阔的历史视
野背景之下，以洞商为中心，努力叙述出洞镇当地以及与外来各方面的各
种社会关系。因此，本书的叙述有时会涉及晋商在蒙古边地的经营，有时
会细琐到羊楼洞制茶工艺的改进，有时会涉及鸦片战争之后的通商开埠及
太平天国军兴，以及汉口外商买办及茶工厂等的运营。

第三节　材料与方法

笔者注意到国内外已经有了一些有关的研究成果。

国内对于中国近代茶叶的研究大致兴起于民国时期，例如刘选民的
《中俄早期贸易考》（《燕京学报》第二十五期单行本，燕京大学哈佛燕京
学社 1939 年版），林馥泉《武夷茶叶之生产制造及运销》（福建省政府统
计室 1943 年版），等等。新中国成立后，开始时主要是一些资料梳理的基
础工作和考释文章，如姚贤镐《中国近代对外贸易史料》（中华书局 1962
年版），彭泽益《中国近代手工业史资料》（中华书局 1962 年版）等。自
20 世纪 80 年代，茶叶研究开始受到重视，出现了一批研究成果，如陈祖
槼、朱自振《中国茶叶资料选集》（农业出版社 1981 年版），蔡鸿生《商
队茶考释》（《历史研究》1982 年第 6 期），渠绍淼《山西外贸志》（《山
西地方史志资料丛刊》，山西省地方志编纂委员会办公室印行，1984 年），
陈椽《茶业通史》（农业出版社 1984 年版），谢天祯《有关近代中国茶叶
贸易兴衰的统计资料》（《福建茶叶》1984 年第 4 期），张正明《清代茶叶
商路》（《光明日报》1985 年 3 月 6 日），吴仁安、唐力行《明清徽州茶商
论述》（《安徽史学》1985 年第 3 期），张海鹏、王廷元《明清徽商资料选
编》（黄山书社 1985 年版），汪敬虞《中国近代茶叶的对外贸易和茶业的

现代化问题》（《近代史研究》1987年第6期），安徽省博物馆编纂的《明清徽州社会经济资料丛编》（中国社会科学出版社1988年版），郭蕴深《论中俄恰克图茶叶贸易》（《历史档案》1989年第2期），朱成国《试论"恰克图条约"对中俄贸易的影响》（《西北史地》1989年第4期），张正明、薛慧林《明清晋商资料选编》（山西人民出版社1989年版），庄国土《18世纪中国与西方的茶叶贸易》（《中国社会经济史研究》1992年第3期），吴孟雪《中俄恰克图茶叶贸易》（《农业考古》1992年第4期），陈椽《中国茶叶外销史》（碧山岩出版社1993年版），陶德臣《外销茶运输路线考略》（《中国农史》1994年第2期），萧致治、徐方平《中英早期茶叶贸易》（《历史研究》1994年第3期），张海鹏等《徽商研究》（安徽人民出版社1995年版），陶德臣《近代中国外销茶流通环节考察》（《中国经济史研究》1995年第1期），庄国土《茶叶、白银和鸦片：1750—1840年中西贸易结构》（《中国社会经济史研究》1995年第3期），周晓光、李琳琦《徽商与经营文化》（世界图书出版公司1998年版），李希曾的《晋商史料与研究》（山西人民出版社1996年版），甘满堂《以茶制夷》（《农业考古》1996年第2期），王世华《富甲一方的徽商》（浙江人民出版社1997年版），苏全有《论清代中俄茶叶贸易》（《北京商学院学报》1997年第1期），陶德臣《晋商与西北茶叶贸易》（《安徽史学》1997年第3期），张正明《清代晋商的对俄茶叶贸易》（《农业考古》1997年第4期），孔祥毅《金融贸易史论》（中国金融出版社1998年版），王国健的《论五口通商后徽州茶商贸易重心的转移》（《安徽史学》1998年第3期），周晓光《近代外国资本主义势力的入侵与徽州茶商的衰落》（《江海学刊》1998年第6期），陶德臣《中国茶叶商品经济研究》（军事谊文出版社1999年版），邓九刚《茶叶之路》（内蒙古人民出版社2000年版），陶德臣《近代中国茶商的经营状况》[《近代中国》（第十辑）2000年]，周晓光《清代徽商与茶叶贸易》（《安徽师范大学学报》2000年第3期），张正明《晋商兴衰史》（山西古籍出版社2001年版），穆雯瑛的《晋商史料研究》（山西人民出版社2001年版），丁言模《左儒右贾——安徽帮》（广东经济出版社2001年版），李三谋、张卫《晚清晋商与茶文化》（《清史研究》2001年第1期），庄国土《从闽北到莫斯科的陆上茶叶之路》[《厦门大学学报》（哲学社会科学版）2001年第2期]，刘建生《晋商研究》（山西人

民出版社 2002 年版），黄鉴晖《明清山西商人研究》（山西经济出版社
2002 年版），高春平《晋商与北部市场开发》（《晋阳学刊》2002 年第 4
期），孔祥毅《金融票号史论》（中国金融出版社 2003 年版），林齐模
《近代中国茶叶国际贸易的衰减——以对英国出口为中心》（《历史研究》
2003 年第 6 期），刘建生、吴丽敏《试析清代晋帮茶商经营方式、利润和
绩效》（《中国经济史研究》2004 年第 3 期），袁欣《1868—1936 年中国茶
叶贸易衰弱的数量分析》（《中国社会经济史研究》2005 年第 1 期），刘建
生《明清晋商制度变迁研究》（山西经济出版社 2006 年版），秦宗财《明
清徽商与茶叶市场》[《安徽师范大学学报》（人文社会科学版）2006 年第
7 期]，王璐《明清晋商对俄茶叶贸易行为的经济分析》（《中国流通经济》
2010 年第 1 期），等等。这些研究，比较集中在明清及近代有关我国茶叶
的生产、销售状况，晋商、徽商等从事茶贸的主要商帮，与茶叶贸易有关
的国际关系，运输茶叶的主要茶路的考察，以及与茶有关的文化研究。

　　国外的研究成果相对较少，如［俄］特鲁谢维奇《俄中通使与通商关
系（19 世纪前）》（1882 年），［日］寺田隆信《山西商人研究》（张正明、
阎守诚译，山西人民出版社 1986 年版），［美］威廉·乌克斯《茶叶全书》
（中国茶叶研究社 1949 年版），［美］马士《中华帝国对外关系史》（生活·
读书·新知三联书店 1957 年版），［俄］瓦西里·帕尔申《外贝加尔边区
纪行（中译本）》（商务印书馆 1986 年版），［俄］库罗帕特金《喀什噶
尔》（商务印书馆 1982 年版），［俄］西林《俄中贸易关系——十八世纪
的恰克图》（伊尔库茨克 1847 年版），［美］艾梅霞《茶叶之路》（中信出
版社 2007 年版），霍赫洛夫的论文《十八世纪九十年代至十九世纪四十年
代中国对外贸易》（《中国的国家与社会》1978 年第 18 期），［日］吉田金
一《关于俄清贸易》（《东洋学报》卷 45 第 4 号），等等。研究视角有些不
同，而内容与国内研究也大致相近。

　　关于洞茶和羊楼洞茶区方面的研究已经有若干可资借鉴的成果，例如
20 世纪 80 年代华中师范大学为赵李桥茶厂编写的厂史《洞茶今昔》（湖北
人民出版社，1984 年），对洞茶和茶区发展历程进行了简单追溯；万献初
等人《鄂南茶文化》（广西人民出版社 1993 年版），在狭义的民俗文化层
面介绍与洞茶有关民俗和文学艺术表现形式；华中师范大学定光平的硕士
学位论文《羊楼洞茶区近代乡村工业化与社会经济变迁》（2004 年），着

重研究羊楼洞茶区近代乡村工业化经济的发展，附带涉及当地社会变化。其他有关的研究，大多比较偏向于农业、经济、商帮和茶路，例如陈均的《湖北农业开发史》（中国文史出版社1992年版），皮明麻等《武汉近代经济史料》（武汉地方志统纂办印行，1981年），〔美〕罗威廉《汉口：一个中国城市的冲突和社区》（中国人民大学出版社2008年版），杜七红《论茶叶对晚清汉口市场的影响》（《江汉论坛》1999年第6期），复旦大学张珊珊博士学位论文《近代汉口港与其腹地经济关系变迁（1862—1936）——以主要出口商品为中心》（2007年），都仅在有关部分连带述及羊楼洞的茶产。周美娟《晚清晋商与湖北茶业的发展》（《山西高等学校社会科学学报》2005年第5期）等主要以晋、粤、英、俄茶商为主要研究对象，只是附带涉及羊楼洞茶商。武汉理工大学李百浩教授的研究项目《茶叶之路（湖北段）文化资源调查与研究》（2010年），则更是从建筑学的角度出发，专门对湖北段茶路沿线的城镇、村落、民居、茶坊、茶行、茶馆、茶庄、茶厂、会馆、驿站、宗教建筑等展开系统研究。而关于茶商的研究，目前则主要集中于中国几大商帮（晋商、徽商、浙商等）和外商（英、俄商人）及其买办对中国茶叶市场的开拓与经营上。比如傅衣凌先生1947年《明代徽商考》对"徽商"的研究，1967年日本学者重田德利用民国《婺源县志》对婺源茶商进行的分析，以及上述论著对于晋商、徽商茶叶经营所进行的细致探讨，郭蕴深《中俄茶叶贸易史》等对于中俄茶叶贸易的概述，等等。这些成果颇丰的研究，从不同角度开阔了我的学术视野，同时也使我意识到，需要专门从社会文化史的角度，对近代羊楼洞茶叶社会进行尽可能深入的认识，而这样一种深入，更需要借重历史人类学的方法。

在材料的搜集方面，我不但通过考察档案、正史、方志等积累了大量属于传统历史学的文献资料，并尽可能全面地阅读了已经正式出版的各种有关图书，更注意采用历史人类学田野调查的方式，收集口述史料、族谱、碑刻、诗文集、竹枝词、民间读本、民歌、民间仪式、民间信仰等民间文献资料。我这样做的方法论依据，主要由历史人类学所提供。这样做对于本书所述及的主体有特别重要的意义：由于洞商是一个长期以来未被重视的地方性特殊商人群体，田野资料非常适合这类社会群体，由于田野资料眼光向下，我们可以通过田野资料倾听普通百姓对于这段历史的诠释与表达，这是本书题中应有之义。其次，通过田野工作，获得了现场感，这可以帮助笔者更好地读懂文献资料，并在此基础上理解研究对象即洞商的历史性，更好地理解洞商的"世界观"，更好地"复原"这一段地方历史。第三，通过这些田野调查所获得的资料，笔者接触到大量空间场景和民间文献，这些资料本身就是重构历史的重要材料，其中有一些资料还能够相互印证。例如收集到的道光年间当地贡生周顺偶所写《竹枝词》之三：

> 六水三山却少田，生涯强半在西川。锦官城里花如许，知误春闺几少年。①

该词所写地域为羊楼洞一带无疑，字面没有疑义，但是最初反复玩味，所指之事具体为何却仍然不能确定。后来在羊楼洞《饶氏族谱》等家谱资料中读到不少早期洞商赴四川经营蚕丝生意后不回故里，在故乡妻儿之外，另在成都等处购屋并娶妻生子，这才悟到该竹枝词内容所指，其实是早期洞商出外贸易的商贸生活。还有一些材料，具有相当高的史实考证价值，例如从官方或正式出版的材料中可知晋商最初抵达羊楼洞地区的大致时间有两种说法：一说是清康熙年间，一说是咸丰年间。但是，康熙和咸丰之间相距百年，相去甚远并莫衷一是。当笔者在清道光《蒲圻县志·风俗》中读到当地贡生周顺偶所写《竹枝词》之二："茶乡生计即乡农，压作方砖白纸封。别有红笺书小字，西商监制自芙蓉。"笔者认识到至少咸丰说是不正确的，因为《竹枝词》所载"西商"不会晚于《县志》成书的道光年间来到蒲圻羊楼洞。之后通过族谱中非常具体的材料，笔者考证出以上所引两种说法均不正确，晋商最早到达羊楼洞并从事购茶活动，应该是通过最早的洞镇茶商雷兴传展开，而其时间，则是在清乾隆初年。再如我们知道羊楼洞兴办红茶晚于绿茶和老青茶，且红茶的进入与以英国需求为背景的粤赣茶商的到来直接相关，但粤赣商人到底何时来洞？羊楼洞何时开始兴办红茶？较正式的史料都只含糊地说是在清道光、咸丰年间甚或光绪年间，而通过田野资料，本书将粤赣商携带红茶制作方法来洞的

---

① （宣统）《湖北通志》卷二一《舆地志·风俗》。

时间更为精确地考订在清道光二十六年即 1846 年。

凭借这些丰富的资料，笔者获得了历史人类学所谓"深描"（thick de-scription）研究对象社会生活状况的可能，这种"深描"，需要寻求更微观的单位和更加深入的观察，更为丰富地再现基层的社会文化。笔者希望经过努力能够达到这一目的。例如，到目前为止，仅仅通过族谱和口述资料，笔者就已经大致"复原"了一百多位当年雷、饶、游、黄，以及少量邱、刘、邓氏洞商的商业经营活动的描述资料，这些洞镇商人的生平和经商活动均由其亲友及知见甚深的人在其去世后不久甚或在其健在时撰写，由于亲历亲见，或去古未远，表述生动逼真，足以让笔者体验到一种真正的历史现场的真切感。而利用这些材料，笔者希望能够沿着弗里德曼（Maurice Freedman）当年的足迹，以"宗族"为主要的切入点，进入羊楼洞这个"边陲地区"① 的社会。由于该镇为多姓杂居，除稻作、水利之外，经营茶业是最为显著的特点，不同于传统的农业为主的乡村社会，社会关系相对复杂，在"宗族"之外，还须顾及巴博德（Burton Pasternak）所强调的地缘关系。凭借所掌握的较为丰富的资料，笔者应该可以以"集体传记研究法"重构五口开埠前后洞商活动的"场域"状态，进而使笔者能够重建一个具有相当规模的在近代中国大变迁中普通洞商群体的商业活动史和部分生活史。②

从社会史研究的角度，在处理上述众多田野材料时，笔者由具体的资料出发，常常不由自主地涉及近代国家体制及地方与朝廷的关系。且不说当地显族贺姓有在清末官至工部尚书的贺寿慈（1810—1891），大族雷氏有由张之洞亲手提拔、后任黎元洪总统府秘书的雷豫钊，即便在阅读田野材料时就有很多发现，例如在不同族谱中有一个共同的现象，许多由当时人撰写的传记在述及传主因业茶致富经历的时候常常闪烁其词，有意粉饰，甚至努力回避提及经商经历及有关字眼；而许多有业儒经历的传主在

---

① 羊楼洞地处鄂、湘、赣交界的山中，历史上属于山高皇帝远的地区，比较符合弗里德曼所谓"边陲状态"。

② 杨念群：《东西方思想交汇下的中国社会史研究——一个"问题史"的追溯（下）》："此文（案指应星关于废除科考后学堂作用的论文）颇值得注意的地方是采取了集体传记的研究法（prosopigraphy），通过分析近 150 名各方面有一定代表性的士绅资料，重建起了中国近代变迁中普通湖南士绅的生活史，丰富了社会史研究的手段。"原文来源于香港中文大学中国研究所，上网日期：2000 年 10 月 9 日。

由于种种原因（主要是经济原因）而不得不告别科举从事商贸时，往往更是显得特别痛苦甚至有些苍凉悲壮。这种情况到光绪末年至民国初年有明显的改变，传主业茶致富变得荣耀，叙述者也渐显理直气壮。分析其原因，皆在于旧时对于业商的歧视以及当局有关商籍不得为官的政策。为避免财富对权力的干涉而对财富进行约束，为数千年来农业封建社会的文明表现，求富而不得贵的可以预见的前景，让身世清白的士人在面对改变时产生纠结。再如述及洞商组织与太平军对抗时，文献本身即指向胡林翼及清廷的团练政策。又如在涉及洞商进行机器制茶的改进时，笔者发现这也与张之洞的大力提倡密切相关。由此笔者在注意"眼光向下"的同时，有意采用了近来社会学研究所提倡的"由下而上"的方法，注意反映民间——官方、乡村——国家、大众——精英的关系，努力在重构羊楼洞一隅的社会历史进程之中，印证或反映地域乃至朝廷的典章制度、法令行政甚至国际的角力。

第四节　解构与重构

说到历史人类学的方法论，笔者在这里还需特别提及解构与重构。

萧凤霞指出："能动主体的各式行动背后，都饱含文化意义，也带着历史包袱。他们的行动织造了各种物质和象征的意义网，反过来又会进一步塑造能动主体的行动。每个结构都蕴含着事物发展的过程，而每个过程都包含结构和人的能动性。我们要解构各种概念与分类，了解这些分类形成的过程中所暗含的叙事策略和论述意涵。"① 由于接触田野材料以及历史人类学理论所带给笔者的与研究对象在认识态度上的"疏离感"，笔者在本书撰写过程中得以有意使用历史人类学解构的方法，如上所述对于族谱材料中回避经商经历现象的分析。

在研究过程中，笔者有意识地采用弗里德曼（Maurice Freedman）有关宗族的理论。洞商在血缘基础上构建宗族，通过分家析产达成宗族的裂变和权力的分配，以及以宗族治理为基础的地方自治，清代中晚期政府与地方宗族权力的此消彼长，宗族在地方争取权力优势，等等，都在弗里德

---

① 萧凤霞：《跨越时空：二十一世纪的历史人类学》，《中国社会科学报》2010 年第 130 期。

曼华南地方研究的基础上得以深入。布迪厄有关的"场域"理论，更使笔者在研究洞商的一些复杂的行为时，得以透过现象而一窥现象背后指导他们行动的真实驱动。例如洞商家庭在分家析产时，为什么会有主持家事的兄长一再阻碍分家。又如，洞商在涉足茶贸之后，仍然会花大量的财力物力将他们的一部分优秀子弟不间断地送去业儒。还有就是在他们辛辛苦苦好不容易赚来钱之后，会心甘情愿地将血汗钱送入官府去换取空爵虚名，等等。通过布迪厄的"文化资本"的理论指导，笔者还透视了洞商在宗族建立之后，重新构建宗族历史方面的努力，这是一种在地方建立宗族优势的尝试。笔者以羊楼洞雷氏宗族为例，剖析他们为什么要努力将自己的祖先装点得较为阔绰，为什么要显示自己是地方最早的居住者，甚至是地方的命名者；他们为什么要努力在族谱中用忠勇信义夸耀自己的家族，以及为什么他们要将已经过去千年的唐代著名将领雷万春作为自己家族的先祖，并通过近乎祀神的典礼，使之成为地方各族共同祭祀的地方神明。

笔者有意识地将对于洞商的整个研究放置于布迪厄的场域理论下来展开。在本书有关章节中，笔者以布迪厄关于"惯习"（habitus）的理论为视角，去审视羊楼洞地方游、饶、黄等族姓进入茶贸前后的行为，于是这些地方族姓参与茶贸事业就显得如此自然；笔者将最初晋商进入羊楼洞以及洞商的应对行为置于场域的位置关系中去看待，于是从一些原先似乎仅仅表现洞商高贵品质的行为中，读出了场域内主动者与从动者力量对比的悬殊；笔者把洞商主动引入南方红茶商人的举动放在改造场域内社会因素分布的视野下研究，从而揭示出洞商努力改变自身地位的深层动机；把自晋商进入直到英商退出及俄商垄断华茶市场的历史全过程用场域理论来加以整体观照，从而在场域力量的变迁与洞茶贸易的兴衰问题上得到了令人较为满意的解释。

列举上述事例，想要说明以上所列举的历史人类学研究方法，本书在撰写过程中想要努力贯彻始终。

综上所述，田野调查及所获资料的意义对于本书来说极其重大。本书想要在占有尽可能充分的资料基础上，采用一系列历史人类学的方法来解构羊楼洞的既有文献和人类学材料，并重构茶乡的这段历史。当然，羊楼洞茶叶社会史的研究，由于必然涉及茶贸，也可以看作区域社会经济史的研究，但是如前所述，相对于将经济作为研究重点而言，本书笔者更想要从社会和文化的角度去解读这段历史，从经营活动的主体即人的活动中去展示和重构这段历史。笔者觉得，只有用历史人类学的方法，从这样的角度和高度出发，我们对于羊楼洞茶业的研究，才不至于局限在茶叶本身的叙述，而是"深描"一个典型的茶叶社会文化模型。这样的研究最终到达的是一个历史人类学的目的：通过一个事物的切入来观察一个社区的社会文化变迁，建立一个有时间参照和广阔空间背景参照的社会文化系统。换言之，在研究深入之后，茶叶已经不重要了，它只是一个符号，只是我们研究借以深入的一个工具、一个手段、一个窗口。这样的研究可以让我们了解羊楼洞茶业发展的历史过程，其中尤其重要的是羊楼洞商人群体的出现与成长，并通过对这个过程的解构加深我们对于羊楼洞社会文化诸元的了解，完成一项对羊楼洞茶业尤其是从事该业的茶人的历史人类学专题研究，以及由许多个体组成的洞商商帮生存状态的区域社会史课题。

第一章　前洞商时期：早期茶政与洞茶

　　羊楼洞的茶产真正作为涉外茶贸的大宗货物出口，可考的时间始自清代，以茶产为业的洞商的出现也在清代。在清代以前，羊楼洞虽然早已出产知名的茶叶和贡茶，地方民俗也早已因茶产而浸润茶香，但是由于清代以前的历朝中央和地方政府所施行的茶法、茶政限制茶叶的自由贸易，当地农民大多只是将茶树作为辅助农作物种植于房前屋后及山坡的"畸零之地"。士绅和乡民当时并不知道羊楼洞山间贫瘠的坡地里孕育着财富的种子，但后来的一切毕竟都始自这一片土地。

第一节　茶乡羊楼洞

　　羊楼洞又名羊楼峒，地处湖北南部边缘，南与湖南临湘市交界，其东南边不远即是江西。行政上，羊楼洞隶属于咸宁赤壁市（原蒲圻县）。幕阜山脉西段延伸至此，逐渐陵夷为余脉，羊楼洞就处于山脉北麓。

　　此地"群峰岞峨，众壑奔流"[1]，"四面环山，形如釜底"[2]，其地形状"如仰盂"[3]，地名的由来，有"四面多山，其形如洞，相传昔有牧者建楼于此，因而得名"[4] 之说。然而这个地名由来的传说其实有些牵强，因为历史上很少有因地形俯瞰如仰盂而得名为"洞"的先例。更近情理的地名由来，也许还是应该从其地理位置和历史建制中去寻觅。

---

[1]（康熙）《蒲圻县志》卷一《山川》，蒲圻张氏无倦斋写本。
[2] 戴啸洲：《湖北羊楼峒之茶业》，《国际贸易导报》第五卷第五期。
[3]（道光）《蒲圻县志》卷四《乡里》，1975 年台北成文出版社据道光十六年刻本影印。
[4] 陈启华：《湖北羊楼峒区之茶业》，《中国实业》第二卷第一期，1936 年 1 月 15 日。

宋代旧制，羁縻州辖行政单位之大者称县，小者为峒。所谓"羁縻州"，指地处僻远，执政者如放风筝般牵线维系而不使其脱落之地。宋代赵昇《朝野类要·羁縻》："荆、广、川、峡溪洞诸蛮，及部落蕃夷，受本朝官封而时有进贡者，本朝悉制为羁縻州。盖如汉、唐置都护之类也。"羊楼洞僻处史称荆蛮的湖北偏远边界，在鄂、湘、赣三省交界群山环抱之中，历史上又曾隶属兴国州，所以其地应当是羁縻州、辖行政单位之小者，所以称"峒"。如果此为事实，那么地名"羊楼峒"之"峒"字当为其正。"峒"在用于"山洞"意义时与"洞"通假，而自宋以降，作为行政建制之"峒"的意义逐渐不为时人所知，更为通俗的"洞"字取代"峒"字流行，自为必然。至于地名中"羊楼"的来历，羊楼洞当地大族《雷氏宗谱》记载为与其明代祖先雷景贤有关。该谱述其祖雷景贤公寄情山水田园，"凿池畜鱼以自乐……又于池上构楼饭羊，羊极蕃庶，远近皆传称之。先时洞未有羊楼之名，有之自此始也。厥弟景祥迁夹山，楼池皆与兄埒，故彼地羊楼司，亦至今仍称焉"①。从"峒"字考释可知地名当为宋代旧制，此谱所述"羊楼"于明代得名似太晚近；且羊楼司因羊楼洞左近且官设巡检司而得名，将其归因于其弟雷景祥之楼池与兄同，尤显牵强，难以采信。历来宗谱说解较远之前世或传讹附会，备一说而已。

羊楼洞地处北纬29°—30°，受中亚热带季风气候控制，年平均实际日照时数为1200—2200小时，日照率为25%—50%，太阳辐射年总量为85—114千卡/平方厘米，年平均气温达16.5℃—17℃，日平均气温≥10℃的积温为5100℃—5300℃，无霜期达230—300天，年降水量为1300—1600毫米，日照充足，气候温和，雨量充沛，光热同期，雨热同季。由于茶树为亚热带和热带多年生植物，喜湿润、光照，忌渍水，要求冬季不严寒，夏季不酷热，冬季月平均温度7℃，夏季均温不超过32℃，年均温度为13℃—18℃，年降雨量1000毫米以上，所以羊楼洞地区有比较适宜茶树生长的气候。② 羊楼洞地处鄂南湘北山区，周围数县，地势自东南向西北倾斜，多低山、丘陵、岗地，多缓坡，山区岭谷相间，丘陵平地杂错，矮山罗列，一般海拔200—400米，历来有"七山一水二分田"之说；土

---

① 《景贤祖传》，民国甲子年合修初续《雷氏宗谱》。

② 周兆锐、梁怀：《湖北省经济地理》，新华出版社1988年版，第63页。

壤多酸性红壤和黄壤，富含游离的铝、铁离子①。这种坡地土壤，排水便利，不太适合南方许多常见植物（如水稻）的生长，但是却适合要求酸性土壤的茶树、楠竹、杉树等林特产植物的生长。所以自古以来，羊楼洞地区就已种植茶树，出产茶叶。

湖北地区关于制茶饮茶的记载非常早，三国时张揖《广雅》记载："荆巴间采叶作饼，叶老者，饼成以米膏出之。欲煮茗饮，先炙令赤色，捣末，置瓷器中，以汤浇覆之，用葱、姜、橘子芼之。其饮醒酒，令人不眠。"② 鄂南地区植茶的历史亦可追溯至三国时期。据传，东汉三国时东吴士燮早年曾得仙人秘传，以奇物异果养生，他曾于汉献帝十五年任武昌太守，在羊楼洞地区教人民植茶饮茶。而赤壁之战时，据说庞统也曾隐于此间植茶。③ 羊楼洞地区的茶事最早见于典籍者，当为晋代陶潜《续搜神记》："晋武帝时，宣城人秦精，常入武昌山采茗，遇一毛人，长丈余，引精至山下，示以丛茗而去。"④ 在陶潜生活的晋代，武昌郡下辖七县，今羊楼洞及其周围数县皆在其境，而多山之处，唯羊楼洞所属横亘今咸宁之赤壁、通山、崇阳等地的幕阜山脉。《续搜神记》所载虽涉怪诞，但同为晋代或稍晚的文献《桐君录》关于"西阳、武昌、庐江、晋陵好茗，多东人所作清茗"⑤ 的记载，亦可作武昌郡自晋代即有茶事之佐证。更早，《三国志·韦曜传》载：韦曜好饮茶而不能酒，而吴主孙皓好酒，常大宴群臣作竟日饮，每人以七升为限，而韦曜仅有两升酒量，孙皓或专门为他酌减限量，"孙皓每飨宴，坐席无不悉以七升为限，虽不尽入口，皆浇灌取尽。曜饮酒不过二升，皓初礼异，密赐茶荈以代酒"。由此而有"以茶代酒"的成语。韦曜曾来赤壁，并留下著名的《伐乌林赋》，他的嗜茶，或可为三国时属于赤壁地区的羊楼洞早有茶事的文献佐证。近代出土的大量文物也可证实羊楼洞地区茶事始于东汉三国时期。如 1973 年在距羊楼洞不远的新店出土的青瓷贴花小碗，据蒋赞初先生考证当为饮茶具，是东汉至三国时东吴的文物。1998 年在赤壁出土的大量东汉至东吴的青瓷器皿，其中一

---

① 罗望林、胡一真：《湖南省经济地理》，新华出版社 1987 年版，第 119 页。

② （唐）陆羽：《茶经》卷下，七之事。

③ 冯金平：《赤壁茶与茶马古道》，兰州大学出版社 2006 年版，第 1 页。

④ （唐）陆羽：《茶经》卷下，七之事。

⑤ 同上。

四系罐也被考证为茶具。①

茶古谓之"荼"，饮之有百益而无一害。旧传神农氏尝百草中毒，以饮茶解之。《诗经·氓》有"谁谓荼苦，其甘如饴"的记载。《尔雅·释木》："槚，苦荼。"郭璞注："树小似栀子，冬生叶，可煮作羹饮。今呼早采者为荼，晚采者为茗。一名荈，蜀人名之曰苦荼。"汉代《神农食经》和《华佗食论》指出饮茶令人有力、悦志。② 唐代《新修本草》指出饮茶能消宿食，《本草拾遗》指出茶有益于健康，"久食能令人瘦"。李时珍《本草纲目》更是明列饮茶降火、祛病的药效，推崇备至。而五代蜀毛文锡《茶谱》中更特别指出羊楼洞所在的"鄂州东山、蒲圻、唐年县皆产茶，黑色，如韭，叶极软，治头痛"。

饮茶之风，至唐甚极。《旧唐书·李珏传》曾记载："茶为食物，无异米盐，于人所资，远近同俗。既祛竭乏，难舍斯须，田间之间，嗜好尤切。"指出当时茶已经与米、盐一样同为生活之必需品，而且无论远近，深入民间。唐人《封氏闻见记·饮茶》更载当时饮茶风气之盛："古人亦饮茶耳，但不如今人溺之甚：穷日尽夜，殆成风俗，始自中地，流于塞外。"而在羊楼洞地区，民间种茶饮茶之俗亦源远流长，到宋代以后极盛，甚至一度出现"民不务耕织，惟以植茶为业"，乃至当时崇阳县令张咏认为"茶利厚，官将榷之，不若早自刈也"，于是下令民间"拔茶而植桑"，以规避未来官方专卖而导致农民失业。③ 清代《蒲圻县志》载当地嘉庆贡生周顺偶所作《莼川竹枝词》这样描述当年清明时采茶盛况：

> 三月春风长嫩芽，村庄少妇解当家。
> 残灯未掩黄粱熟，枕畔呼郎起采茶。④

光绪年间崇阳人傅燮鼎也作诗记述鄂南地区的采茶盛况：

---

① 冯金平：《赤壁茶与茶马古道》，兰州大学出版社2006年版，第2页。
② （唐）陆羽：《茶经》卷下，七之事。
③ （宋）沈括：《梦溪笔谈》卷二。又（宋）张咏的《乖崖集》附录《忠定公遗事》中载："民以茶为业，公曰：'茶利厚，官将榷之，不若早自刈也。'命拔茶而植桑，民以为苦。其后榷茶，他县皆失业，而崇阳之桑皆已成，其为绢而北者，岁百万匹，其富至今。"
④ （道光）《蒲圻县志》卷四《风俗》。

山女提篮逐野花，村农打鼓跃池蛙。

溪南溪北歌声答，半是分秧半采茶。①

可见在山区茶农采茶是时有歌声相伴且唱答，心情轻松而愉悦的。

洞乡古代的茶俗因资料欠缺已难以考实，从田野采风的收获来看，茶在羊楼洞地区的民俗中，确是各种重要场合不可缺少的物品。

在婚俗中，茶是不可缺少的彩礼，以至于称彩礼为"茶礼"。明代朗英《七修类稿》："种茶下籽，不可移植，移植则不可复生也；故女子受聘，谓之吃茶。又聘以茶为礼者，见其从一之义也。"因为"茶性最洁"，可以代表纯洁的爱情；"茶不移本"，可以代表爱情的坚贞；"茶树多籽"，可以祝福新人多子多孙，种姓延绵长久，所以茶为男婚女嫁所必备。在羊楼洞地区，婚茶程序从吃订婚茶开始，新娘喝了男方订婚茶，受了男方茶礼，就表明婚约已成，故民间有"一家女不喝两家茶"的俗谚。结婚之日，婚礼参与者先要喝男方送来的"启节茶"，以示婚礼启动之意；再装女方的"陪嫁茶"或"郎舅茶"。婚礼之时，先饮"同心茶"，新人交杯喝糖茶，意寓"茶男茶女，成双成对，红糖冲茶，多滋多味"②，拜堂行礼后，再喝"敬老茶"，以茶认公婆、认长辈。之后，再沏"迎宾茶"，意在考查新娘的泡茶功夫和能干与否。洞房之时，行"闹茶抬茶"，三天无大小，以求通过闹茶，"人发大财，茶发新芽"。而婚期过后，新娘还要请全村妇女喝"结伙茶"，其礼为大锅煮茶，大碗喝茶，边吃边喝，饱足为止，在这过程之中，参加喝茶的妇女一人一支筷子，以示吃喝"不需太快"，新娘从此加入全村妇女行列，成为日后同伴。③

茶在羊楼洞地区土葬时期的民俗中，亦曾是行丧祭之礼时不可或缺之物。人死后，在停尸床前先要供上一盏清茶。入殓前要"含茶"，在死者口中放进一片茶叶和几粒米，意味着死者在另一世界仍有吃有喝。入棺之后，在灵堂香案前再供上一盏清茶。成殓后，主家烧茶，主人和客人自斟

---

① （清）傅燮鼎：《溪上杂咏》之二，《崇质堂诗》卷九，清同治十年（1871）刊。
② 陈旺林：《鄂南婚茶》，《文化月刊》1998 年第 11 期，第 33 页。
③ 狄英杰：《近代湖北羊楼洞茶业经济与文化研究》，华中农业大学硕士学位论文，2011 年。

自饮，互不敬茶。奔丧者与治丧抬灵者进门首餐，只吃"素茶"①，而下葬时，长者执引路幡开路，边走边要撒"引路茶"。灵柩上山，途中要歇息一次，抬柩者休息喝茶，谓之"板凳茶"。棺木入土前，要敬茶、焚香、烧纸。入土后，孝子齐跪墓前，司丧边念祝词边把盘中茶叶和米撒向孝子，孝子双手牵孝衣接茶接米，称"赐福茶"。埋葬之后，众客散去，抬棺八仙返回主家吃酒饭，称为吃"回丧茶"②。七祭奠亡，供品均以茶为先，供后沿坟洒掉，谓之"献茶"。若五七的第七日与当月的"七"日重合不利，解除之法为子孙挨家乞讨"百家茶"③。清明或七月十五祭扫，供上茶水和果饼，祭毕，茶水献给神灵，果饼带回给孩子。大年初一，同族祭祖，除酒以外，以茶为先。善男信女，祭天谢地，常用"清茶四果"或"三茶六酒"④。茶在祭祀之中成为圣物。

在羊楼洞地区，还时兴祭祀茶王，人们对古老高大的茶树顶礼膜拜。茶庄开庄时要拜茶架，称为"拜架"。砖茶起运前要拜茶堆，称为"拜官堆"。茶叶开采前要选少女开山，开山之后，还要"打吊结幡"，祈求茶叶丰收。⑤ 在旧时蒲圻，若家人生病，则时兴半夜焚香拜茶神以求平安，谓之"说情茶"⑥。过年过节，更离不开茶。大年初一，全家要喝上一杯团圆茶，晚辈要向长辈敬茶。咸宁地区自明代流传有才女钱六姐《拜年谣》，其词云："父母大人，福寿安宁，敬茶一杯，四季清平。"⑦ 饮茶代表了祝福。从正月初一至十五到各家吃摆茶，叫"吃年茶"。年茶吃不完剩下，寓意年年有余；喝剩的残茶在过年期间不能倒掉，寓意积财。逢端午节、中秋节，要"吃节茶"，俗以糖茶佐以糕饼，或以糖茶加入荫饭干炒米，边吃茶边叙情。清代嘉、道时期湖北蒲圻诗人戴玉华描写当地客来吃茶乡情的诗歌这样写道：

---

① 牛达兴、雷友山、黄祖生、高章林：《湖北茶文化大观》，湖北科学技术出版社 1995 年版，第 77—78 页。

② 万献初、宗嵩山：《鄂南茶文化》，广西人民出版社 1993 年版，第 106 页。

③ 牛达兴、雷友山、黄祖生、高章林：《湖北茶文化大观》，湖北科学技术出版社 1995 年版，第 107—108 页。

④ 姚国坤：《文化概论》，浙江摄影出版社 2004 版，第 154—159 页。

⑤ 万献初、宗嵩山：《鄂南茶文化》，广西人民出版社 1993 年版，第 108 页。

⑥ 狄英杰：《近代湖北羊楼洞茶业经济与文化研究》，华中农业大学硕士学位论文，2011 年。

⑦ 《中国民间歌谣集成·湖北卷·咸宁地区歌谣集》，中国民间文学出版社 1990 年版，第 103—105 页。

炊无曲突食无盘，菓荐当床睡卧安。

客到不分男女辈，火池茶罐坐成团。①

一家主客无男女之别，一起围着火塘和热气腾腾的茶罐谈话饮茶，其乐融融，让一直浸润于礼法之中的诗人都不禁心生羡慕。凡此种种，皆为茶区人民优良且独特的茶文化。

由于处在茶叶产地，茶在开门七件事中排位前移，日常生活中也多因茶的介入，形成具有特色的地方文化。这种与民众生活关系密切的文化生态，反映了羊楼洞地区因长期种茶、售茶、制茶、饮茶对自然经济状态下民俗的深刻影响，值得记述和研究。

第二节　洞区贡茶

羊楼洞地区出产好茶。清代著名文人袁枚曾因获赠羊楼洞松峰山（又称芙蓉山）所产旗枪茶而作诗咏之曰："四银瓶锁碧云英，谷雨前旗枪最有名。嫩绿忍将茗碗试，清香先向齿牙生。"［《谢南浦太守赠芙蓉汗衫雨前茶叶二首（之二）》］

相传公元 628 年，唐太和年间，朝廷将洞茶定为贡品。② 据《唐国史补》记载，唐中央政府赏赐给驸马都尉吐蕃王松赞干布之茶叶即采自岳、鄂、赣三州。由于贡茶为中国古代专门进献皇室及中央官员享用的茶叶，对品质要求苛刻，迫使地方制茶技术不断改进，茶叶质量不断提高，进一步促进了茶业的发展。

北宋乐史在《太平寰宇记》中将茶叶列为鄂州、兴国州的著名特产。宋代马端临《文献通考》更是将羊楼洞地区出产的进宝、双胜等列为片茶名品，把白毛尖、桃花绝品和碧云凤髓列为三大名散茶。③ 据《湖北通志·舆地志》载："桃花寺在永兴县（属鄂州）南桃花尖山之下，寺中有甘泉，里人用以造茶，味胜他处。"著名文学家苏轼曾专程到桃花绝品产地桃花寺，向长老索要桃花茶种带回黄州种植，并写下千古流传的诗篇

---

① （清）戴玉华：《西林诗萃·俚言八首》之八。

② 杨波：《洞茶之乡羊楼洞》，《蒲圻文史》第二辑，1986 年，第 98 页。

③ 万献初、宗嵩山：《鄂南茶文化》，广西人民出版社 1993 年版，第 11 页。

《乞茶栽雪堂诗》，其中有"不令寸土闲，更乞茶子艺"的诗句，至今仍见于《东坡集》。碧云凤髓原产于今阳新枫林镇坡山一带，坡山原名碧云山，后当地人为纪念苏东坡改其名而得之，碧云凤髓亦改名为坡山凤髓。两宋时期，崇阳的大黑茶、白毛尖亦颇负声望，以质优味美而称世。

明代黄一正《事物绀珠》将以羊楼洞为中心的崇阳、嘉鱼、蒲圻地区所产茶列为名茶。① 清代学者查正行则在《海记》一书中记载武昌府为贡茶地。湖广总督张之洞在历数清代各地向朝廷进献的各种贡物之后，对于湖北特产记载有"湖北贡茶、笋、艾、葛之属"②。《清会典》也载有"湖广岁贡茶芽二百斛，武昌兴国州六十斛"③。羊楼洞旧属兴国州，所记"岁贡茶芽"，原料为茶树于每年清明、谷雨之前所萌极嫩多汁之芽叶，即周顺侗《莼川竹枝词》中村庄少妇呼郎早起所采之"三月春风长嫩芽"，而另一位清代诗人罗厚瀛在其所作《咸宁竹枝词》里这样描写：

　　　　□屋青帘百户烟，金山山下有温泉。
　　　东关楼阁西河市，最好茶歌谷雨前。④

被无数爱茶的诗人墨客吟诵的鄂南贡茶，由于质厚味美受到统治者的青睐。贡茶制度虽然加重了地方茶农的负担，但贡茶由民间到宫廷，却争取到了政权对茶业的干预和引导，促进了茶业制作工艺的不断改良和茶叶品质的提高。贡茶又因为朝廷向臣下的恩赐，或因当局财政困难而变卖出大内，得以流传至民间，使得贡茶精美的形制和上流社会的茶文化为民间所吸纳，构成一个朝野交融的循环系统。

第三节　茶税与榷茶

《清史稿·食货志》记载明清两朝的茶法："明时茶法有三：曰官茶，储边易马；曰商茶，给引征课；曰贡茶，则上用也。清因之，于陕、甘易

---

① 《湖北近代经济贸易史料选辑》第二辑，湖北省志贸易志编辑室1984年版。
② 张之洞：《劝学篇·内篇·教忠第二》，光绪戊戌（1893）年两湖书院刊本。
③ 庄晚芳：《中国茶史散论》，北京科学出版社1988年版，第22页。
④ （清）罗厚瀛：《怡春阁诗草》卷四（《咸宁竹枝词》四首之一）。

番马。"洞茶由贡茶成为流通域外的商品，与唐、宋、元茶法制度有关，更与我国少数民族地区茶俗的兴起有关。

唐人封演的《封氏闻见记·饮茶》记载："茶，早采者为茶，晚采者为茗。《本草》云：止渴，令人不眠。南人好饮之，北人初不多饮。开元中，泰山灵岩寺有降魔师，大兴禅教，学禅务于不寐，又不夕食，皆许其饮茶。人自怀挟，到处煮饮，从此转相仿效，遂成风俗。自邹、齐、沧、棣，渐至京邑，城市多开店铺，煎茶卖之，不问道俗，投钱取饮。……于是茶道大行，王公朝士无不饮者……始自中地，流于塞外。往年回鹘入朝，大驱名马，市茶而归，亦足怪焉。"① 较详细地指出了饮茶之俗从南方传向北方，自僧而俗，而更进一步流传到塞外少数民族地区，开始茶马互市的情形。应该说，这一基于茶叶特性及功能的记述，有相当接近事实的成分。史载唐德宗建中年间（780—783），"常鲁公使西蕃，烹茶帐中。赞普问曰：'此为何物？'鲁公曰：'涤烦疗渴，所谓茶也。'赞普曰：'我此亦有。'遂命出之，以指曰：'此寿州者，此舒州者，此顾渚者，此蕲门者，此昌明者，此㳠湖者。'"② 如此条记载属实，则说明不仅西北回鹘，即便西藏吐蕃的统治者，对于产于中原的茶叶也都具有丰富知识，不仅储品丰富，而且能够如数家珍地说出茶叶的具体产地。其中的"蕲门者"，即是"淮南三茗"之一的蕲门贡茶，产自今鄂东一带。所述虽然仅涉及吐蕃上层贵族，其藏品大概也多为上品名茶而非通常用于互市的官茶、商茶，但也可以部分说明饮茶风俗向中原周边少数民族地区的传播已经无远弗届。

饮茶风俗的普及推广，带来了茶叶交易的蓬勃兴盛。唐代诗人白居易就曾在其名篇《琵琶行》中留下"商人重利轻别离，前月浮梁买茶去"的诗句，涉及当时盛产茶叶的江西浮梁地区和贩茶商人。著名政治家诗人杜牧在其《上李太尉论江贼书》中也提到每年采茶季节，"四远商人皆将锦绣缯缬、金钗银钏，入山交易；妇人稚子，尽衣华服，吏见不问，人见不惊"③。《封氏闻见记》记载当时商人收购茶叶的情形，"其茶自江淮而来，

---

① （唐）封演撰，赵贞信校注：《封氏闻见记校注》卷六《饮茶》，中华书局 2005 年版，第 51—52 页。

② （唐）李肇：《唐国史补》卷下，上海古籍出版社 1979 年版。

③ （清）董诰等编纂：《全唐文》卷七五一，中华书局 1983 年版，第 7788 页。

舟车相继，所在山积，色额甚多"①。这个"所在山积"的量具体有多少？由于时代久远，文献不足，无法统计出具体数额，但据唐宪宗时《郡县志》记载，唐玄宗天宝元年（724），仅浮梁一县茶叶年产量就达 700 万驮。② 宋朝关于湖北地区茶业的记载相对较具体，沈括《梦溪笔谈》十二卷载：嘉祐六年（1061），汉阳军受纳鄂州片茶 238300.5 斤。③ 据清代徐松从《永乐大典》中辑出的《宋会要辑稿·食货》记载，北宋中期湖北地区州军买茶场收购当地所产茶叶数量，兴国军为 5297360 斤，鄂州为 363135 斤。④ 羊楼洞所在的湖北兴国军茶产区购茶达数百万斤之多，足见其种植普及之广，参与全国贸易之深。

与茶俗普及传播同步，茶税以及茶叶专卖制度也开始出现。这不仅由于茶叶具有高额的商业利润，是民族贸易的重要商品，而且由于茶马互市之后，茶叶贸易关系冷兵器时代的重要战略物资马匹的进口，引起朝廷高度重视，中央政府加以严格控制，也就是必然的了。

中唐以前，官府听民摘山，任民售茶。安史之乱后，囊中羞涩的唐王朝开征茶税。茶税之议，始于唐德宗建中三年（782），诸道盐铁使张滂奏立茶法，规定茶分"三等时估，每十税一"。贞元九年（793）正月"初税茶"，茶税总量达到每年 40 万贯，这是唐代茶税独立计征、分等计价、按值征收的开始，"茶之有税，自此始也"⑤。长庆年间（821—824），茶税税率由 10% 提高到 15%。唐文宗太和九年（835），曾短暂地改税为榷，实行彻底的茶叶专卖，之后由于阻力颇大，不得已仍回归茶税。唐武宗时，由于战争需要，茶税提高到近乎横征暴敛，仅浮梁一县"每岁出茶七百万驮，税十五余万贯"，所谓全国各地全年矿产税收还"不能当一县之茶税"，其沉重可见一斑。据杨晔《膳夫经手录》载，唐建中时期"蕲州茶、鄂州茶、至德茶，以上三处出处者，并万斤厚片，自陈、蔡以北，幽、并以南，人皆尚之。其济生收藏榷税，又倍于浮梁矣"。当时湖北圻州、鄂州和安徽至德三处茶税则比浮梁高一倍，可以推想当时归属鄂州的

---

① （唐）封演撰，赵贞信校注：《封氏闻见记校注》卷六《饮茶》，中华书局 2005 年版，第 51—52 页。

② 陈椽：《茶叶通史》，农业出版社 2008 年版，第 56—57 页。

③ （宋）沈括：《梦溪笔谈》卷十二。

④ （清）徐松：《宋会要辑稿·食货》卷二十九之六，中华书局 1957 年影印本，第 6—7 页。

⑤ 《旧唐书·德宗纪》卷下、《旧唐书·食货志》卷下、《新唐书·食货志》卷四。

羊楼洞茶区税负之重。

宋代茶法，实行榷茶制度，设置榷货务和榷茶场，垄断贸易，严刑峻法，禁止走私。沈括《梦溪笔谈》记载："国朝六榷货务，十三山场都买茶，岁10533717斤……受纳鄂州片茶238300斤，受纳潭、建州、兴国军片散茶50万斤。"《宋会要·食货志》："高宗绍兴三十二年，诸路军县所产茶数为19039277斤。……兴国军：永兴、通山936555斤。……鄂州：蒲圻、江夏、通城、武昌、嘉鱼、崇阳177710斤12两。"有学者据此认为，在两宋时期，鄂南茶叶取得了飞跃性发展，无论是产品的数量还是质量均占据全国的重要地位，是古代茶史上鄂南茶最兴旺发达的时期。[①] 然而从有关资料来看，由于榷茶制度的实行，税负加重，羊楼洞茶业反而出现倒退。据宋王得臣《麈史》（卷上）记载："六路租茶通商以来，益蜀减外，岁计三十三万八千六十八贯有畸，湖北独当十万二千三百三十一贯有畸，而鄂一州所敛，无虑三万九千缗。诸邑之中，咸宁又独太重。"这说的是湖北尤其羊楼洞所在咸宁地区税负繁重。深重的压迫，必然引起强烈的反抗，宋淳熙二年（1175），湖北茶贩赖文政武力走私、贩运茶叶，发动茶乡贫民举行起义，半年中起义席卷湖南、湖北、江西、广东四省。繁重的税负，也造成了上节所述崇阳县令张咏为农民规避过重之茶税而下令"拔茶植桑"[②] 的现象。《续文献通考》中记载："忠定张尚公宰鄂州崇阳县，崇阳多旷土，民不务耕织，唯以植茶为业。忠定公令民伐去茶园，诱之使种桑，自此茶园渐少，而桑麻特盛于鄂岳之间。至嘉祐中，改茶法，湖湘之民苦于茶租，独崇阳茶租最少。民监他邑，思公之惠，立庙以报之。"经改茶法之后，由于茶税沉重，人民竟以张咏"拔茶令"为惠民之事，"立庙以报之"。而据《宋会要辑稿·食货》之《乾道会要》记载：宋孝宗乾道年间（1165—1173），湖北兴国军永兴、通山产茶647160斤，鄂州蒲圻、崇阳、咸宁、嘉鱼等县产茶177240斤。这仅仅数十万斤的出产，较上节所述北宋前期两地数百万斤茶产的记载，有大幅度的下降，真实地反映了当时过重茶税所导致的对茶业生产力的打击。由此看来，所谓茶叶增收，政府获利增加，可能只是因价格变动或专卖严格所带来的政府收茶层

---

① 万献初、宗嵩山：《鄂南茶文化》，广西人民出版社1993年版，第10—11页。

② （元）胡炳文：《纯正蒙求》卷下。见《乖崖植桑》："宋纸忠宝公令荣〔崇〕阳时，民以茶为业，公曰：茶利厚，官将榷之。命拔茶植桑。民以为苦。后果榷茶税，诸县皆失业，而荣〔崇〕阳桑已成，岁为绢百万。"

面的增长表象而已。

元代的茶法，史称"由约而博，大率因宋之旧而为之制焉"①，只是更加细密并增大了范围，但主要办法与宋代一致。然而，进一步分析可知，元代茶法与唐、宋有根本的不同，突出的一点就是取消茶马互市，实行定量销售执照性质的"引票制"②。具体办法为，向欲经营茶叶的商人收钞发放引票，商人纳银取引销茶，政府收税给引准售，中间购置、贩运等环节放开，对于茶农、商贩积极性发挥都留有余地。③ 该制度较适合茶叶生产力发展，故元代茶税收入得以不断增长。至元十四年（1277）茶税钞2300锭（一锭合钞50两），至元十五年（1278）增至6600锭，至元十八年（1281）增至24000锭，折合茶叶860万斤。之后茶税提高，元贞元年（1295），收得茶税83000锭；延祐七年（1320），全国上税茶叶计有约9000万斤。④ 由于吏制腐败，引票制到元代后期沦落为官吏假公济私、盘剥商户和茶农的手段⑤，严重地影响了茶业的发展，但在其初，引票制的确曾对茶叶经济发展起到促进作用。这种发展，奠定了湖广地区到明清时期上升为全国最主要的边茶产地的地位。宋景德年间官府定张家口为蒙汉互市之所，曾以两湖片茶与蒙古交易，到了元明时期，边茶贸易的发展已使茶叶市场逐步转向以羊楼洞为中心的鄂南茶区。

明朝自开国始，就非常重视茶政，也非常重视茶产地湖北。相传元末明初时，羊楼洞茶区的茶农参加朱元璋的起义军征讨新、蒙边疆。两名士兵将家乡带去的茶叶给众人分喝后，水土不服、腹痛闹病的兵士饮后即

---

① 《元史·食货志》第三。

② 陈椽：《茶叶通史》，农业出版社2008年版，第68页。

③ 《元史·食货志》茶法。

④ 魏明孔：《西北民族贸易研究：以茶马互市为中心》，中国藏学出版社2003年版，第129页。

⑤ 《元史·食货志》引监察御史李宏至正二年（1342）上书："每至十二月初，差人勾集各处提举司官吏，关领次年据引。及其到司，旬月之间，司官不能偕集。吏贴需求，各满所欲，方能给付据引。此时春月已过。及还本司，方欲点对给散，又有分司官吏，到各处验户散据卖引。每引十张，除正纳官课一百二十五两外，又取要中统钞二十五两，名为搭头事例钱，以为分司官吏馈贶之资。提举司虽以榷茶为名，其实不能专散据卖引之任，不过为运司官吏营办资财而已。上行下效，势所必然。提举司既见分司官吏所为若是，亦复仿效迁延。及茶户得据还家，已及五六月矣。中间又存留茶引二三千本，以茶户消之为名，转卖与新兴之户。每据又多取中统钞二十五两，上下分派，各为己私。不知此等之钱，自何而出，其为茶户之苦，有不可言。至如得据在手，碾磨方兴，吏卒踵门，催并初限。不知茶未发卖，何从得钱。间有充裕之家，必须别行措办。其力薄者，例被拘监，无非典鬻家私，以应官限。及终限不能足备，上司紧并，重复勾追，非法苦楚。此皆由运司给引之迟，分司苛取之过。茶户本图求利，反受其害，日见消乏逃亡，情实堪悯。"

愈。朱洪武于是专派洞籍官员回乡运来大批茶叶，保证了战事的成功。事后，朱元璋以"松叶常青，山峰独秀"之意赐茶名为松峰茶，赐山名为松峰山。据史书记载，洪武五年（1372），天下甫定，太祖朱元璋就命令参政："茶之所产，多在山西、湖广，所以前朝茶运司立在江洲，专任茶课。尔差官分投前去各府州县，踏勘见数，起科作额，以资国用。"① 明确地指出湖广作为产茶重地，要加以控制。明朝不仅恢复宋朝的茶马互市，而且变本加厉，严厉执行以茶治边的茶马政策。② 随着有明一代茶马交易所需茶叶数量越来越大，南方茶叶在茶马互市中的作用也越来越大。《明史·食货志》载："产茶之所，湖广以武昌为首，然当时以兴国军（今通山、阳新一带）为最著。"《湖广通志》："武昌茶出通山者上，崇阳、蒲圻者次之。"明成化年间（1465—1487）兵部奏议："宜令陕西布政司将库贮茶课及棉花等物易银，遣官领送河南、湖广市茶，运赴西宁等茶马司收贮，移文巡茶官同守备守巡官市易番马，俵给甘、凉、固原、靖虏、庆阳等卫缺马官军骑操。仍行甘肃、宁夏、延绥总兵巡抚等官核实缺马官军数目，亦如前例行之。"③ 反映了湖广茶在互市中的重要地位还在不断提高。有学者认为，明朝茶叶产地主要有常州、庐州、池州、徽州、湖州、严州、衢州、绍兴、南昌、饶州、南康、九江、吉安、武昌、长沙、荆州、保宁、成都、重庆、夔州、嘉定、泸州、雅州等地，由于交通、成本等原因，原本更靠近西北的川陕一带是茶马互市的主要茶叶供应地，但由于西北地区茶马互市规模日渐扩大，茶马交易量大，仅陕西和四川地区的茶叶已远远不能满足互市的需求，于是茶叶供应范围扩大到全国产茶区。明代西北地区茶马互市的茶叶来源，除了汉中、四川外，还包括南方，主要是茶叶质量高于川陕地区的湖广地区，"并且湖广茶逐渐上升为西北地区茶马互市的主体"④。为了茶马贸易的需要，当时产于蒲圻、咸宁、崇阳、通山、通城一带的老青茶运至羊楼洞后，经过加工制成圆柱形状的"帽盒茶"，大批销往蒙古等边疆地区，羊楼洞也成为著名的茶叶市场。

---

① （明）徐学聚：《国朝典汇》卷九十五《户部九·茶法》，书目文献出版社 1996 年版，第 1243 页。

② 陈椽：《茶叶通史》，农业出版社 2008 年版，第 387 页。

③ （明）徐学聚：《国朝典汇》卷九十五《户部九·茶法》，书目文献出版社 1996 年版，第 1246—1251 页。

④ 魏明孔：《西北民族贸易研究：以茶马互市为中心》，中国藏学出版社 2003 年版，第 129 页。

　　湖广茶在明代茶马贸易中地位无疑已经提高，羊楼洞所在的湖广武昌府所产茶成为明代主要茶叶产地也应为事实。由于南方气候更加温和，更宜于茶业发展，以羊楼洞为中心的鄂南地区，雨量丰沛，气候适宜，微酸性土层深厚且疏松，低山和丘陵地带排水便利，非常适宜茶树生长，所产茶叶相比于川陕茶更富含维生素和矿物质，各项条件更利于茶事。而且明朝万历年间，湖广武陵人龙膺在徽州做官，他仔细研究学习了徽州先进的松萝茶的制作方法，并在退官回乡之后，在家乡积极推广松萝茶先进的加工制作工艺，使这一地区传统成茶由蒸青向炒青转变，① 成茶风味品质有较大提高。所有这些都使得湖广以及南方出产质量更高的茶叶在情理之中。但是即便如此，南方茶叶仍未真正上升为西北互市主体。这一点，我们从明代同属于南方茶区的湖南茶的案例中可窥见一些信息。明万历二十三年（1595），属于南方茶区的湖南茶曾卷入走私，严重破坏当时茶法和马政，于是御史李楠请求禁止湖南茶叶，理由是湖南茶多为私茶，为了牟利，"商贩伪茶日增"，掺假严重，"番族"人饮用后"刺口破腹"，结果是"番族借口减马"，影响官方茶马交易以及马政军备。李楠提出应该召商给引，鼓励商人到川陕贩茶，而对于贪图价格便宜而转销湖南茶的行为，必须严加禁止。对此，另一位御史徐侨提出反对意见，他说："汉、川茶少而直高，湖南茶多而直下，湖茶之行，无妨汉中。汉茶味甘而薄，湖茶味苦，于酥酪为益，亦利器也。"指出川陕茶数量不足而且价格偏高，不足以应对互市需求，而湖南茶量多、价低、味浓苦，适宜以酥酪、肉类为主食的"番民"生活需要，也能弥补川陕茶之不足，关键在于严格管理，制止掺假。② 这段记载，反映了即使到晚明万历时期，西北茶马互市仍然是以川陕茶叶为主，由于需求巨大，川陕茶价格也高。湖南茶仅仅是因价格低廉而以走私方式介入边贸，并未形成西北茶马互市的南方茶主体。户部在听取李楠和徐侨的争论之后作出的折中决定也反映了这一点：边贸仍以川陕茶为主体，商人中引，先给川陕茶引，只是在川陕茶不足时，才给湖南茶引③。由此看来，明代湖南茶在边贸中所处的辅助地位还是相当明显。湖广茶真正成为茶贸主体，还有待于此后的清朝和近代。

---

① 邹怡：《明清以来徽州茶业及相关问题研究》，复旦大学博士学位论文，2006 年。
②《明神宗万历实录》卷二八二。
③（明）王圻：《续文献通考》卷二六《征榷·茶》。又见《明会典》卷三七《茶课》。

第二章　洞商家族研究

作为一个山间乡镇，羊楼洞的当地居民可以按姓氏分为若干人数较多的大姓和一些小姓群体，他们虽然杂居在同一个镇上，但每一个姓氏作为一个传统的有血缘关系的族群，其内部的成员有很强的认同感。20 世纪 60年代，汉学家莫里斯·弗里德曼（Maurice Freedman）对于早期中国东南农业地区的宗族有过认真的研究，他用"local lineage"（村落宗族）来指称这一类中国传统的宗族，认为这类宗族"是男性的（减去已婚的姐妹、加上他们的妻子）合作的族群，生活在一个或一群紧密联系的定居点上"。他们"或者是村落共同体，或者是相邻的村落群体"①。他的这一个定义，可以概括羊楼洞地区传统社会宗族的生存状况。这些宗族在比较贫弱的时候没有什么共同的财产，也没有专门编制记录宗族历代亲缘关系和成员生平的族谱，但是一旦条件允许，他们就会从事这一方面的构建。

羊楼洞镇上的大姓如雷、饶、游、黄等，一直以来大都以务农为主。由于山多田少，不少人亦外出经商谋生。所经营的较多是传统的农副产品。虽然当地很早就出产茶叶，但以茶叶为主要经营商品的，在清代以前尚未见记载。

第一节　洞商家族的形成

继 20 世纪 60 年代汉学家莫里斯·弗里德曼提出"宗族其实是法人"（corporation）② 这一观点后，科大卫（David Faure）在《近代中国商业的

---

① ［英］弗里德曼：《中国东南的宗族组织》，刘晓春译，上海人民出版社 2000 年版，第 65 页。
② 同上。

发展》中进一步将明清时期的宗族视作一个具有控产能力的公司，认为正是这种依靠血缘纽带所维系的家族或宗族组织为当时繁荣的商业活动提供了一种可能的制度性基础，"在一个事实上不存在公司法的社会中，为了强化商业合作、投资和资产控制，将血缘关系与商业运作机制结合起来是至关重要的"①。将明清之际的中国视为以土地为主要财产标志的农业社会，将行商坐贾或手工业基本归于农业延伸的前提假设，使得科大卫似乎更加关注宗族而非家族在商业贸易中所起的作用，因为"宗族是通过祖先凝聚，而家族却是通过财产分割"，其研究也同样是围绕着对祠产（主要是土地以及土地所带来的收入）的提留及买卖而展开。笔者选择洞商家族作为研究的主要群体，通过考察羊楼洞地方雷氏业茶经历，展开对洞镇地方家族业茶的研究。在以茶叶贸易而非土地买卖为主的商业语境中，笔者尝试去探讨一系列的问题，例如：羊楼洞雷氏家族的经营呈现出怎样的模式和特点？在主持大局的灵魂人物去世后，家族成员面对企业的所有权与经营权分离的危机，如何处置具有关键意义的商业资本？对于上一代共同资产的处置又如何形成不同的家庭组织形式？家庭财产甚或负债在两代至数代人之间的流动如何形成对经商活动制度性的保障？等等。

一　开基创业

羊楼洞最早经营茶叶的洞商，当为羊楼洞当地雷氏，雷氏家族经营茶叶的第一人，亦即羊楼洞当地茶业的开基者，当为清乾隆年间的雷兴传（1713—1778）。

雷兴传，字中万，《雷氏宗谱》记载他生于康熙五十二年（1713），卒于乾隆四十三年（1778）。他幼时家中并不富裕。父亲雷应琼（字永文）家贫而向学，"酷爱诗书，家虽贫，勉开斋塾，延师课子侄，而雷氏书香自此一振"②。雷兴传是长子，他"自少英敏"，曾跟随当地著名塾师"紫溪翁受业，吾乡李蓼滩孝廉见其文雅，称许焉"③。虽然他"学识过人，惜

---

① ［英］科大卫（David Faure）：《近代中国商业的发展》，周琳、李旭佳译，浙江大学出版社2010年版，第79页。
② 程世甲：《永文雷先生传》，《雷氏宗谱》，民国甲子年合修初续崇义堂本。
③ 程日阶：《中万雷先生传》，《雷氏宗谱》，民国甲子年合修初续崇义堂本。

数奇不偶"①，并没能考取任何功名，所以"年逾三十始捐举子业，而从事诗古，兼及货殖，遂以富称"②。所谓"从事诗古，兼及货殖"，是弃儒经商的委婉说法。

雷兴传的生意伙伴是从山西远道而来从事外贸边贸的茶叶商人。据清同治《崇阳县志》载："茶，龙泉出产茶味美，见《方舆要览》。今四山俱种，山民藉以为业。往年，茶皆山西商客买于蒲邑之羊楼洞，延及邑西沙坪。其制，采粗叶入锅，用火炒，置布袋揉成，收者贮用竹篓。稍粗者入甑蒸软，用稍细之叶洒面，压成茶砖，贮以竹箱，出西北口外卖之，名黑茶。"③ 志文所称"往年茶皆山西商客买于蒲邑之羊楼洞"，最早应该指山西客商与雷兴传的合作。双方进行合作大致的做法是：山西茶商在茶季伊始借雷兴传在羊楼洞的房屋、生产生活用具以及在当地的人脉影响，收购农民种植于边角"畸零之地"的茶叶并加工为成茶。一季之后，客商按照所收购制作的成茶数量比例提成现银，作为固定资产投资的回报付给雷兴传，被称为"租金"或"行佣"。然后山西客商上路，将成茶经船运、车载、马驮一路向西北，运至内外蒙古、新疆及俄罗斯销售，到第二年茶季再次返回。这种合作经营茶叶的方式及其开始合作的时间，晚清学者叶瑞廷在其《莼蒲随笔》中记载："闻自康熙年间，有山西估客购茶于邑西乡芙蓉山，洞人迎之，代收茶，取行佣。"④ 大约叶氏距羊楼洞业茶之始已经有年，对所记"康熙年间"亦无把握，故很谨慎地使用了一个听闻的"闻"字。所记较之实际，确实稍稍早了一些。对此，《雷氏宗谱·清庵公传》记载也并未更为确切："盖羊楼洞本茶市也，自国初以来，晋人岁挟钜金来此采办。相高大之宅，托为居停主人焉。及秋，则计其收茶之值，以纳租金。盖二百余年矣。"⑤ 文中"国初"和"盖二百余年"皆为约数，我们理解为雷兴传及继承其业的儿子们所生活的清朝早年，应该不错。

雷兴传30岁大约是乾隆八年（1743）开始业茶，至66岁去世，其业茶时间约为36年，继承其事而较多见于族谱记载的，是其第四个儿子雷振

---

① 程世甲：《永文雷先生传》，《雷氏宗谱》，民国甲子年合修初续崇义堂本。
② 程日阶：《中万雷先生传》，《雷氏宗谱》，民国甲子年合修初续崇义堂本。
③（同治）《崇阳县志》卷四《物产》。
④（清）叶瑞廷：《莼蒲随笔》卷四。
⑤ 游恺：《清庵公传》，《雷氏宗谱》，民国崇义堂本。

祚。雷振祚，字东阳，生于乾隆二十二年（1757），卒于嘉庆九年（1804），享年47岁。在其玄孙亲撰的《霁轩公家传》中，将他描述为雷氏茶贸事业的开拓者："洞，产茶阜也。首开辟自雷氏公之曾祖东阳公、祖文庵公，既皆以商业起其家矣。"① 所谓"首开辟"当然说的就是开创的意思。然而雷振祚的儿子雷炳蔚的记述则有所不同："（雷振祚）于兄弟中行四。幼辍读，佐祖考（案指雷兴传）理家，经营创造，家日以兴。"②《雷氏宗谱·自立公传》也记述雷振祚"率先人家范，耕读教子，雅事经商"③。说明雷振祚乃是继承父亲雷兴传留下的家业，而并非"首开辟"。雷振祚对茶叶的经营在其子雷炳蔚亲撰的《东阳公显迹记》中有详细的记述："见生齿增，虑粟无余，越陌度阡，场圃桑麻之属，益思有以广之；见知识开，虑物欲蔽，家塾外傅，志学有道之士，亟思有以就之；见日用繁，虑经费纳，坐贸生理，向已大开其源，今犹株守其一，非计也！堂构栋宇之启，因思扩而充之。触境而思，不一而足，业已淬志励精，务底于成。乃年未及艾，而馆舍遽捐矣。尔日，长兄年二十七，次兄年十八，相率理贸。"④ 文中"坐贸"以及在羊楼洞地方文献中常可见到的"坐商""坐贾"等，就是前面所说的以行屋等与晋商合作，坐地取得一份商业利益的经营方式，是当时相对于其生意伙伴晋商南来北往的"行商"经营方式的一种惯常说法。"坐贸生理，向已大开其源，今犹株守其一，非计也"，意思是"坐贸"茶叶生意，在上一辈已经由雷兴传非常好地开创，而今雷振祚（如果）只是株守经过分家而得到的一份坐吃山空，不是好的办法，所以他要扩大"坐贸"所必需的"堂构栋宇"，扩建行屋，广招客商，将这一份祖传的生意做大做强。

二　分家析产

雷振祚逝世后，最初继承家业的是其五个儿子中的长子雷允桢（字国祥）和次子雷炳文（字自立），即谱传中记载的"尔日，长兄年二十七，次兄年十八，相率理贸"。15 年之后（嘉庆二十三年，1818），雷允桢

---

① 雷兆绂：《霁轩公家传》，《雷氏宗谱》，民国崇义堂本。
② 雷炳蔚：《东阳公显迹记》，《雷氏宗谱》，民国崇义堂本。
③ 程日阶：《中万雷先生传》，《雷氏宗谱》，民国崇义堂本。
④ 雷炳蔚：《东阳公显迹记》，《雷氏宗谱》，民国崇义堂本。

（字国祥）在 42 岁时去世。雷炳文的家传中这样记述这一段的情况："无何，封翁（案指雷振祚）以四十七岁捐馆。尔时家计固长兄国祥公仔肩之，先生（案指雷炳文）时少，即佐理之。屈志纳粟，惟以诗书课诸弟。讵长兄年四十二又赍志殁。"由于雷允桢逝世，雷炳文一人业茶缺少帮手，于是让五弟雷炳蔚参与经营，在父兄去世之后取得了很好的业绩：

> 忠信素著，声气远通，一时巨贾争投，不间数千里外也。计先生（案指雷炳文）与季弟（雷炳蔚）任事二十年，拓美田数百亩，恢厦屋数百间。虽父兄贻谋有所凭藉，而经营缔造，成若大局面，费心亦良苦矣。先生体敦庞，精神极强健，逾中年犹黎明，调理诸务。……家人团欒，内外丁屈指几七十，间角口，苟有以析爨语者，先生闻若雠，疾首蹙额，至废餐寝，必调停谐和始怿。……年五十一以疾终于寝。①

雷氏家道在雷炳文主家政期间无疑得到很大发展，他花了极大的精力来维护大家庭的完整，下大力气不让分家（析爨）的事情发生。按说，一家五房七十多口人，分灶开火，在一般乡村家庭是再正常不过的事，因为一房男子娶妻生子后自然成为一个家庭单位，就应该将自己的一份"股份"从像"公司"一样的大家庭中取出，以之为基础，作为一个独立家庭单位开始走自主生存发展的路。但是在雷允桢死后，实际作为长兄主持大家庭家政的雷炳文在听到家人口角提及分家的话题时，为什么会表现出痛心疾首、视若仇敌呢？答案应该在于财产和权力。

当时家中的财产，即引文中所谓"美田数百亩""厦屋数百间"，从历史的脉络看可分为两个部分，其一是基础的存量部分，那是父亲雷振祚及长兄雷允桢手创（当然还继承了雷兴传遗产属于雷振祚）的那一部分，其二是增量部分，即在雷炳文主理家政时发展起来的那一部分。分家就要析产，因为儿子作为血亲家庭的一员，按宗法自然拥有父兄死后留下遗产的一份。所以，所谓"父兄贻谋有所凭藉"也就是父亲和长兄的创造部分是基础，这应该就是要求分家者在口角中所经常讲到的主要的依据——家产

---

① 饶凤歧：《自立公传》，《雷氏宗谱》，民国崇义堂本。

借由父兄遗产创造发展，作为父兄的儿子和诸弟，理当拥有现有财产中属于自己的那一份。

在未分家时，雷炳文无疑握有家庭财产的支配权。家庭财产名义上属于五房共有，但茶务及田产的经营既然由雷炳文负责，也就由他发号施令，支配调遣。借用科大卫"作为公司的宗族"的比喻来分析旧有的大家庭：洞商雷氏这一大家庭的五个房头就好比五个各握股份的股东，而雷炳文则是该公司的董事长兼总经理。由于"公司"事务繁杂，他必须以超人的精力"黎明即起，调理诸务"，而与此同时，他也获得了超越其他四房兄弟及子侄之上的对于大家庭事务的决定权。他在世时能够一直维持五房兄弟同居的大家庭而不分家，应当就是这种决定权成功运用的最好证明。每当家中有人企图分家，所依据理由应该就是"父兄贻谋有所凭藉"，即再次重申诸位兄弟房头对于其应有的那一份财产的所有权，这无疑是有极大诱惑力的。面临分裂的危机，雷炳文在承认诸房财产所有权的同时，也势必会一再强调"经营缔造，成若大局面"，与自己继长兄之后的主持及协助经营的小弟雷炳蔚的"费心亦良苦矣"有莫大的关系。从更现实的角度来看，雷炳文作为主事人，手中掌握着经营的权力，所有经营的具体关节只有他最为知悉，所有租赁雷氏行屋与之合作的晋商人脉以及租赁良田的佃户账目也全都握在他的手里。倘若意图分家者不考虑主事者的意愿和权力，冒着让"股份公司"财产流失的风险强行分裂，只怕会危及自己已有的一份财产。与其如此，不如让"公司"继续平稳运行，使得名义上属于各房的财产随之保值增值，这一定是提出分裂者接受现状、暂时妥协的实际考量，也或多或少会是雷炳文用来"调停谐和"的潜在手段。

这种勉强统一的局面，在雷炳文辞世后即被打破：

> 丙申（道光十六年，1836）夏，次兄登仙录。家庭内一日无主而气象一变。因思丁口浩繁，不齐不可，欲齐不能，遂将一箸折而为五。[1]

分家析产，按照以上文字的作者、之前曾协助二兄经营家庭财产的雷

---

[1] 雷炳蔚：《东阳公显迹记》，《雷氏宗谱》，民国崇义堂本。

炳蔚自己的说法，是"不齐不可，欲齐不能"，对于他似乎是非常无可奈何的被动之举。雷炳蔚并未如其二兄雷炳文那样真正居于主持家政的地位，他只是协理家政，帮助经营，所以并不能像二兄那样实际掌握全面的经营大权；由于他是最幼的弟弟，他也不可能像二兄那样，在长兄雷允桢死后就自然接替主事者之位，以先天的亲缘优势号令兄长及各房诸人，所以他确实有无可奈何的一面。但是客观地分析，由于他从未真正全面主持过家政，所以分家对于他来说未必有任何现实的损失，与此相反，去贸然争取一个主事者的身份并维持目前人心不齐的大家庭格局是充满挑战和风险的。更进一步来说，雷炳蔚和参与分家的诸房兄弟一样，能够通过分家将原来全部财产中名义上自己所有的一份，变为实际上自己拥有的一份。在此意义上，同意分家无疑是一种更加聪明的选择。而且由于他一直协助二兄经营，更了解情况，如果由他自愿地主持分家析产，当然更利于保持经营的平稳过渡，所以他很可能是在自愿的基础上接受诸兄长分家析产的建议之后，顺势主导了整个分家的具体作业。而这也可能是为什么在为父亲雷振祚所写的谱传《东阳公显迹记》中，他以嫡传者自居，十分仔细地记述这一段由不许分家到分家的历史事实，并粗略登录参与分家的主要财产，同时一再强调迫不得已分家的原因。如果真是这样，那么他的记述似乎更多是在撇清主导分家的责任，彰显自己主持分家的公正。

雷炳蔚用"将一箸折而为五"来形象地比喻这次分家析产，那么就让我们来看看他在《东阳公显迹记》中所记录的家产都大致有些什么吧。

> 远近田业五顷零五，家各受百亩，零石除作祀产；大小房屋八座半，五股寓号虎七庄，座半分为住居。余赀无多，亦足敷用……①

从以上参与分家的财产看，雷兴传开创的家业中的雷振祚这一支，到雷炳文去世时已经发展到有房屋八座半，其中七座用于茶行行屋租给七家晋商经营茶业；另有五百多亩田地，每家分得一百亩，其余五亩作为公田供祭祀之用；"足敷用"即充足的现银作为流动资金当然也要分配，这从总的规模看已相当可观。而雷兴传的其他儿子如雷观翘、雷班联等数支的

---

① 雷炳蔚：《东阳公显迹记》，《雷氏宗谱》，民国崇义堂本。

茶贸事业，与此同时也获得了长足的发展。我们从上文得知雷振祚这一支五个房头的分家析产对于经营茶叶的洞商雷氏来说已经不是第一次。《东阳公显迹记》中所记雷振祚的“坐贸生理，向已大开其源，今犹株守其一”，说的就是雷振祚作为雷兴传的诸子之一，曾经分得了雷兴传“向已大开其源”的“坐贸生理”中属于雷振祚名下的一份遗产。雷观翘和雷班联等当然也是一样，分得了自己的一份。这其余数支也发展得势头十足。例如雷观翘一支，经过其子雷竹轩、其孙雷绥成（字乐斋）的经营，甚至成为羊楼洞巨擘首富。① 其后见于族谱记载经营茶业的雷氏子孙有数十人之多。正因为如此，晚清官至工部尚书的羊楼洞人士贺寿慈对于当时雷氏业茶之盛甚至有如下的评价：“远来商无不主雷氏，行业之盛甲一乡！”②

三　三种家庭形式

一般论及中国传统社会的家族结构，通常有“大家庭”与“小家庭”之别。郑振满教授通过考察明清福建一带家庭的分家习俗，对家庭结构的主要形式和演变趋势进行了细致的探讨③。下文试图将洞商家庭的结构与家族成员的规模及其对共有财富的支配相联系，以家族资本的共享和划分为依据，把作为宗族基础的洞商家庭分为以下三种存在形式。

第一种家庭，是经过人口和财产增殖后形成的大家庭。它在一个家庭的外壳下往往包含几个已经结婚生子的小家庭，例如雷兴传，他在羊楼洞首创茶贸，并通过发展家族男丁参与主持经营，不断积累和扩大这个大家

① 贺兴华：《雷乐斋先生传》，《雷氏宗谱》，民国崇义堂本。文中记载：“（雷绥成）幼沉着坚定，志趣豁如，读书颖悟过人。稍长，丁家道中落，亲复老迈，先生（案指雷绥成）十七即料理家政，因之未能竟读而经纪。振祚裕于早岁，遂以植艰难创业之基。先生世居羊楼洞，其地为临、崇、通茶业荟萃之区，每岁茶荈开市，中外诸钜商梯航辐辏于此，择衡宇恢宏、肆应周到者主焉，是曰茶行。先生父竹轩公经营斯业，闬闳栉比。未几，粤寇滋扰，悉毁于兵。迨寇焰纾，而家境顿即迍邅。先生力任艰巨，牵萝补屋，惨淡经营，不数年，鳞次屹若，瞬复旧观，而行业亦一日千里，昌盛甲全市。由此家道勃兴，累赀拓业，称一乡殷富钜擘。”

② 贺寿慈：《裔卿公传》，《雷氏宗谱》，民国崇义堂本。

③ 郑振满：《乡族与国家：多元视野中的闽台传统社会》，生活·读书·新知三联书店 2009 年版，第 132 页脚注。又见于郑振满《明清福建家族组织与社会变迁》，中国人民大学出版社 2009 年版，第 19—30 页。根据郑振满的定义，所谓大家庭，是指由两对及两对以上的配偶组成的家庭，具体又可分为：由父母和一个已婚子女组成的“主干家庭”；由父母和两个及两个以上的已婚子女组成的“直系家庭”；由同一代中的两个及两个以上的已婚家庭组成的“联合家庭”。所谓小家庭，主要是指由父母及其未婚子女构成的“核心家庭”，也包括并无配偶关系的不完整家庭。

庭的财产。他在世的时候，大家庭的生活能够维系，大家族共同经商的局面也得以维持；然而一旦他过世，维系大家庭的核心成员不在，原有的大家庭便以第二代家族成员为核心分解成若干个小家庭，家庭财产也随之被均分。其孙雷炳文苦心维持的大家庭则属于雷兴传式大家庭的遗留形式：虽然父亲雷振祚作为第一代的家长已经去世，但雷炳文凭借自己实际上的长兄身份和实际经营主持者的地位，仍强有力地维持着一个大家庭的形式，不允许第二代的同辈兄弟们分家。从雷炳文需要经常处理家庭内部要求分家的纠纷来看，这类大家庭中应该始终存在小的家庭单位要求分家自主的抗争。这种抗争，我们可以归因于对财产权和独立经营权的要求。而这种要求之所以往往不能实现，除了上面我们曾经论及的父亲、长兄意志的强权压制以外，往往还有现实的需求：例如家族事业还处于发展期，有待于进一步的展开，已经参与事业的子辈则需要更充分的历练；在经营茶贸的过程中，往往需要集中财力去进行规模化的投资（如建高大行屋）和经营（如买茶办茶）；在地方社会由自然经济向商业经济过渡过程中，又常常需要家族成员通过不同的谋生渠道（比如务农、业儒、从商）进行互补式的共同发展，甚至通过集中生活来降低生活成本，等等。正是种种主观与客观的因素，促使这种大家庭以极强的生命力在乡村生存着。

例如上述由雷炳蔚主持的分家析产，仅以雷振祚的大儿子、长房雷允桢（字国祥）的一支看，就颇有启发意义。雷允桢的三子雷辉南（字晓山），与其长兄雷焯庆在父亲去世时都是业儒的学生，父亲垂危时，母亲贺氏哭诉："渺兹孤，谁嗣若父业乎？"被雷辉南听到，知道母亲在担心父亲死后无人继承父业，于是奋然说："丈夫生世，不作越大夫，即为鸱夷子，贵继志述事耳，奚必毛锥子为？"宣称自己堂堂男子汉大丈夫，活一辈子，要么成功，要么失败，最要紧的就应该是承继先人未竟之志去创一番事业，何必一定要执笔杆子业儒呢！雷辉南让哥哥雷焯庆和弟弟们继续攻读，自己"乃投笔操锥刀，理父业甚力，客其家者即才之。既而与诸父析产，浮梁大贾争投焉，不数年手致万金，以财雄于乡。……昆季内外，食指常数十人，仰温饱于一身，公（案指雷辉南）怡怡然握算持筹，无倦容亦无德色"[1]。雷辉南"与诸父析产"，应当就是与雷炳蔚分家，由于此

---

[1] 余梦兰：《晓山公传》，《雷氏宗谱》，民国甲子年合修初续崇义堂本。

前他已经介入茶业，人脉已熟，所以一旦分家独立，就有江西来的客商与之合作，几年就赚入万两白银。而在此稍晚时候出现"昆季内外，食指常数十人，仰温饱于一身，公怡怡然握算持筹，无倦容亦无德色"的景象，俨然是又一个主政大家庭的雷炳文再世。这说明未分家析产之前，由某一位有能力的男子主理家政的大家庭类型，是由数个房头组成的洞商家族的一种常态。这是因为人口在自然增加，分家后的小家庭必然会一步步成长为大家庭，也许正是因为上述主、客观的各种原因的存在，这种类型的大家庭在相当一段时间中有利于家庭的进一步发展，所以在分家与再分家之间，大家庭亦被周期性地不断复制。

第二种家庭，当然就是从大家庭中分裂出来的相对小型的家庭。这类家庭在分家后获得了部分从大家庭中分得的家财，更为重要的是取得了进行独立经营的权力，真正开始了属于自己的奋斗。这类经营在开始时往往很艰难，雷振祚的第三个儿子雷作霖（字雨亭，1791—1854）分家后的情形就是一例。雷作霖是一位很晚才面对现实的人。早年他为岁贡生，由于自己的两位兄长和一位弟弟"故善理财，公（案指雷作霖）一以读书为务，宾客往来，一揖之外，数语寒暄。凡家常世故，并不问及"①。他"性癖于书，镇日守一编不清屑于家事，既悔拙于谋生"。面对现实而后悔之时，他年事已高，无力从头再来，于是在雷炳蔚主持的兄弟分家之后，雷作霖遂以家事委托自己的长子雷光藻（号净庵）。这时雷光藻已经入县学，受父托之时，"含泪辍读，于是权子母，计赢绌，于近市设小肆以逐鱼盐布粟之利，暇复裹重赀，远贾于湖南、粤东之省，皆得当而归。而又恐弟之读之分心也，能不自吝其所得，凡一切束脩膏火之费，莫不预备周至，故极得（其父）雨亭公欢"②。雷光藻后来在洪湖新堤附近遭遇"覆舟之变"，险些淹死，生还回家之后，遂生退意，于是将生意交给其弟雷勋（号江浦）。雷勋"生而颖异"，读书、作文、写字都表现出很高天分，父亲曾视之为"大器"，在弃儒从商、接过兄长的生意之后，他努力经营茶贸事务，茶客也"喜公诚恳，乐投公，数年之间，囊橐裕如。公与清庵公（按即雷光藻）拓地开基，连构大厦，栋宇翚飞，实缵先人未成之志，而

① 傅燮鼎：《雨亭公传》，《雷氏宗谱》，民国甲子年合修初续崇义堂本。
② 游恺：《净庵公传》，《雷氏宗谱》，民国甲子年合修初续崇义堂本。

公因是废读，遂纳粟入成均，非公志也"①。雷作霖自己读书一生，未获功名，为谋生先后让两个儿子牺牲学业而转营商贸，由雷光藻艰难创业，其弟雷勋继之，最后事业有成致富。这个类型的家庭的历程，也是由财产的相对贫乏向逐渐丰裕，由人口的相对少量向人口大家转变的过程。而再次分家析产之后，这类小型家庭转化而成的相对大型的家庭，就再次回归小型的家庭，重新开始新一轮独立的奋斗。从这个意义上说，这一类相对较小型的家庭，与上面所说的大家庭，是相互转化、交替出现的两种主要的洞商家庭形态，它们代表着以财产和人口增殖为目的的洞商家庭的主要形式。

第三种家庭，属于从主干上分离出来的支属家庭形式。这种家庭形式，以庶子家庭为多见，例如雷文衡与其父雷观翘的分家。雷观翘是羊楼洞茶贸事业的实际开创者雷兴传（字中万）的次子，雷文衡则是雷观翘的长子。谱传对雷文衡的最初记载是"家贫，仰事俯畜尚有不足，而非义之财不取"②，是一位"固穷"的君子。但是他的"家贫"，不应是真正的贫困，因为雷兴传去世前虽然指定雷振祚入商，继承其业茶事业，但是雷兴传的家产在几个儿子中基本平分了，雷观翘当然会得到按宗法自己所应得的那一份遗产。雷文衡的所谓"家贫"，应当与其生母去世和父亲续娶继母而与之分家有关："幼习举子业，生母刘孺人早世。业牙市事，人世狡怪诡诞之习，鄙不屑为，人或斥之为不才，而观翘先生与其继母张孺人亦恐其难了商贾事，遂令别处以试其能。"③ 传中的这段文字说得有些委婉，其实就是娶入继母之后，父亲与雷文衡这个前妻庶出之子分了家。"先生（案指雷文衡）与姻嫂贺孺人躬亲耕贸，自营衣食，月夕风晨，偕入里闾，伏候父母起居。而远商大贾，亦乐得先生之诚信而云集焉。然后其父母始知先生非无才而不欲以才著者也。"④ 雷文衡通过茶贸而致富，而其结发妻子贺氏逝世之后，他立志不另娶，传记中说他"于十余年中情甘寂寞，实

---

① 饶钟洪：《江浦公传》，《雷氏宗谱》，民国甲子年合修初续崇义堂本。
② 雷茂棠：《履安公传》，《雷氏宗谱》，民国甲子年合修初续崇义堂本。
③ 刘张映：《诰封文林郎雷文衡先生暨贺孺人传》，《雷氏宗谱》，民国甲子年合修初续崇义堂本。
④ 同上。

防诟谇",想必与他年幼失母的亲身经历有关,由于在家中曾经遭到过妇人辱骂,因此雷文衡宁可不续娶也不愿下一代重蹈覆辙。相比之下,嫡子雷竹轩虽是家中次子,却显然是主要家产的继承者。谱传说雷竹轩"自少席履丰厚",继承家业,而家"饶蓄积"。"年十八援例贡成均,仔肩家政。……生平卓荦不群,故父兄及宗族咸倚赖焉。羊楼雷氏,最为巨族,其地为茶商所聚,轮蹄辐辏,货财蕃殖,居人宫室、器用、饮食、衣服日趋华美,其势然也。翁一切以俭约示之准。时俗远古,竞锥力,较锱铢……翁一切以仁让为之倡。"① 雷竹轩也经营茶行,而与其兄由牙行艰难起家业茶相比,雷竹轩由于是嫡子而"自幼席履丰厚",他年纪轻轻即主持家政,一举一动,皆为羊楼洞地方典则。雷观翘、雷竹轩父子显然保有了家庭财产的主要部分,属于家庭主干;而另立门户的庶子雷文衡即使分得了部分家产,显然与嫡子雷竹轩无法相提并论,他所代表的家庭,只是附着于主干之外的旁支。

这类旁支家庭的特点是在大家庭仍旧存在并发展时分离出来而自立的。除了上述雷文衡这类因庶出而不具备继承主要家产资格被迫自立的情况外,凡主动要求自主权而由大家庭中分离而出的小型家庭也都可归于这一个类型。例如雷立南。雷立南(号受山)是雷振祚之孙、雷允桢之子、雷辉南之弟。他最初唏嘘久之,只是因为丁口渐增,家计旁午,不得已而弃儒,"决意贸茶,往来粤东,颇获蝇头"。对于雷立南的独立从商,我们从谱传中无法看到当时主持家政的其兄雷辉南的态度。从结果看,无论雷辉南是否采取了与当年雷炳文一样的阻止行动,雷立南仍旧自己独立了出来。雷立南虽然比雷辉南经商起步较晚,但是他迈的步子更大,走得更远,往来广东,经商获利。"西粤首难,水陆途阻,公遂遍历上海、福建、湘潭诸市镇,以外贸为避乱计。"② 他是在太平天国运动爆发之前最早走出地方,坚持将洞茶向国际直销的洞商之一。他并没有满足于身居其兄主导的大家庭中,并不满足于"仰温饱"于其兄雷辉南的"握算持筹",而决意从大家庭中析出,自愿地归入了旁支家庭的一类,其动机明显是追求自主经营和独立发展的权力。

---

① 傅燮鼎:《雷竹轩太封翁宋太恭人合传》,《雷氏宗谱》,民国甲子年合修初续崇义堂本。
② 游冯:《受山公传》,《雷氏宗谱》,民国甲子年合修初续崇义堂本。

弗里德曼指出："联合家庭内部的一对新夫妇'构成了共同体'"，"他们被赋予某种经济独立性（economic personality）和追求更大的独立性"，于是"一个新家庭开始在家庭内部生长"，最终导致旧的大家庭的分裂和权力的重新分配。① 以上这三种家庭无论其中哪一种的发展，都受这种内部滋长的新家庭因素影响，它促使家族人口得到增长，而在事业顺利发展的情况下，就如羊楼洞茶业在清代中晚期一路成长、兴盛，家族资产获得蓬勃的增长，这两者的增长和家庭本身数量的增加，推动了宗族的构建和发展。

四　继承

财产的继承依据的是血亲男性直系的原则，但并不是每一个洞商的儿子都有同样的继承权利，这一点从以上雷文衡、雷竹轩的经历之中可以窥见一斑。雷文衡是雷观翘的长子，但不是嫡子，所以他就不能继承主体财产，在分家之后仍然处于"家贫，仰事俯畜尚有不足"的窘境之中，唯经艰苦奋斗之后才使境况得到改观；雷竹轩虽不是长子，却具有嫡子身份，所以"自少席履丰厚"，年仅十八就"仔肩家政""父兄及宗族咸倚赖焉"。说明即使同为第二代直系血亲，参与继承的权利也存在等差。

如果撇开等差来考虑参与继承的前提条件即继承权的问题，那么拥有家族财产继承权的首要条件就是存在第二代血亲男性成员，也就是要有儿子，如果没有儿子，对于家庭来说就形成了绝嗣。也就是在这个层面上，孔子说"不孝有三，无后为大"，指出作为一个传统中国家庭，首先需要解决的问题是后嗣的问题。而要解决这一个问题，则不仅涉及洞商家庭的男人们，也关乎家庭的女性成员，于是持续地引起了洞商家庭及后院中的骚动和挣扎。

由于主要使命是传宗接代、相夫教子，羊楼洞茶商家的女人们都十分自觉地履行着职责。让我们看看开创羊楼洞洞商茶业的雷兴传（字中万）之妻孙氏的传记："笔峰二伯（案指雷兴传之次子雷东阳），性孝友，兄弟五，均能恢宏先绪。其立德半成于其母孙太君之慈教。太君上承其姑程姒

---

① ［英］弗里德曼：《中国亲属与婚姻的仪式观》，《中国社会中的家庭与亲属关系》，斯坦福大学出版社 1970 年版 ，第 128 页。

姆训，佐其夫中万公近五十年，孝翁顺姑，相夫教子，有古贤母风。中万公周甲弃世，太君抚教孙曾，今蕃衍已百数十余人，皆其福荫也。"① 可见，孙氏能生育多子，孝敬长上，辅佐夫君，教养子孙，是洞商心目中完美的古贤母之典型。

雷中万的儿媳也姓孙，这当然不是偶合，而应是其婆婆牵的红线。她20岁嫁给雷中万之子雷班联时，"舅已捐馆，事姑能得其欢心，待诸姒极和，与公（指其夫雷班联）相敬如宾。……嘉庆丁卯冬，家妇饶生子恒庆，孺人喜甚，谓他日吾子孙振振，此其开先与！逾年饶病砭，孺人哭之恸，至昏绝扑地。是时恒庆甫一龄耳，抚畜长育，襁褓儿若不知其无母者，赖有孺人在也。……舅中万公厚道硕德，闾里推重，而诗书一途，尤雅爱焉。偶闲居，孺人必举以训子若孙，且曰：'吾愿汝曹祖武克绳耳。'迄今后嗣炽昌，家声克振，半由孺人之懿教有以成之也"②。为雷家养育教导后代子孙，在传记中被作为主要的懿德称颂，第二代的妻子孙氏也非常符合雷氏后人心目中黾勉主内的模范妇女的标准。

而第三位雷家的孙氏妻子，经历则要曲折一些。这一位孙氏嫁给了洞商雷圣扬，与雷圣扬生有一子雷青选及两个女儿，而不久雷圣扬就病了，孙氏"尝药调治，衣带不解者久之，病转剧，太君（案指孙氏）每于夜半焚香默祷，愿以身代，竟不起。斯时也，未亡人年仅廿六岁，藐诸孤齿裁周二龄，湮祀之寄，惟此一线，不诚危乎殆哉！又况上无舅姑，中鲜伯叔，内变丕作，外患丛兴，即磊落男子，尚难任此，况茕茕阃中人乎？乃太君（案指孙氏）饮泣调理，井井得宜，抚子若女以毕，乃婚嫁无论矣。而其教子青选公范围綦严，幼责以读，长责以耕，举止一规以忠厚朴诚，稍逾闲，太君即怒，甚至操杖以挞，虽子已壮，身膺国荣，而太君之严厉常类此。……家日以隆，由是而田园扩，栋宇新，蒸蒸日盛"③。孙氏26岁守寡，在较为艰难的条件下维持生计且养育子女。传文中对其二女一带而过，而对其抚育独子雷青选则相对着墨很多。其夫死时，孙氏年方26岁，而其子年仅两岁，"湮祀之寄，惟此一线，不诚危乎殆哉！"这一声叹息之中，寄托着多少对于家庭未来无着、家产旁落的担忧！孙氏作为寡妇

---

① 孙自昭：《孙太君传》，《雷氏宗谱》，民国甲子合修初续崇义堂本。
② 尹济遇：《孙孺人传》，《雷氏宗谱》，民国甲子合修初续崇义堂本。
③ 饶凤歧：《节孝雷母孙太君传》，《雷氏宗谱》，民国甲子合修初续崇义堂本。

母亲坚守教育，终于将雷青选抚育成人。渡过难关之后，家境蒸蒸日上，对于这样一个结局，似乎让包括谱传作者在内的所有人都大大地松了一口气。

与以上三位孙氏相比，洞商雷豫纯（字鹤云）的妻子邱氏则似乎少了一些幸运。她非常能干，雷豫纯将一切经营全都交由妻子邱氏打理，"家世以茶行为业，进款之赢绌，岁常有倍蓰之殊，公每度外置之。钱谷之出入，悉以委之邱宜人。宜人巾帼而有丈夫才者也。承顺公意，即以一身肩家计，俾公得怡情诗酒，弗扰其恬静"。① 妇女在男人的世界中打拼，内外家计由自己一肩承担，邱氏确实可称为巾帼而有丈夫才能者。但她也是一位妻子和母亲，事业上的任何成功，似乎都无法弥补独子和丈夫相继去世带来的伤痛，"岁甲辰，公没世。宜人（按即邱氏）怆然曰：'昊天割伤我家，一至此极，然独不可以人力图挽回哉！'因于诸子中择立绪章，入为公后。绪章倜傥而多能，事事奉命惟谨，甚得宜人欢心。天人际会，茶客亦接踵投主人，岁入可万计。增产润屋，家计勃勃有起色"②。邱氏的决策，以雷氏宗族内的兄弟之子雷绪章过继为嗣子，也是与命运的一种妥协，是对"绝嗣"危机的一种补救。在这种努力下，家境终于转危为安。可见在丧失子嗣的情况下，以族内兄弟之子填补缺位，是将家产保留下来并使之继续发展的办法之一。

羊楼洞地方的妇女在无子时的另一种选择，往往是为丈夫纳妾以巩固自己的正室地位。这种行为在文献中常可读到，也往往被男子主导的舆论如修撰家谱者啧啧称赞为贤德。例如羊楼洞贺氏族谱《贺氏家乘·田孺人传》："她长我邦新公春秋有四，邦新公年五十未举子，公性多听自然，惟她日夜为公谋纳侧室，且识风鉴，必求相属多嗣者始纳之。"田氏作为贺邦新的妻子，没有给贺邦新生育子嗣，她的对策是积极为贺邦新纳妾。于是看相托人，一定要找命相多子的女人娶为丈夫之妾。"一日，偶经隔溪湘邑艾宅，艾留款之，因得与艾妪亲炙焉。尔时艾妪盖茂龄闺媛也，妪察其姓与形皆多男兆，遂属意甚，归与邦新公云'翌日余欲邀艾某燕'，亦不与公言其故。迨艾某至，大燕三昼夜弗倦。燕后乃向艾某请曰：'余欲

---

① 邱法睿：《族姊丈雷公鹤云先生暨德配邱宜人合传》，《雷氏宗谱》，民国甲子年合修初续崇义堂本。

② 同上。

为令媛作伐，愿无拂。'艾某曰：'出自大命，安敢违？'遂问来聘为谁。姁徐徐曰：'我邦新公年五十未举子，余欲与令闺媛拜姊妹交，共兹家，资三日之燕，殆为是也。'……遂慨然许之，配后阅十五年，连举七男。"田氏偶见艾家女儿，于是设三天的酒宴款待艾家母亲，最后提亲，条件是自己"与令闺媛拜姊妹交，共兹家"，与艾家的女儿互拜为姊妹，在亲昵的称呼之中摆正位置——妹妹当然不能取代阿姊成为正室；而共有此家产，则是在当下的许诺与引诱之外，也规定了对方即使在诞育继承人后也不许将自己排斥在共有的家产之外。艾氏女儿同意此约并连生七子，成功地为贺家延续了香火，田氏也由此巩固了她在贺家的正妻地位，并受到男性占主导地位的舆论给予"贤淑"的褒奖。

这方面比较极端的，是洞商游轮植之妻雷氏在丈夫死后为公公纳妾的事。雷氏的丈夫游轮植原为独子，丈夫死后也未留下子嗣，雷氏"念前人之积累，想太翁之仁厚，必不至剧斩血祀，遂力劝太翁娶母杨氏……岁壬辰，生少君星坦……晚年为星婚配，始娶马，生一子，承轮翁与孺人祧；继娶刘，又生一子"。雷氏为公公纳的杨姓小妾生子游星坦，而雷氏在尽力将游星坦抚育长大之后，又将游星坦所生的第一子承继过来作为自己与游植轮的后代，这样辗转折腾，花费至少几十年工夫，就是为了确保最终作为雷氏与其夫游轮植之继子的，依然是自己公公之子的儿子。雷氏费尽心思，终于保住了作为游轮植妻子的地位，而作为大家庭，也终于实现了后继有人且肥水未流外人田的目的。如此心思缜密且持之以恒，难怪作传者都会发出赞叹："暮年买妾，为先代绵血食，而良人亦得以永祀焉，吾恐岸帻者其识见反出巾帼者之下矣。"①

最为极端且血腥的，还当为殉夫。在羊楼洞诸姓族谱中，丈夫去世而未亡人欲以身殉的记载比比皆是，而身殉确实发生过且有文字记载的，是在游镇海传中："宋宜人者，则君（案指游镇海）之三次继配也。君以光绪辛丑五月二十八日卒，宜人即日饮药以殉，烈哉，节乎！……子四……家苌虽不幸夭折，而其室但孺人即日饮药以殉，节烈有宋宜人风。"② 游镇海为大茶商游龙（字天池）的第三子，为当地富豪，其儿媳但氏，应当与

---

① 田焕垓：《游母雷孺人序》，《游氏族谱》，民国九言堂本。
② 贺荣骏：《候选州判游君家传》，《游氏族谱》，民国九言堂本。

游龙之妻但氏系出同门。游龙之妻但氏曾辅佐游龙业茶致富，而其子孙一门两代，男人死后妻子全都"饮药以殉"，惨烈至极。传记作者尤以为其家有节烈风，是当破涕为笑的好事。分析地看，宋氏作为游镇海第三次继配而无子，在大家庭争夺遗产的激烈斗争中或难以立足。而这些经过节烈装点的血腥，又往往与家庭内部的财产纠纷有关。《雷氏宗谱》记载一事可以有助于对这类事件的认识："公（案指雷寿）生母早世，继慈绾（管）钱谷出入。先严有窖藏颇厚，忽失白镪三锭，向继慈责取，诟谇数四，继慈忿欲以身殉。公造膝密陈，代白无辜。未几，得所失三之二，而窃取之人出，而继慈之冤白，家人亦完好如初。"① 白银失窃案，迫使被再三再四当面诟骂为盗窃嫌疑人的继母，欲以死殉夫以示清白。发生这样的事之后，即使最终的结果是案子告破，行窃者另有其人，白银失而复得了三分之二，而一家人是否还能"完好如初"，的确值得怀疑。但如果继母当初真的就一死了之，其事被装点为"节烈"则无可置疑。

继承为洞商的生活和发展提供了物质的基础，所以围绕继承的权利必然会引发骚动。洞商费尽心机将财产留在自己的圈内，所以，在未曾经商之前，我们还常常可以看到诸姓为增加劳动力而作为田家招赘，后赘婿亦有回归本宗的记载；在早期经商如入四川贸丝时期，亦可看到洞商在外地入赘为婿，后亦携资归宗返里的记载。但是在经营茶贸之后，随着宗族的日益成熟，财产规模日益增长，这方面的禁规亦愈加严密。例如《雷氏宗谱》就载有相关禁忌的族规：

> 族有无嗣而应承继者，理当兄弟之子立继。如亲兄弟无子，则于堂叔伯兄弟之子，依序立之。或以族中兄弟承举宗祧，不许越序以弟为子，以侄孙为儿，更不许以妻侄及外甥为嗣。盖异姓乱宗，祖必不安，后之子孙，毋得蹈此。②

只许以兄弟、堂叔伯兄弟继承；可以让宗族中兄弟平辈继承房头，但是不许以兄弟自己或侄子之子为继子，为的是不让搅乱亲缘辈分，同时也是维护继承的秩序。最为严格的是不许以妻子的侄儿及外甥为嗣子，因为

---

① 邱法睿：《世伯菊泉雷二老先生行略》，《雷氏宗谱》，民国甲子重修初续崇义堂本。
② 《家规》，《雷氏宗谱·孝字编卷首》，民国甲子重修初续崇义堂本。

他们是异姓，而以异姓为继子就会使家庭的血缘混乱，即"乱宗"，这样祖宗必然会不得安宁。另一记载严禁以义子为嗣，并对不招外姓为嗣的原因解释得更为详尽：

> 不孝有三，无后为大。本支惟一，乱宗必严。使或以嗣息艰难，徒知抱无后之恸，而遂以螟蛉抚养，不知蹈乱宗之愆，则血脉即不与祖宗相流贯，而尊卑何敢与宗族相颉颃也哉？夫兄有后而弟孤，则侄即可以为子，乃张有冠而李戴，而义岂可以为男?！况应继无人，许择贤而立爱，即亲属无子，但取派之相当，国有明条，家宜严禁。非种必锄，毋惑于生骡之马；非类不养，毋甘为抱鸭之鸡。以子与异姓者，固自绝其后代；求子于异姓者，实自欺其先人。我欲接后而使彼姓之祖绝后，反己难问良心；我欲敬宗而使异姓之子窜宗，对人有失体面。告我各门，勿义异姓，上以安在天之灵，下以肃本支之辨。是所原者，尚其戒之！①

无论异姓之亲还是外姓义子，总之是弄乱了祖宗纯正的血缘，所以非种必锄、非类不养，不能做马生骡、鸡抱鸭之类的事。在所有这些傥论之后，未明说但必然也居于核心的，应该是保证家族的财产不至于外流他姓。而之所以需要在家规中这样一而再、再而三地强调，并以祖先和国法之名义长篇大论地讲述血缘不能弄乱的理由，一定也是因为引入娘家之亲为继和收养幼小义子为继的愿望广泛地存在着。不愿由宗族安排，而宁愿自择后嗣，抱无后之恸而欲接后的家庭在羊楼洞诸姓之中一定大有人在。

由于宗族严禁，族谱中也难得再见洞商因无嗣而为女招外姓男子为婿的记载。洞商并不是没有终身未嫁的女儿，例如饶氏洞商的一位女儿饶箦（1807—1867），年幼时烧伤了一只脚，"足毁于火，不良于行，因守贞不字"，没有出嫁，于是就住在母家。饶箦"生平着男子衣冠，不笄而弁。毅然有丈夫风"，所以晚辈都称之为"伯"。"咸丰初，发逆四起，庐舍灰烬，时其伯弟已故，故室有世孝母黄孺人在，诸弟皆坐伤禾黍，力难复旧，伯与节孝母各出藏金，因旧址新栋宇数楹，而伯祖堂焕然重新，然非

---

① 《家规》，《雷氏宗谱·孝字编卷首》，民国甲子重修初续崇义堂本。

伯之材力卓绝不至此。嗟乎！伯固未尝学问人也，乃生平卓卓，可如是是，岂伟男子所可及者！”① 在男人们困坐愁城时挺身而出重建旧屋，饶篔的确有女中豪杰之气概。但是在男人们都拿不出钱的时候有力出手，可见她作为洞商的未嫁女儿有一定的自有财产和作为家庭成员的权利。允许未嫁和不嫁之女拥有一定财产权利（是否为原定嫁妆之资转化而来尚无从确证），而又不招赘外姓人染指家庭财产，这也许就是作为宗族的洞商对于这一类别的继承问题所提出的解决办法。

由于洞茶贸易景气，财富增长很快，家财数量诱人，所以洞商家庭中对于继承权的争夺就变得更为激烈。为了争取继承权，羊楼洞的男人女人们费尽心机，且往往还流血搭上性命。但命运弄人，有时继承所带来的却并非利益。继承人得到的，往往竟只是一堆债务。例如洞商雷茂棠（号芾亭）：“先是，公世代席丰，至公，家已中落，分欠金至贰千余两。”② 再如洞商雷畅（号易斋）：“先是，公父兄弟析居时，负债三千余金，公（案指雷畅）身任之，奔波拮据，次第清偿。”③ 又如雷豫纶（字绎如），他在与伯父、叔父分家时，“时家计已中落，负欠不下千金，先考（案指雷豫纶）不以累伯叔而独任之。公债私偿，未闻出一怨言”④。又如雷缙，他接手父业时，因“先王父手构住宅，债台累累，家道中落，粮无隔宿。自先君（案即雷缙）改业后，苦力支持，不以有无问堂上，境遇渐即于丰”⑤。这说明前文弗里德曼用来比喻中国宗族的“法人”以及科大卫用以形容宗族经营的“公司”，并非现代意义上的“有限责任公司”。在债务人去世之后，债务并非会一笔勾销，如果其子仍要继承父亲的财产，也就必然要同时负担起偿还上辈人债务的义务，也就是所谓的子承父债。这种义务当然为继承带来负担和一定风险，却为债权人提供了更好的风险保障，为洞商所一贯揭櫫标榜的“诚信”提供了更好的注脚。这种“子偿父债”所带来的债务延续性，在当时尚无清晰的法律保障的情况下，提高了洞商的商业信用资本，也增加了外来客商在羊楼洞进行投资的吸引力。

---

① 饶建藩：《附女篔贞孝传》，《饶氏宗谱》，民国双峰堂本。

② 游恺：《芾亭公传》，《雷氏宗谱》，民国崇义堂本。

③ 游冯：《易斋公传》，《雷氏宗谱》，民国甲子年合修初续崇义堂本。

④ 雷习章：《先考渤如公暨妣邱孺人行述》，《雷氏宗谱》，民国甲子年合修初续崇义堂本。

⑤ 雷启英：《先君慎斋公传》，《雷氏宗谱》，民国甲子年合修初续崇义堂本。

第二节　经济—文化资本的转化

以往对于宗族的研究，多强调祠堂和公产对于宗族的意义，如弗里德曼认为："没有祠堂和土地或者其他财产予以支持，裂变单位不可能产生而且使自己永恒。"① 但是洞商除了对有形财产的追求和维护，其对于隐性的文化资本的诉求往往更加强烈，更加隐性，也更加持久。如果说对于高大行屋的持续投入是追求经济资本的话，那么对于业儒的不懈投入则代表了洞商对于文化资本的追求。借用布迪厄的"场域"理论中关于"资本"的概念来分析洞商对于业儒的情结，不难发现，由于文化资本本身所包含的资源和权力，以及在一定条件下可与经济资本互相转化的性质，洞商醉心于业儒，就是努力将已经具备的经济资本的优势，转化为文化和政治社会资本的优势，使这种权力优势得以世世代代传递下去。从这一点出发，洞商踊跃捐资以获取贡生、监生以及朝廷颁赐的各种荣衔从而晋升为乡绅的行为也可以得到相应的解释。

一　富润屋：物化的经济资本

"德润身，富润屋。"这句话经常在旧时羊楼洞地方文献中出现，应该是当时洞商经常挂在嘴边的一句格言。

羊楼洞地方在财产尤其不动产方面，与近代中国其他地方乡镇有一点明显不同，即并不十分注重对于田地的占有。即使是较为富裕的商家，拥有的田地，其出产足够家人日常及祭祀之用即可。但他们却非常重视建设高大的房屋。地方文献中经常提及本地有实力的商人经商之道中重要的一个特点，就是"广建行屋"，这与早期洞商与外来客商合作的方式密切相关。

在本书前文中已经提及，羊楼洞本帮商人与客商合作的主要方式是开办茶行，即向国家政府交纳行税领取牙帖之后，以高大行屋出租、招客商进入作为茶庄，开办收茶和精制茶品的业务。而办茶行最重要的生产资

---

① ［英］弗里德曼：《中国东南的宗族组织》，刘春晓译，上海人民出版社 2000 年版，第63 页。

料，当然就是高大行屋。外地商人携巨资来羊楼洞收茶制茶，不愿意再将钱投入无法随身带走的土地和房产上。这样做，更是由于晋商已有的惨痛教训。他们原先在福建办茶时，多买山种植，建屋加工，当太平天国烽火燃及，全都只能弃置不顾。例如"大盛魁"旗下的"大玉川"就曾在武夷山地区买有五千亩茶山，置有七家制茶工厂，自咸丰三年退出福建后只能全部放弃，其他晋商的情况也与之大体相似。晋商在武夷山损失惨重，所以，到羊楼洞之后，一改过去作风。他们大力收购茶叶，鼓励农民改种茶树，传播先进种植和采收粗制技术，大量雇用当地茶工，努力改进精制茶技艺，但却很少买山种茶和造屋。他们与羊楼洞本地商人合作办茶，其主要的方式，即文献中经常提到的："晋人岁挟钜金来此采办。相高大之宅，托为居停主人焉。及秋，则计其收茶之值，以纳租金。"① 这样一种合作方式，也就为羊楼洞本帮商人参与经营业茶和后来的独立成长提供了机会，而同样也是由于这个原因，行屋也就成了早期洞商与晋商合作最必要的物质条件。

羊楼洞本帮商人顺应外来茶客要求，将建行屋作为最重要的生产投资，为此，常常倾其所有。例如上文述及的洞商雷光藻，就曾与家人商议，提出要典当借钱修建行屋。理由是："无屋则无客，无客则无财，为今计，不如重修堂构之为愈。虽所费不赀，典质弗恤也。众疑其计左，而公卒遂其所谋。"② 修建行屋的费用显然是不菲的，但是雷光藻即使去抵押贷款也要集资建屋，在众人的质疑声中依然坚定不移地进行扩建。

雷光藻（号净庵），前文曾经提及，他很早就承父命参与业茶。咸丰初年，"方公（案指雷光藻）之避乱也，侨居于沔之新堤，有商武姓者，晋人也，囊万余金泊舟于河东，公会之，适旧识黄昌经求公偕往，坐甫定，风雷大作，锚缆倏断，舟扬至中流而覆。黄素善泅，舟覆时即据其舷，公挟木板随浪冲激，漂至二十余里，甘心脱手矣，黄忽援公上"③。文中提到的"避乱"，指的是太平天国之乱，由于在战乱中的故乡待不下去，雷光藻暂时避居于沔阳新堤（今属洪湖）。在与武姓晋商会面时因大风翻船而落水，获黄昌经的援救而不死，因此在回家后而萌生退志，将主持茶

① 游恺：《净庵公传》，《雷氏宗谱》，民国甲子年合修初续崇义堂本。
② 同上。
③ 同上。

贸之事交由其弟雷勋（号江浦）办理。

前文借款修屋的建议，是在太平天国运动平定之后合家讨论事业发展方向时雷光藻提出的看法，而这种看法，应当说代表了当时羊楼洞本帮商人心目中关于业茶的共识通则——与其外出涉险牟利，不如与晋商分工合作，而要参与合作，建行屋是其分内的最基本也是最重要的投资。"无屋则无客，无客则无财"，所以借钱也要造屋。

这种看法在洞商中根深蒂固，可以说是妇孺皆知。例如洞商雷奋吾（字奎佃）三十多岁去世，只留下了半座房屋，但雷奋吾的妻子"以为积金满盈，不如房屋为子孙根基，扩而大之，不下千余金"①。这显然就是受茶行以大宅为本观念的影响。正因为如此，羊楼洞的乡绅都如此热心地修建大屋巨宅。除前文所提及"恢厦屋数百间""拓地开基，连构大厦，栋宇翚飞"的雷氏商人之外，后世见于记载的还有雷豫塽（字霁轩，1845—1903），他"承茶行世业，以故有宅第葺而新之，拓而崇宏之，主粤商之揽有欧洲人之运花茶出口者，其业日发展"。"方公之初起也，田不十亩，屋仅容茶商者一，逮其暮年，则腴田倍增，新拓巨宅四五，能主粤晋大商不一户，且他埠亦时有购入者。"②由引文提供的数据看，田地仅由十亩增至二十亩，而单价为数千两白银的巨大宅屋却由一而增至四五，洞商心目中重点的投资方向应该不言自明。再如雷豫威，他在继承其父雷莘佃家业后，"扩建茶屋三栋，租与三家外商，兴办'忠信''巨忠和''怡宏九'茶行"③，也属于典型的建屋办茶行的洞商行事风格。

咸丰二年（1852）、咸丰四年（1854）和咸丰五年（1855），太平军与清军在蒲圻一带反复激战，羊楼洞行屋大都毁于战火，战乱之中，有洞商为救火而奋不顾身，例如雷青选，"咸丰间，粤贼蜂起，京省州县，多被烧毁。我蒲邑界连崇通，偶经贼匪烧屋。公（案指雷青选）未远离，忽来正兵，高声骂贼曰：'雷青选公系蒲之公正人也，何以不分玉石，相与俱焚？近邻有人急求救火，予亦助尔。'公闻此令，随带雇工，亲身上屋，推瓦抽椽，火遂灭，只烧西边横屋一所。以鉴照之，公之须眉俱焚，手足

①　贺子一：《奎佃公传》，《雷氏宗谱》，民国甲子年合修初续崇义堂本。
②　雷兆绂：《霁轩公家传》，《雷氏宗谱》。
③　《东阳祖支下莘佃公房史简述》，《雷氏宗谱》。

皆泡"①。为捍卫自己的主要生产资料——行屋，雷青选等洞商亲身犯险，至胡须头发烧光、手脚都烫起泡也在所不惜。而战乱刚过，百废待兴，大户们又都以百折不回的韧劲开始重建行屋。如雷霖卿，"弱冠理家计及茶庄事，进出动以数万计，不动声色而部署裕如。且凡业茶行者，屋宇即其资本。壬子岁，粤贼猖獗，邑当南北冲要，兵退贼进，贼去兵来，兵与贼互相烧毁，霖卿祖遗房屋二百余间，尽成灰烬，乃贼敛戢不三四年，而颓瓦废垣，已焕然一新矣。又复另辟基址，修竖三百余间"②。在兵贼拉锯战中尽毁祖屋二百多间之后，不出三四年，不仅恢复旧产，更另建新屋三百间，洞商极高的建屋积极性于此可见一斑。

需要提请注意的是，以上传文中提出的"凡业茶行者，屋宇即其资本"这个看法当然是作传者的看法，但由于作传者就生活在那个年代那个地区，所以也一定反映了当时羊楼洞人普遍的看法。布迪厄认为："在场域中活跃的力量是那些用来定义各种'资本'的东西。"③ 他所说的资本当然并非传统单纯经济意义的资本，而是包括经济资本、社会资本、文化资本等内容的多种形式的资本。他认为资本与一定的场域联系在一起发挥作用，而资本不仅是场域活动的竞争目标，也是用以进行场域活动竞争的手段。他说："资本是积累的（以物质化的形式或'具体化'的、'肉身化'的形式）劳动，当这种劳动在私人性，即排他性的基础上被行动者或行动者小团体占有时，这种劳动就使得他们以物化的或活的劳动的形式占有社会资源。"④ 在早期洞商参与的茶贸这一场域中，我们可以很清晰地观察到这种资本在场域中发挥作用的状况。洞商以行屋作为茶行资本与晋商合作，参与到茶贸这一场域中，追求财富，而由于行屋本身亦即意味着财富，所以在行屋被毁之后，他们不仅千方百计地加以恢复，还不断将茶贸所得投入扩建行屋的活动中去，以求建造更多的行屋。

又如雷绥成（号乐斋），他在其父雷竹轩所建茶行被兵火焚毁之后，"力任艰巨，牵萝补屋，惨淡经营，不数年鳞次屹若，瞬复旧观，而行业

---

① 龚玉阶：《青选公传》，《雷氏宗谱》，民国甲子年合修初续崇义堂本。

② 贺寿慈：《霖卿公传》，《雷氏宗谱》。

③ P. Bourdieu, L. D., Wacquant, *An Invitation to Reflexive Sociology*, The University of Chicaco Press 1992, p. 98.

④ ［法］皮埃尔·布迪厄、［美］华康德：《实践与反思——反思社会学导论》，中央编译出版社 1998 年版，第 189 页。

亦一日千里，昌盛甲全市。由此家道勃兴，累资拓业，称一乡殷富巨擘"①。再如游忠清（字策勋）、游龙（字天池）父子，"乙卯（即咸丰五年，1855）秋，宅毁于贼，所费数万金无愠色"，而此时游忠清已八十余岁②，他的儿子游龙（天池）在其父所建"庐舍数百间尽被一炬"的情况下，重新"造广厦千间，较毁于昔者犹倍焉。家渐丰"③。可见在修复旧宅的基础上倍增新屋的情况，当时在羊楼洞相当普遍。生动地记述由毁到建这一过程的，还有洞商饶维的谱传：

> 公讳维，兄弟三，公最长。任事亦最先。（其父）尚玉公与兄弟析炊时，家不中资，卒岁勤劳，仅能衣食。公慨然叹曰："是安可儿女口腹累父母哉！"于是弃读而商，时年仅十九。秉性诚悫，远近咸信服，乐为资助，岁集万金，服贾岭南，获大利归，为父母寿。咸丰初，匪寇四起，公语贼首曰："吾乡素凋弊，惟吾家颇殷实，一切供应，请独任之。"全人损己。但匪旦去，仍纵一炬。公走避高岗，回顾烽火烛天，大叫昏绝，遂至双目失明。时（其弟）炳臣公贾于远方，（其弟）星五公尚在军中，独公留侍高堂。尚玉公及守宜人愿深山中，饥渴难奈，大叫，公心不安，潜出觅饮食，遇贼掳以去，陷贼中。每候贼祷，则跪祷天佑父母，哀泣见血。数日后，贼以公文弱，使主支籍。一夜贼祷，忽有乌雀集树向公鸣噪。公曰："是复神明示我也。"随之，鸣行则行，鸣止则止。竟脱离数十里，实孝之所感也。及归，屋舍尽毁，公多方称贷，营造一新。④

饶维因目睹自家行屋被毁而一时激愤致双目失明，艰难撑持到太平天国运动过后，借款将行屋修建一新，可见像前述雷光藻一样称贷建屋的，在羊楼洞还大有人在。

行屋的复建，减轻了山西茶客因战乱所可能蒙受的经济损失，也为茶业的继续合作发展提供了基础。咸丰、同治时期，晋商能够在经历战争蹂

---

① 贺兴华：《雷乐斋先生传》，《雷氏宗谱》。
②《策勋公传》，《游氏族谱》，民国九言堂本。
③ 游凤池：《家奉直大夫天池公传》，《游氏族谱》，民国九言堂本。
④ 饶青乔：《祖考宗城公暨祖妣邱宜人合传》，《饶氏族谱》，清光绪十三年双峰堂大修。

蹦的羊楼洞茶区坚持下来，与羊楼洞本地商人坚韧的努力和全力的支持是分不开的。而晋商对于羊楼洞茶叶基地的经营，又有赖于当地信誉卓著的洞商的合作，所以在支持洞商重建行屋的过程中，晋商也表现得不遗余力。例如当地《游氏族谱》就记载了山西等外地商人对于洞商游龙（字天池）重建行屋的支持：

> 游龙，字天池。少年时即"废学理家政，公私井井。甲寅岁，发兵（案指太平天国军）南下，明年乙卯，公庐舍数百间尽被一炬"，"咸丰庚申辛酉间，楚氛平静，公家山居，地产茶。时西人入华，茶务骤盛，晋豫皖粤诸大商挟巨赀，先后坌集，耳公名，争以万金投公，请为构屋。公固辞不获，造广厦千间，较毁于昔者犹倍焉。家渐丰"。①

游龙所重建的行屋，皆由晋、豫、皖、粤等外地茶商投资建成。这种投资，应该理解为借款垫支，因为引文中所谓"耳公名"，当是听说游龙所具有的令人放心的家族背景（游龙自少时即"废学理家政"，担任族长），和此前良好的社会和商业信誉（公私井井），不用担心借款的归还。但即使是借款，数量达到上万两白银，也绝对不是一个小数，在当时亦可称为巨款。游龙因为信誉良好得到客商的支持，他也由此东山再起，"同治间，礼隆恩盛，商人多倚公为东道主，每岁营造，动十百间，匠役甚众"②，这种逐年不断的开工建设，更大规模地扩充了游龙所拥有的行屋的数量。

二 业儒的情结：对文化资本的追求

如果说广建行屋是洞商积累财富、扩大生产的合理行为，那么相形之下，对于业儒的不断追求就显得不那么好理解。行屋属于生产资料，也属于不动产，所谓"凡业茶行者，屋宇即其资本"，对于行屋的投资，属于生产性投资，可以带来直接财富。一位洞商在茶货收购和生产的中心地带拥有规模宏大的行屋，还具有巨大的广告效应——它威严地矗立在那里，就是在无声地宣示着其拥有者的巨大财力、商业方面令人放心的信誉及过往经营十分成功的经历。它本身有形和无形的价值，对于洞商业茶事业直

---

① 游凤池：《家奉直大夫天池公传》，《游氏族谱》，民国九言堂本。
② 游凤墀：《家但太宜人传》，《游氏族谱》，民国九言堂本。

接和间接的帮助，是不言而喻的。但是业儒对于洞商的业茶事业，似乎并无帮助，却又确实让洞商着迷。这似乎不能仅仅以洞商的嗜好，或盲目地遵循官方指引来解释。大量的地方文献可以证实洞商的业儒情结：

雷兴传的父亲雷应琼（字永文），并未涉足茶贸，但"酷爱诗书，家虽贫，勉开斋塾，延师课子侄，而雷氏书香自此一振"①。从谱传所述来看，雷应琼虽然并未改变雷氏贫困面貌，但开创雷氏书香这一点，却很受后世子孙称道。

雷兴传作为家中长子，"自少英敏"，虽然"学识过人，惜数奇不偶"②，并没能考取任何科举功名，所以"年逾三十始捐举子业，而从事诗古，兼及货殖，遂以富称"③。但即使在经商成功后的晚年，仍被回忆者描述为"中万公厚道硕德，闾里推重，而诗书一途，尤雅爱焉"④。雷兴传改变了雷家贫穷的状况，使得雷氏后代从此步入富裕发达之康庄坦途，作为财富的开创者、大趋势的改变者，他理应受到无比崇高的颂扬。对于他弃儒从商这一点，理应感到无比庆幸才是。但是他的谱传对于这一点，却用了"惜数奇不偶"这样的评价，感到无比惋惜。

那么这是否仅仅代表为雷兴传作传者的一己之见呢？我们再来看看洞商用他们的实际行动对这个问题作出的回答：

如上文所言雷兴传生前安排第四子雷振祚（字东阳）业茶，却坚持让其余的儿子业儒。

再如雷振祚，他生前安排长子雷允桢和次子雷炳文业茶，同时坚持让第三子雷作霖、第四子雷炳翰和第五子雷炳蔚业儒。

又如雷炳文，他在长兄雷允桢去世后主持家中茶务，因缺少帮手，不得已让五弟雷炳蔚参与业茶，而与此同时，仍固执地坚持让三弟雷作霖和四弟雷炳翰业儒。

又如雷作霖，是一位很晚才面对现实的人。早年他为岁贡生，"己兄若弟，故善理财，公（案指雷作霖）一以读书为务，宾客往来，一揖之

---

① 程世甲：《永文雷先生传》，《雷氏宗谱》，民国甲子年合修初续崇义堂本。
② 同上。
③ 程日阶：《中万雷先生传》，《雷氏宗谱》，民国甲子年合修初续崇义堂本。
④ 尹济遇：《孙孺人传》，《雷氏宗谱》，民国甲子合修初续崇义堂本。

外，数语寒暄。凡家常世故，并不问及"①。他"性癖于书，镇日守一编不屑于家事，既悔拙于谋生"。面对现实而后悔之时，他年事已高，无力从头再来，于是兄弟分家之后，遂以家事委托自己的长子雷光藻（号净庵）。而雷光藻受父托之时，"含泪辍读，于是权子母，计赢绌"，走上弃儒经商之路。即使如此，他仍然"又恐弟之读之分心也，能不自吝其所得，凡一切束脩膏火之费，莫不预备周至，故极得（其父）雨亭公欢"②。雷作霖（字雨亭）对此的欢心，反映出对于自己毕生业儒而拙于谋生之悔，并非真正彻底的悔醒，他对于从商的儿子雷光藻的成就并不真正满足，他自己科举没有成功，却仍然寄望于仍旧坚持业儒的儿子。

又如雷班联，他是雷兴传的儿子之一，也是一个尚清高守仁义的乡绅。承雷兴传创建的家业，他"世代席丰"③，其主要事迹，一是自费不远千里到秦中去拜访做千阳县令的朋友，一到就声明："我之来此为访视故友宦迹而来，非为沾丐利禄计。"将自己与当时那些到做官朋友处打秋风的人划清界限；二是为幼子择媳，"其父一贾而富，一儒而贫"，雷班联断然不选取其父为商而富，而选取了"儒而贫"的联姻。④ 从传文中看，他对为儒为官较为痴迷，而对于为商存在偏见。然而到其子雷茂棠（号苻亭）时，"家已中落，分欠金至贰千余两。公少既敏悟，名师友多以远到相许，（其父）班联公性酷嗜诗书，亦愿其卒业。以谋生日蹙，加以手颤，不得已辍而为商"⑤。雷茂棠没有完成父亲要他完成儒业的愿望，为谋生而经商，而对于再下一代，雷茂棠仍旧在安排一个儿子业茶的同时，让其最有希望读成的长子雷辉春（号少亭）业儒。雷辉春（1823—1892），道光五年（1825）县试第一名补博士弟子员，同治元年（1862）考试以超等第三食饩，之后五次房荐，并于光绪元年（1875）考奏孝廉方正，光绪六年（1880）考奏恩贡，光绪十八年（1892）被县令聘为县朝阳书院讲席，而他也就在该年去世，终年69岁。可以说，雷辉春自成年后的一生都在不停地考试，而更为辉煌的科举功名却始终没有如愿荣耀地降临。

---

① 傅燮鼎：《雨亭公传》，《雷氏宗谱》，民国甲子年合修初续崇义堂本。
② 游恺：《净庵公传》，《雷氏宗谱》，民国甲子年合修初续崇义堂本。
③ 游恺：《苻亭公传》，《雷氏宗谱》，民国甲子年合修初续崇义堂本。
④ 刘张映：《班联公传》，《雷氏宗谱》，民国甲子年合修初续崇义堂本。
⑤ 游恺：《苻亭公传》，《雷氏宗谱》，民国甲子年合修初续崇义堂本。

尽管参加科举考试所获得的最终绩效非常有限，但以上这些随手撷取的例子，全都说明自羊楼洞本帮茶商的开创者雷兴传（字中万）开始，选择精英子弟，投入大量金钱，乐此不疲地走业儒之路，应该是历代洞商自觉的选择。究其原因，当然首先应该还在于科举一途是朝廷为士人指引的最为正大光明的出路。科举引向的是出仕做官，而即使科举不利，未能获取功名，从儒学子的身份也属于四民居首的"士"。而弃儒从商，即意味着从此放弃士子的身份而加入商籍，而商为末业，近乎贱民，按照历朝历代朝廷奉行的政策，重耕读而抑商末，从商即使成功，也富而不贵。一个时代占统治地位的思想即统治者倡导的思想。即使身居僻远如羊楼洞这样的山间村镇，也无法置身于时代主流思潮之外。这就难怪这么多洞乡男子在为生活所迫、面临弃儒经商的选择时，都会唏嘘久之，含泪辍读了。大量洞商安排自己的优秀子弟业儒的另一个理由，应该是对于家族全面发展的考虑。在家庭事业发展的某一阶段，茶务的规模可能有限，并不需要投入那么多人才。在这种时候安排某些子弟业儒，使长线可能的官场发展和短线眼前业茶利润结合，形成长短线互相支撑，使成功的机会和抗风险的几率倍增。

被迫下海经商的洞商亦花费心思从典籍中搜寻支持自己坚持走经商之路的理据。例如雷东阳第四个儿子雷炳翰（字墨林，1779—1837），他遵从父亲雷东阳的安排业儒，却千方百计为诸兄弟从商的正当性寻找根据，常告诉别人："太史公列货殖传，端木氏居其一，于持筹之际，存诗书本色其可矣。"① 这是典型的儒商观念，用善于商贾的孔子弟子端木赐亦列货殖传青史留名来为士人持筹经商辩护，反映了想在业儒与业商之间寻找共同点的努力，这客观地反映了洞商业茶之初（雷炳翰与第三代洞商同时）较为卑下的社会地位，迫切需要从正统角度为经商选择的正当性提供理据，并为弃儒从事茶务的洞商提供精神支持。这种处境应该十分尴尬，而且将持续相当长的一段时间。正由于根本的立场为业儒正统，雷炳翰所提供的辩护也多少显得有些苍白无力。雷炳翰（字墨林）辞世较早，"道光丁酉，将赴秋闱。前数夕，梦白髯翁导至一处，恍惚里之中央山，溪流环竹桂，古屋数椽，曰：'吾有书籍在此，敢屈订正。'公悦而安焉。觉，谓

---

① 傅燮鼎：《诰封儒林郎雷墨林公传》，《雷氏宗谱》，民国甲子年合修初续崇义堂本。

兄雨亭公曰：'弟殆不久于人世乎？'逾旬寝疾逝"①。他只活到40岁。其子雷巽（字莘佃，1814—1881），年方弱冠，"迫于家计，改习研桑术。地故产茶，居奇贸易，不辞艰瘁"②。在被迫弃儒从商后，他集资兴办茶庄，操持四盛茶行③，"久之，囊稍赢"，有了积累，"会中外互市，蒲邑峒茶闻天下，万商云集，货力腾涌，群商坌集，君櫬楼其间，贾贸滞鬻，不数年，积赀钜万，田庐十倍于旧，南乡素封之族，鲜有埒者"。

洞商凭借经商过程中所获得的经验，发现业商与业儒之间存在某种必然的联系。儒商的出身，使他们在生意伙伴的眼中身价倍增；业儒的经历，使他们在羊楼洞乡里间得以从普通居民中脱颖而出；而家人或后代通过业儒获得的功名，得以使他们自己也取得乡间上层阶级的乡绅地位。这种现象，按照布迪厄资本的观点，应该可以获得充分的解释。布迪厄认为资本由经济资本、社会资本、文化资本等组成，这些不同形态的资本具有可置换性。雄厚的社会资本，可以获得更多的机会，从而谋取更多的经济资本，经济资本实力强者，又可以让自己的子女就读较好的学校，捞取较高的文化资本，而文化资本当然也同样是可以转化为其他类型的资本的。在这方面，他重点研究了教育。他认为："可以肯定的是，有史以来，对于权力和特权的传递问题所提出的所有解决方案中，确实没有任何一种方式比教育系统所提供的解决办法掩藏得更好，因而也更适合那些要一再使用那些最封闭的权力和特权的世袭传递方式的社会。教育的解决方式就是在阶级关系结构的再生产中发挥重要作用，并在表面上中立的态度之下掩盖它履行这一职能的事实。"④ 洞商在羊楼洞是一个已经获得了经济权力并渴望进一步获得政治及社会特权并希望将这种权力和特权世代传递下去的阶层。布迪厄的观点，可以从根本上解释他们这种醉心于科举行为背后的动机——以已经具备的经济资本的优势，努力转化为文化和政治社会资本的优势，使这种权力优势得以世世代代传递下去。

正因为如此，洞商即使经商非常成功，家境非常富裕，大多于习儒业

---

① 傅燮鼎：《诰封儒林郎雷墨林公传》，《雷氏宗谱》，民国甲子年合修初续崇义堂本。

② 廖显融：《诰授奉政大夫太常寺典薄雷君莘佃传》，《雷氏宗谱》，民国甲子年合修初续崇义堂本。

③《东阳祖支下莘佃公房史简述》，《雷氏宗谱》，民国甲子年合修初续崇义堂本。

④［美］L. 华康德：《论符号权力的轨迹》，《国外社会科学》1995年第4期。

科举仍汲汲于心。例如雷启派（号兰溪），其家承祖业为大茶商，"富甲一乡。而于诗书一途，眷望尤切。公克承父志，力学有年，贯通经史，于制艺揣摩功深。数奇，屡试不遇，年甫三十，绝意名场，遂专课儿辈教育，培植煞费苦心。陛（案指传记作者、其子雷祚陛）于清光绪十五年己丑，受知于学宪赵，获邀寸进。尔时公喜极而悲，谓：'予半生郁郁，恨一衿未博，今吾儿为先人吐气，何幸如之！恨吾父未获亲见！'转放声一哭"①。这哭出的当然是欢喜之泪，但他作为"富甲一乡"的富商，仅仅为儿子考中一个秀才激动不已，亦可见于科举一途寄望之深。

更有欲哭无泪的，如雷俊章（字逸仙）。他兄弟三人，"家故不丰，叔季皆稚，尝涕泣自奋厉，谓士贵自立耳。家无田可耕，弟习贸，兄攻读，交勉于有成，盖吾父志也。于是岁从外傅游，颛致穷研，至极窘不自辍。诸父中有闻而嘉其好学者，时助以膏火资，然仍不给也，卒之处境日益艰，而为学益溺苦。行文务绳理法，不肯徇世俗好。先后囊笔干有司者凡二十余役。尝见知于梁会川大令、庞迥堂督学，拔置前茅。然再试辄黜，终于不第。士论惜之，目为江东罗昭谏流亚云。是时在清光绪间，吾族中人文蔚兴矣，每岁科试，被子衿食廪饩者，皆少年英隽。同榜喧传，动啧啧称蒲圻雷氏前科几人，今科捷者又几人，某也叔侄，某也昆弟，一时流为佳话，若青紫无足厝意者。独先生绩学三十年，辗转不得售。人或为不平鸣，先生视之夷然也。尝语人曰：'穷达命也，试官何尤于我哉！不自疚而徒詈人，于情不近，适遗有识者笑耳。'……以布衣终"。雷俊章让弟弟学习经商，而自己选择科举之途，固然为其父安排，但其从事于其中凡三十年，经历科考二十余场，在兄弟们日渐富裕时自甘贫困，从儒至死不悟，眼见后来者频登科第，他只有以命定之说自我宽解，其中多少未能哭出的辛酸泪水，亦更足见其甘心沉溺举业之深。

相比之下，洞商中亦有不汲汲于科场、官场的，例如前文述及大言"丈夫生世，不作越大夫，即为鸱夷子，贵继志述事耳，奚必毛锥子为"的雷辉南。但这种决意太少太少，与其他大量追求所谓科举正途的洞商相比，仅为偶可一见的例外。再如游廷通（字献安），他"甫十余龄，怙恃见背，昆弟三，序居季。尔时家计不充，与伯兄玉庵、次兄助庵两公并力

---

① 雷祚陛：《先考兰溪公妣贺恭人行略》，《雷氏宗谱》，民国甲子年合修初续崇义堂本。

撑持，卓然自立，渐就丰腴。爰就旧址而大其宇焉。四十年未析著，中间死丧之威，而孔怀念切，至老弥笃，一堂之上，怡怡如也。先生原配廖孺人生丈夫子五，义方是训，幼就外傅，长习贸易，俾各执一业……又尝戒后人勿入公门，盍其种德好义，事事求质方寸，故养高守正，不屑时趋"①。但这种"不入公门""不屑时趋"，也只是要求子孙辈凭心而为，不务科举，不羡权势，不打官司而已。且这类洞商在我们所见的洞商材料中占比很少，并非主流正统。更多的洞商仍然不遗余力地投入大量金钱，踊跃支持自己的优秀子弟坚持对于举业的追求，这其中的原因，除了前文所述一个时代的主流正统必然是统治者所提倡的方向外，洞商在经商途中对举业的顾望，更为根本的原因，还在于布迪厄所指出的，是对于文化资本以及权力和特权传递的不懈追求。

三　乡绅：有身份的人

清嘉庆、道光间诗人戴玉华，曾在他描写民风民俗的诗中用这样略带揶揄的口吻描述他眼中的蒲圻乡绅：

> 短袍齐袖是乡绅，贡监军功顶戴新。
> 谒见连名书片纸，坐谈开口道家贫。②

诗中所描绘的为了节省布料所制的齐袖短袍、不合规范的名刺书写方式、在言谈中不合时宜和礼仪的哭穷等，在诗人眼中都是粗鄙不堪的。在这首诗自注中，戴氏这样写道："邑无科甲，贡监军功即是乡绅，都雅者少，粗俗者多。惟不轻入官衙，淳朴之风有足取焉。"而在上节所引羊楼洞地方族谱中，就曾见识过洞商对于子孙"勿入公门"的叮嘱，可以认为，这种"不入公门"的含义，主要指的是不要争讼打官司。

关于戒争讼，雷氏族规中亦有如下叙述：

> 一家仁让，则彼此推予而不争；寸心公平，则冰炭销择而无讼。
> 然我虽甘自弱，不能禁人之不强；而情苟有可原，即当徐听其自悟。

---

① 吴洪申：《游献安先生传》，《游氏族谱》，民国九言堂本。
② （清）戴玉华：《俚言八首》之七，《西林诗萃》卷一。

如果情不得已，始而讼之公庭，犹可说也；若使势已可回，终必逞其刀笔，不可解矣。尝见世族巨室，因争讼而覆产破家；仁里义门，因争讼而兵连祸结，数难屈指，实为寒心。愿我宗族敬听，话言宜谨，三思而行，毋逞一朝之忿。况乎当堂递词，吏胥呼喝，先已受辱公庭；兼之出票发马，经差苛求，又必仅饱私囊。则官司之输赢，尚在未定，而衙门之使用，动费多金。当场无益，后悔犹迟。月旦自有公评，何苦破面屈膝？横逆或可理解，何如缩手低头。①

不入公门，不打官司，宁可"缩手低头"，也不轻启战端，道出了地方乡绅主观的诉求，亦即诗人戴氏所言的地方淳朴之风。但是客观上，即使是非常边远的地区，很不发达的农业经济条件之下，如田宅之界的侵削蚕食，灌溉用水的流途先后，有失管束的牲畜误入邻家的农田菜地，等等，都可能引发纷争。纷争激烈之时，就会产生冲突，需要调解，调解不成，就会有伸张正义的需求。所以单凭不入公门的主观意愿，"何如缩手低头"的劝谏，无法最终解决客观存在、不断发生的纠纷，而解决纠纷又能够不入公门的原因，则一定是在官府之外存在解决纠纷的机制。这种机制在羊楼洞这样的边陲乡镇，答案应该就在于乡绅本身。因为在羊楼洞这类僻远地方的日常治理，更多应该是仰赖乡绅而非官吏，更多依靠宗族而并非衙门。当地地方文献中记载有关一桩案例的字据，很具有典型性和启发性，兹引述如下：

启阳祖白骒畈山田字据

立字人：龚奇才。今因蒲邑雷，为上完林公子孙。自先祖启阳公于康熙五年卜葬崇邑白骒畈，雷姓临造房屋二重亦连数间，视产四石余斗。房屋田产招与龚奇才、任魁、廷高、廷拔叔侄等先祖居住，田佃龚栽种，后古至今并无顶召。今有龚奇才，伊言尔叔父龚尚太、次元，将房屋私顶与才名下居住，讵雷知觉，察访情弊，住奇才昧良激雷，当投鸣，地邻绅耆理斥，才自知情亏，愿服理寝事，自后再不妄为。如敢仍踏前辙，屋听雷人另招，田听另佃，有龚子孙叔侄等不得

---

① 《家范》，《雷氏宗谱·孝字编卷首》，民国甲子重修初续崇义堂本。

执阻。恐口无凭，立此字付雷，永远为据。

　　　凭中：周鼎新、胡先荣、聂圣谟、聂训书

　　　　　　　　　　　　　　　　光绪二年九月初十日①

　　字据所述，大致是雷氏原在崇阳县白骡畈这个地方葬有祖坟，为看坟置有房屋和四石多田产，田租给龚姓佃户耕种，房屋就招给龚家居住。而立此字据的佃户龚奇才却将房屋私下转给了没有居住权的人居住，被雷氏发觉前来查访，龚奇才却恶语相向，激怒雷氏。照理说如此情况雷氏应该到官府投诉，但他没有，而是由当地相邻的乡绅耆老据理斥责了龚奇才，龚奇才自知理亏，于是愿意认错，并许诺从此以后再不胆大妄为，如果再犯，听凭雷氏将房屋田产另行招住招租，立字据为凭。一起已经激化的冲突，原本要闹到官府，而由地邻乡绅主持公道，最终立字化解。见证的中人周鼎新、胡先荣等，亦应是字据中所提及的调停人、当地乡绅耆老。在旧时乡村，乡绅就是这样在纠纷冲突发生时居间断案，判别是非，提出解决方案，将大量纷争就地处理，才使得多数诉讼得以平息在官府之外，使得公堂无事，囹圄空虚，而许多乡民亦得遂所愿，终身不入公门。所以所谓不入公门，除了主观上存在愿望之外，客观上在乡间存在这样一个排疑解难的乡绅阶层，习惯上有一个乡民都认同的以乡绅居间调处的办案机制，也是不可或缺的条件。这种以乡绅为核心的排疑解难"机制"，我们可以称之为乡村的乡绅治理。

　　虽然在诗人戴氏眼中乡绅滑稽可笑，但这些乡绅在乡间却都是享有崇高威望且有身份的人。羊楼洞所在蒲圻地方的乡绅，如前所引戴玉华的诗所述，虽然穿戴寒酸，举止言谈粗鄙，但亦可以在县里出入高门，在乡间被乡民所景仰，这首先是由于他们拥有身份，见过世面。戴玉华在为其诗所做的诗注中关于"邑无科甲，贡监军功即是乡绅"的说明，很准确清晰地描述了清代早期羊楼洞所隶属的蒲圻一带乡绅的构成。所谓"贡监"，指的是贡生和监生，他们虽然都算是业儒功名，但多因祖上荫庇或捐纳钱谷获得，而所谓"军功"则为清初前汉军军人之后的武科功名，亦为正规科甲出身的士人所低看。由于文化不够发达，当地无经科甲考试正途出身

---

　　①《启阳祖白骡畈山田字据》，《雷氏宗谱·恤字编卷首·合同》，民国甲子重修初续崇义堂本。

的生员以上功名者，所以这些由诗人看来并非正途功名出身的人也权且充作乡绅，亦甚可笑。这亦反映了羊楼洞地区当时的情况。在我们所见羊楼洞宗族族谱之中，在乾隆以前，绝无科甲高中的记录。如雷兴传之父贫而向学和雷兴传自己业儒而未能登科这样的记载亦属凤毛麟角。当地宗族中的饶氏、黄氏隶属军户，在有些记载中，他们每年秋收时节向佃户收租下乡，颇为威风；合族为交纳皇粮而兴师动众，集资漕运，又劳神费力，艰难备尝。当时洞镇的乡绅和头面人物，应该就是这些贡监军功们，根本就没有出身正途、有科考功名的秀才举人。这时更多的情况，是拼凑而成的乡绅杂牌军主动适应皇权帝国的要求，努力使自己的言行合乎政府的规范，从而使自己在乡间的治理更加具有合法性。

　　从根本上使言行合乎规范的最重要的努力，就在于上节所论述的培养业儒的子弟。培养子弟业儒的原因，如前所述共有两点：首先，科举一途是朝廷为士人所指引的最为正大光明的出路，洞商通过科举出仕做官，成为社会上层；其次，通过长短线互相支撑，洞商将已经具备的经济资本的优势，努力转化为文化和政治社会资本的优势，使成功机会和抗风险的几率倍增，使已经获得的权力优势得以世世代代传递。除了以上两点之外，这里还有必要加上第三点，即培养本地合乎儒家标准的地方治理人才。由于儒学为朝廷的主流意识形态，地方治理人才按照儒学标准培养，乡绅依据经典来治理地方，也就顺利地达成了与国家标准的接轨，使地方自治成为国家治理的自然延续。这一点当时洞商有明晰的认识。例如当地雷氏所拟家规中就十分明确地指出：

> 气质原不齐，惟学能医俗。不学如蒿草，学如攻坚木。
> 义理求其安，经史贵乎熟。雪案五更寒，芸窗九夏馥。
> 华国本书章，明经受天禄。显荣及先人，封章捧玉轴。
> 时命纵不逢，亦可型宗族。教子守一经，保家便是福。
> 劝尔读书人，勿但求科目。圣贤相与期，勿自甘碌碌。①

　　寒暑苦读，既为获得功名，荣耀家门祖先，纵使不能考取功名，不能

---

① 《家规》，《雷氏宗谱·孝字编卷首》，民国甲子重修初续崇义堂本。

为官做宰，也可以充任乡绅，规范宗族，所谓"时命纵不逢，亦可型宗族"。所以家规中竟然重点提醒业儒子弟不必过于汲汲于科目功名，只重勤奋耕耘，以圣贤为目标自我期求即可。有这三个目的，就无怪洞商不惜金钱和人才资源，锲而不舍地从事科举事业了。

由于这种持续努力，情况也发生了明显变化。随着雷兴传等业茶富裕，培育子弟业儒成为风气，进学者渐多，获所谓正途功名者也日益增加，而羊楼洞当地富商在有钱后所谓"纳粟入成均"，即捐钱谷以获得贡监生功名的更是蔚然成风。乡绅队伍也随着洞镇商业的发展而扩大，日益成为地方治理的中坚。在此期间，有几件事值得专门提及。

其一，19世纪40年代中英鸦片战争，由贸易不平衡导致英国向中国输入鸦片，而鸦片遭禁进一步导致的英华战争，结果是将庞大而落后的大清帝国打回外强中干的原形，《南京条约》的签订和五口开放通商使中国从此被卷入世界经济圈，并一步步陷入殖民地和半殖民地化。其二，其后不久即19世纪50年代的太平天国运动，进一步削弱了大清帝国对国家的统治能力。战争期间，为了筹办战争经费，帝国向商人开放了纳捐授爵之路，以筹措军粮的名义，规定交纳钱谷即可获得相应荣衔，从而进入士绅行列。这无疑应该理解为一个统治能力下降、处于内忧外患之中的帝国向严格限制发展的商人阶级放宽限制和让渡权力。对此，洞商自然感到扬眉吐气，他们义无反顾，踊跃纳捐。羊楼洞这时涌现出一大批拥有名衔的洞商，例如洞商雷巽就"援例纳赀，得太常寺典簿，诰授奉政大夫"[1]；雷立南也通过缴纳军饷，"由监生保奖同知衔，诰授奉政大夫"[2]；雷炳蔚更是通过捐纳钱谷，不仅自己接受清廷诰授"武德骑尉"等荣衔，而且还使其时已经去世的祖父雷兴传、父亲雷振祚都得到清廷封典。[3]

随着19世纪汉口因茶贸开埠，英、俄在市场上高价竞购华茶，羊楼洞的茶叶贸易经历了艰难的太平天国运动之后，进入一个更加蓬勃发展的新时期。如地方文献中所载："先是，羊楼地方茶客寥寥，生意淡薄。自咸丰戊午以来，圣泽诞敷，中外一体，准外洋各路通商，入境贸易，于是植

---

① 廖显融：《诰授奉政大夫太常寺典簿雷君莘佃传》，《雷氏宗谱》，民国甲子年合修初续崇义堂本。

② 游冯：《受山公传》，《雷氏宗谱》，民国甲子年合修初续崇义堂本。

③ 李霖藻：《雷文庵先生传》，《雷氏宗谱》，民国甲子年合修初续崇义堂本。

茶之户日多，行茶之途日广。我境旗枪丰美，字号云屯。"① "会中外互市，蒲邑峒茶闻天下，万商云集，货力腾涌，群商坌集。"② 景气的茶贸，为羊楼洞带来了涌流的财富，也极大地提高了洞商的自信。在这一时期，洞商不再仅仅依赖于晋商收购、制作、外运，不再满足于做守行屋、收行佣的坐贾。他们制作红茶，自营运输和销售，走汉口，下上海，闯广东，直接与外商交易，将洞茶广销至全天下。于是相对之下，洞商的观念也发生了很大变化。由于财富本身带来的地位，洞商对于财富的追求渐渐凌驾于对科考虚名之上。过于容易地用财富交易朝廷颁赐的名位，也导致名位在洞商心目中的贬值。在这一时期较多人出现了对于功名无所谓的态度，例如洞商黄锡攀（字步云）。他"奋发自强，托业畎亩，兼事贸易，胼手胝足，沐雨栉风，求一日之安闲而不得……先业虽不甚丰，而夫妇勤俭如故，善守兼善创，衣食颇足，日用有余，家由是而小康焉。……公晚年生子，初无姑息意。幼时送读，比长，命就商贾，总以义方是训，勿纳于邪为期"③。黄锡攀不仅自己业商，而且对于独子也"命就商贾"，对于儿子的教育，也只是"以义方是训，勿纳于邪为期"，并不以科举登第为目的。这应该也是商人地位上升，皇朝纲纪渐弛的情况下，洞商对于经商前途自信的表现。

第三节　宗族的权力

在国家与乡村社会互动的过程中，介于其间的宗族运用官府的"话语"起到了"关键性的中介作用"④。羊楼洞的士绅宗族在地方社会践行以儒家伦理为核心的"礼治"，完成郑振满所认为的"宗法伦理的庶民化"⑤ 过程，以及刘志伟、科大卫等所认为的"庶民用礼教把自己士绅

---

① 游冯：《受山公传》，《雷氏宗谱》，民国甲子年合修初续崇义堂本。
② 廖显融：《诰授奉政大夫太常寺典簿雷君莘佃传》，《雷氏宗谱》，民国甲子年合修初续崇义堂本。
③ 贺绍元：《步云公传》，《黄氏宗谱》，民国仁孝堂本。
④ 陈春生：《历史的内在脉络与区域社会经济史研究》，《史学月刊》2004 年第 8 期。
⑤ 郑振满：《明清福建家族组织与社会变迁》，湖南教育出版社 1992 年版，第 227—241 页。

化"①。以此为基础，宗族进一步地通过文化与现实的建构，成为乡村社会的领袖。通过将官方"话语"巧妙地编织进地方传说、族谱、祭祀甚至民间信仰的方法，洞商按照自己对于"正统"的理解，塑造自我形象、树立地方权威。

一　礼治与法治

在羊楼洞商埠初辟的早期，乡绅在地方上享有广泛尊重的重要原因之一，是因为他们"知书达理"："在一个排斥农民享有受教育权利的社会里，绅士社会掌握着知识和文化霸权，集教化、伦理、法规、祭祀、宗族等一切社会责任与权力为一体，成为乡土社会的实际权威。"② 另一方面，拥有这种文化和社会特权的洞商，在乡村社会生活中实践和推行以"礼治"为标志的儒家伦理，在完成国家意识形态在乡村的表达的同时，他们也逐渐建立起一套以宗族自治为核心的社会管理体系，在官府的行政司法权力之外构成了另外一个排解地方纷争、维护社会安定的权力机制，也因此与奉行"法治"的国家权力构成了竞争的关系。

由于地方因茶贸而进入商业化，相对于传统农业社会，纠纷量大大地增加，此即经常在地方文献中可以读到的"每岁茶商辐辏，情伪滋生"，乡绅评判是非、处理矛盾的需要成倍增加。如遇假茶及运输偷漏之情事，亦代为交涉调处，对于卖主贩卖假茶，被查破后，如发生纠纷，则出任调节。③ 这是因为掺杂造假等事，在收茶过程中时常发生。其法，一为掺灰，将干茶喷湿，将灰末筛上，盖以麻布芦席，待茶发热，灰末紧贴茶身，再用钩松开，散去热气。二为掺水在新茶、老茶及青茶之中。三为掺次，在好茶中掺入次等茶。四为掺假，将树叶制成茶叶形状，掺入毛红茶之中。"据熟谙茶事者言，往昔茶价好时，茶农常有以枫栎、黄荆、狗公刺等叶制成伪茶，掺混毛茶中间或底部，希图蒙蔽者，亦有加潮及其他杂质，希图增加重量者，或以柴烟加染红茶及洒面茶之色，使茶叶色泽一时改变以求售者，弊端丛生，不一而足……至各深居山地之茶户，则恒以毛茶脱售

---

① ［英］科大卫、刘志伟：《宗族与地方社会的国家认同——明清华南地区宗族发展的意识形态基础》，《历史研究》2000 年第 3 期。

② 杨阳：《王权的图腾化》，浙江人民出版社 2000 年版，第 68—69 页。

③ 陈启华：《湖北羊楼峒区之茶业》，《中国实业》第二卷第一期，1936 年 1 月 15 日。

予茶贩，茶贩恒多端诡术，以求揽取厚利，茶厂中过去亦不少作弊情事，如向有所谓'打花香'，即以各种伪茶打成粉末，掺入'花香'箱内，脱售于汉口专设之花香行，骗取高价，故晚近汉口之花香行信誉不振，年来制造者亦减少。"① 而为了对付掺杂造假，茶商亦层层设防。"故厂庄收购茶叶时，例有：'潮茶黑末，概不取样，头底不符，钱茶俱无'之规定，所谓头底不符，系指有无伪茶及劣茶或其他杂质掺入其内，如有，则须将茶当众焚毁以示罚也。"② 茶农或茶贩挑茶上门，先由茶号工人从茶袋中取样约两斤，放置柜台之上，由买手查看粗细、干湿、评价、叫码，由毛票将卖茶者姓名价码登记下来，工人将茶袋挂秤，由秤手报出重量，由毛票在票上记明重量，将茶倾倒于地，由对样抓细末置于芭蕉扇上，用口吹去茶末。如果扇上的沙土和潮末太多，则减秤削码。若茶叶对样，则将毛票送交盖印人换取对号竹筹。卖茶者持筹，挑茶至厂后倒尽，再携袋到盖印处除皮，盖印人将皮之重量记于毛票上，送交正票处，记账核算，将数目写于兑票上，卖茶者持筹至正票处，报明姓名、价码、重量，正票接筹对号，调换钱票，再往兑钱处或钱庄兑款。③ 由于验茶评级称重过程，涉及双方利益，故常常发生争执。这时，作为本地主人的茶行就要出面调停，并在纠纷冲突发生时负责保护茶客人身及茶庄财产的安全。

早期作为羊楼洞地方商人的乡绅认真地负起了这份解纷释难、护卫客商的责任。例如最早与外来商人合作而致富的土商之一雷兴传在羊楼洞就极有威信，"其居族里也，义正词严，莫不敬惮"④。他的孙子雷炳翰（字墨林）"生平慷慨，面折人过。善饮酒，笑语声如洪钟。性朗达，虑事则中。为人决大疑，佥服其识。排难解纷，乡族仰焉"。雷兴传的另一个孙子雷炳蔚（字位三）"居宅近市，每岁茶商辐辏，情伪滋生，有不了事，得公一言辄解。于时缙绅冠带之徒，闻公声名，咸请谒焉"⑤。

可以看出，早期雷兴传等羊楼洞本帮商人仍然使用传统农业社会中较为典型的乡绅居间处理纠纷的模式处理在羊楼洞新产生的商业纷争。有了

① 彭先泽：《鄂南茶业》，鄂藏档 LSH2.14—3，第 18 页。
② 同上。
③ 陈启华：《湖北羊楼峒区之茶业》，《中国实业》第二卷第一期，1936 年 1 月 15 日。
④ 程日阶：《中万雷先生传》，《雷氏宗谱》，民国甲子年合修初续。
⑤ 李霖藻：《雷文庵先生传》，《雷氏宗谱》，民国甲子年合修初续。

纠纷，他们在宗族和乡里中仗义执言，折冲于樽俎之间，所谓"大疑"、所谓人家的"不了事"，在倾听争执双方的诉词之后，只说一句话就迎刃而解，大家没有不佩服的。他们之所以一言九鼎，享有极高的威望，首先当然是因为其乡绅的身份地位，但是，仅有身份地位显然还不够。要使人真正信服，除乡绅身份地位之外，还需有两条，其一为有见识，能够一语中的，众人皆服；其二还应该看法一本于义，义正才能词严，才能在当面指斥别人过错时使人敬畏尊仰，而所有这些，又皆可归之于礼。作为儒家理论核心的礼，既包括亲亲的原则，又有尊卑长幼的等级规范，又是事理是非曲直的判断标准。《礼记·礼器》："忠信，礼之本也；义理，礼之文也。无本不立，无文不行。"说的就是以忠信为依据来判断事理的是非，最终促使问题得到解决。正因为如此，我们也就可以将早期的乡绅的地方治理归结为"礼治"。

"礼"渗透了羊楼洞乡绅一切的日常生活。例如雷兴传另一房的孙子雷竹轩（雷观翘之子），谱传说他协理族政，"家居内外事，非翁不理，性刚方，动必以礼，老成典型，后生辈敬惮。处事无模棱委曲，横逆外来，挺身独出，词严义正，虽势家强御，不为之挠"①。所谓"动必以礼"，就是说雷竹轩平日里的一言一行皆合于"礼"的要求。家内家外的事，事必躬亲，而他以自己日常言行的模范表现，成为忠信的楷模、族人的榜样。又如为茶商做账房的雷安庆（字海澜），"遇不平事，辄理斥之，人自贴然"②。所谓"理斥之"，也就是讲理，这个"理"，当与朱熹之后一直盛行的理学之理有千丝万缕的联系，既是事物本身深入剖析、格物致知所得之理，又是雷安庆奋力捍卫的"天不变道亦不变"的亘古长存忠信之道。知书达理的雷安庆对于事理既作深入分析，又掌握儒学关于忠信仁义的一套话语，这一套话语上及天地君亲师，与君父官府所教完全协调，于是话锋所向，迎刃而解，无往而不利。以上雷竹轩与雷安庆两个例子，应该就是传统乡绅礼治的两个方面。其一为自身的典范作用，以一切皆符合"礼"的实际行动，行不言之教，如春风化雨，影响乡里之间，乡人被化而不自知，此为教化的最重要的一个方面；其二为理断，即在事情发生之

---

① 傅燮鼎：《雷竹轩太封翁宋太恭人合传》，《雷氏宗谱》，民国甲子年合修初续崇义堂本。

② 雷锡龄：《海澜公传》，《雷氏宗谱》，民国甲子年合修初续。传载："羊楼素称茶埠，兄工权算，以贾茶为业，自是铢积寸累，所以赡家计者益充。"按所营当为账房先生。

后，依据事理分剖辨析，判断是非，达到妥善解决问题的目的。

羊楼洞当地洞商有许多人在这两个方面都堪为楷模。例如雷茂棠（号蒂亭，1801—1878），他为人"性朴诚，貌仅中人，外温而内肃，行事多不令俗人测。……虽与妇孺言，退然若恐伤者。人谓畏事也，然剧喜锄强扶弱。乡之东周姓有老茂才，其族怙势者强立数伪塚于其山，几兴大讼。茂才诉于公，公得情立命平之。有丁寡妇者，崇人也，业小生涯于市，年老子懦，恒为市痞所凌，诉于公，卒为之申之。……通城有黎正权者，性狠恶，贸于洞，人皆畏如虎，尝违礼与邻争，反诉于公，公恶声斥之，忿恨而返。逾年，权从逆，率党来洞，公率家人远避，意其必挟宿恨也。及归，近居多被害，而公宅扃如故，反加封识云：'此正直老人家，毋妄扰。'先是，公好直言，诸子多婉劝之。至是，公笑曰：'作直人说直话，究如何?!'……或犯之，不稍容，故族人稍有不法事，一闻履声，即奔窜无地，若畏严父母"①。雷茂棠的直言主事甚至得到他曾得罪过而后来投奔了太平军的黎氏的尊重，为雷氏保护房屋，无使受破坏，这一传说虽然带有传奇色彩，但其人品高尚，在地方享有极高威望，于此亦可见一斑。其子雷宣春（号雅堂，1830—1878）也继承其秉性，"平居静默寡色笑，然遇事有决断，能持大体，排难解纷，好直言，族中不法者，恒面斥之不少容。有某者，尝借端沾丐其邻家，公理折之。后复欲有所觊觎，其属私戒之曰：'弗复尔，恐某公至，又将不汝直也。'某遂敛踪。其令人帖服类如此。先是，公父蒂亭公秉正持公，岿然为吾族望，至是，公继之"②。雷宣春断事与前所述雷安庆传的"理斥之"同出一途，亦"理折之"；所谓"持大体"，当就是以忠信为依据；"好直言"，当就是前所述义正词严，当面斥责不稍容情。而结果，则是让所有人都信服，让理曲一方长久记取教训。

洞乡乡绅大都具有这种身为乡里典范、处理事情一言九鼎的决疑解困的能力。除了上文所列举的雷姓洞商，再如邱宋进（字怀德，1767—1824），世居羊楼洞，能为人"排纷解难"，遇乡里纠纷，"人或袖手而退，公独掀髯而前，弱者谕以情，强者晓以理，析分人之狱，比子路之片言；

---

① 游恺：《蒂亭公传》，《雷氏宗谱》，民国甲子年合修初续崇义堂本。
② 《雅堂公传》，《雷氏宗谱》。

信长者之诚，同季布之一诺"①。诚信为人，据理解疑，不畏强御，是其共同的特点。又如游澄（字敬铭），为茶叶专家，"性端重，言笑不苟，官绅推商办地方事务，他绅千百言而不能雪者，而公以数言了之。无上下手，无左右袒，人人各满意去。平日德望其见孚于人者深矣"②。这种不畏纷难、数言决疑的威望和能力，据传文所述，无疑与平日正派为人、道德名声深孚众望是分不开的。

随着茶贸的蓬勃发展，大量财富的聚集，羊楼洞地方宗族日益构建，乡绅集团逐渐壮大，地方礼治也得到长足的发展和完善。但凡事皆有其反面。宗族力量的过度壮大，乡绅治理的畸形发展，就可能导致原本受皇权制约的地方权力的过度滥用。例如，按照朱勇先生的观点："自力救济是宗族共同体一项重要的社会功能。……在暴力方面，宗族法要求全体族人同仇敌忾，步调一致，共同对付族外力量对本族利益的侵蚀。"③ 说明自力救济原本是宗族对于外来暴力的正当防卫。但是过度滥用这项功能，则会成为对于弱小宗族的侵凌。《雷氏族谱·青选公传》就曾记载一桩案例："族内有一命案，被人殴打毙命。欲与陈人构衅，投鸣族长，族长大怒，曰：'伊等豪恶，肆行猖獗，不凿伊瓦片，敲伊墙脚，不甘心也。'传（青选）公作证，公曰：'一尺青天盖一尺地，将予确证陈人为凶首，窃恐人心可昧，大道难欺！'此言一出，虽受族长再三凌辱，公犹一股正气，仍然不改。由是族长索然无味，苦主茫然无着，陈姓无头之冤亦涣然冰释。非公之先声夺人，曷克臻此？陈耳顺七十寿终，遗嘱子孙：'雷君恩典，尔等世世勿忘！'"④ 这件事的起因是雷氏的一桩命案。朱勇认为：清代"根据国家法律，民人在受到不法侵害，或发生重大纠纷时，受害者或当事人应入官府提起诉讼，由国家司法机关作出判决或裁定。但各地宗族法皆要求本族成员在发生侵害行为或纠纷时，首先必须投告本族，由宗族出面处理。……在某些地方，调解方法还适用于族际纠纷的解决。"⑤ 他所谓的适用族际纠纷，当限于"户婚田土，闲气小忿"，而雷氏族长想要处理

---

① 余梦兰：《邱怀德公暨陈孺人合葬墓志铭》，《中华邱氏大宗谱·赤壁分谱》（四、文翰篇）。

② 游凤墀：《家敬铭先生传》，《游氏族谱》，民国九言堂本。

③ 朱勇：《清代宗族法研究》，湖南教育出版社 1987 年版，第 56—57 页。

④ 龚映琼：《青选公传》，《雷氏宗谱》，民国甲子年合修初续崇义堂本。

⑤ 朱勇：《清代宗族法研究》，湖南教育出版社 1987 年版，第 93、95 页。

的，却是事涉人命的大案。族长在处理过程中，似乎有意要将祸水引向羊楼洞镇的小姓陈姓，这其中的个人动机姑且不论，只看过程，至少说明在当时羊楼洞地方，族长实际上已经有了滥用审理案件甚至命案的权力的可能。如若证据确凿，该雷姓族长甚至于可以以全族名义发动对弱小外姓族人的武力行动，将外族人家之房屋拆毁，置对方于死地。这种暴力施治，应该就是被帝国政府屡屡警告地方宗族势力不得妄为的所谓"武断乡曲"，例如清乾隆皇帝就曾在上谕中指出："所举族正，大半多系缙绅土豪，未必尽属奉公守法之人。若明假以事权，必使倚仗声势，武断乡曲，甚而挟隙诬首及顶凶抵命，何不可为？"① 在此个案中，族长的表现就与乾隆帝所描述的非常相似。由于雷青选的坚持，釜底抽薪，扼制住了族长武断乡曲的欲望，是故陈姓人得以寿终，以为皆拜雷青选所赐。如果雷青选不是如此坚持，则后果可想而知。

　　以上个案与另一早期个案值得比较。清朝乾隆年间，为追回由于战乱纷扰而几无主人的饶氏屯田，也曾引发过一宗命案。《饶氏宗谱》中收录了以下有关这宗命案的文契。这篇名为"饶傅二姓合约"② 的文契，由傅、饶二姓于民国六年二月二十八日同立。文契内容，追述记录了乾隆初年，宗族势力还很弱时，由于社会动荡，饶氏部分家产被恶佃霸占，饶氏先祖前往查田，竟被佃户打死。而当时命案发生，饶氏只是提供讼银，交官府诉讼；而官府也据实断案，将凶手抵罪，将田产追回。可见命案找官府依国法治罪，理所当然。如若我们前文将乡绅地方治理称为"礼治"，那么国家治理也就可以相应地称为"法治"。法治与礼治，原就应当是官民分治的一条重要界线。中国传统社会的控制体系，可分为"公"与"私"两大系统，"公"的系统即国家政权，"私"的系统即乡族势力，各自权限分工，不当侵越。③ 而前所引《雷氏族谱·青选公传》所载族中命案的处理，显然有越界之嫌。究其原因，还在于宗族力量过强，导致权力膨胀，不仅侵入皇权司法权当管的领域，而且导致对于他姓弱小宗族的侵凌。

---

① 《清高宗实录》卷一三三五。
② 邓熙明代笔：《饶傅二姓合约》，《饶氏宗谱》，民国双峰堂本。
③ 傅衣凌：《中国传统社会：多元的结构》，《中国社会经济史研究》1988 年第 3 期。

二 地方权力的争夺

在清代早中期，更多的情况下，是国家政权对于地方宗族的侵夺。羊楼洞地方文献中，记录了一桩个案，案件主人公洞商雷雨作（字春霆），业儒出身，是羊楼洞雷氏的族长：

> 前邑侯劳（光泰），修志塔，以茶庄为奇货，勒公族乐捐输千金。众畏缩莫敢发难，公正色曰："邑侯既曰乐捐，则输之多与寡，视予之乐不乐。此固予为政，非邑侯为政也。"而邑侯劳仍倔强，不少挫。公首之大府。大府见公谦冲恂雅，诗书之气，溢于言表，遂直公，将罢邑侯职。公复为之解免，又恐废阖邑之美举，仍输百金，并劝族人共捐以藏其事。邑侯劳亦徐垂青眼相属，与相契好。自后邑涖任，必首谒公，倚公为左右手，而公亦断不以私干。①

这段记载中有不少有意思之处。县长劳氏修塔，开口要羊楼洞雷氏"乐捐"千两白银，雷雨作明知是勒索，故将事情拖下来，而劳县长坚持，没有一点退让的意思。于是雷雨作到上级府衙告发了劳县长。府衙判雷雨作胜诉，要将劳县长罢官，而告发劳县长的雷雨作这时却反过来为劳县长开脱，使之免于罢官。这种以德报怨本来已经够奇特了，更奇特的是接下来雷雨作又首先带头捐银百两，随后还劝族人共捐。而劳县长从此以后也对雷雨作青眼有加。这颇有些奇怪的述说背后，有两种可能，其一是所写非实，事实是面对劳县长的勒索，雷雨作进行了一番挣扎，最后带头屈服，而作传者对这一结果有意曲写粉饰，写了一些并非事实的想象性的东西；其二是所写为实，经过雷雨作的一番操弄，结果确实是提高了羊楼洞茶商集团在政府眼中的地位，而羊楼洞地方也做出了妥协，雷雨作带头认捐，使地方与政府的关系得到缓和。

这件事大约发生在清道光年间，与后来湖广总督张之洞强迫汉口茶商"乐捐"助建两湖书院一事如出一辙。光绪十六年（1890），张之洞创办两湖书院，期明年三月，为筹经费，向湖南各茶商以每茶百斤摊捐银一钱，

---

① 贺子一：《雷公春霆先生墓志铭》，《雷氏宗谱·恤字编·墓志》，民国甲子年合修初续崇义堂本。

并劝谕湖北各茶商以每茶百斤摊捐银三分，遭到了两湖茶商的联名反对。这事一直闹到清廷中央，最后在光绪帝的敦促下，张之洞难顶压力，于1891年5月削减三分之一的书院捐，至1892年5月正式裁撤。这两件事，发生的层次有别，但以茶商为可以勒索的对象这一点上却并无二致。

值得玩味的是，在蒲县县长劳光泰与雷雨作斗法开始时雷雨作说的一番话，那时他明知道劳光泰在勒索，却拉下脸抠字眼："既然说是'乐捐'，捐多捐少就看我高兴不高兴。这应由我做主，不由县长做主。"意思是，你侵犯了我的权限。这在上级大府起诉时，一定也是雷雨作所提出的一条重要理由，即使在该文献的执笔者看来，雷雨作用这样的理由起诉，结果也应该能够胜诉。反映了在当时人的心目中，县长也不应该越权侵犯地方宗族的利益，否则上法庭一定理亏，而这依据前所述清代公认的"公"权与"私"权的划分，也的确是有据可依的。但从结果看，这场官司结束时雷雨作竟然"带头认捐"。这更反映了专制条件下国家政权系统的强势，即使道理如此，但在强大的国家机器面前，地方的宗族势力发展再大，也拗不过政权最低品级的一个县长。

茶商拼命花重金培养子弟走读书做官之正途，恐怕也与亟盼在朝中有自己的政治代言以保护自己利益有关。但是这个愿望似乎直到民国初年袁世凯死后才部分达成。1916年，雷炯春的第三子雷豫钊（号德卿）任民国大总统黎元洪的秘书，是在任高官。雷豫钊在民初纷纭的政治乱象中于1922年去世，年仅49岁。看来从这一方面努力保护自己的利益，效果并不很明显。

但是事物自有其发展逻辑。洞商毕竟因其在经济和政治上的巨大影响，在经过时局的动荡和洞商自身较大的发展之后，羊楼洞地方的权力布局发生了一些微妙的改变，不知从什么时候开始，洞商集团已令政权无法漠视。在雷雨作上诉之后大约五十年，即20世纪初元，羊楼洞乡绅游镇海也作过一番与雷雨作类似的挣扎和努力，而这次斗争的结果，作为洞商集团代表的游镇海居然获得了完胜。游镇海（字涵四），羊楼洞大茶商游龙之子，"家拥厚赀裘马……海内自军兴以来，顽弁悍卒，往往凌暴平民，道路以目，罕有敢谁何者。羊楼为吾乡钜镇，设有驻防壁垒，前营弁某军令不严，营卒致横行无状。君（案指游镇海）闻辄忿恚，尝慷慨亲诣弁营，面斥其非，声色俱厉，其人竟因此撤委，而后来者亦自知警惕矣"①。
由于游镇海的抗议，竟导致军令约束不严的政府驻军头目被撤职，这固然
是因为军卒的横行过于无状，让政府和军队丢失颜面，也因为时过境迁，
此时的羊楼洞经过了与太平天国军的激烈战争，自己有了团练队伍（这支
队伍与游镇海关系甚为紧密，后文还将述及），羊楼洞地位也上升为"吾
乡钜镇"。而太平天国运动之后，朝廷元气大伤，对地方经过很大幅度的
权力让渡之后，在许多事情上不得不顾及地方重要人物的态度。总之，今
非昔比，游镇海的成功在一定程度上反映了朝廷和地方权力的此消彼长，
反映了茶镇羊楼洞地位和洞商集团政治分量的上升。

三　扩展地方自治权

羊楼洞地方治安权力的扩展，应该是自太平天国运动兴起但尚未大规
模涉及羊楼洞的时候开始的。事情的策动者黄儒基（字珍元），"幼而岐
嶷，壮有胆气。每于事之来，众皆退然不胜，先生（案指黄儒基）挺然直
出。人咸钦之。……且夫羊楼洞，小市镇耳。客商云集，银钱源流，色色
人等，杂处其中。狼氛初起，狗盗潜视。先生独忧之，倡作领袖，请给示
喻，牌联十家，日靖四方，巨盗先获，群丑远扬。凡商贾贸易，以及乡村
贫富，皆得以夜不闭户，高枕无忧"②。

引文中"狼氛初起，狗盗潜视"，很准确地描述了当时太平天国初起
时各地心怀不满而欲与之呼应者蠢蠢欲动的天下形势。黄儒基利用了太平
天国对于朝廷的巨大震动而要求政府给予地方组织治安的权力（"请给示
喻"），而从"牌联十家，日靖四方，巨盗先获，群丑远扬"的记述看来，
黄儒基所组织的地方治安不仅组织严密，且举措果决有效，不仅抓住了骚
乱组织的头子，而且赶走了余下的喽啰。黄儒基组织治安，清除匪盗，获
得地方商贸秩序井然、夜不闭户的成果，使得再后来太平天国真正打到地
方的时候，朝廷得以放心地将组织地方军事武装的权力交给洞商集团。而
这一次出头作为组织人的，还是黄儒基：

---

① 贺荣骏：《候选州判游君家传》，《游氏族谱》，民国九言堂本。
② 贺鹏博：《黄公珍元先生传》，《黄氏宗谱》，民国仁孝堂本。

壬子（指咸丰二年，1852）冬，粤匪猖獗，由长沙下武昌，窜金陵，土匪肆扰，烧毁羊楼，先生居家化为乌有。罗方伯（泽南）、塔军门（齐布）带勇剿除，驻扎洞西，先生愿为向导，屡获胜仗。两宪知先生能干，谕设团练，推先生与余（案指作传者贺鹏博）为团总，余欲辞，先生慨然自任，局设三合，勇练数百，内匪既清，外辱能御，身经十余战，贼毙数千人。罗宪在行营，屡闻有功，请赏给六品顶戴，注名谘部，即补道。孙公筱石宰蒲时，见公果毅，礼重之。言无不纳，计无不从，逾年，孙公剿贼离蒲南，生李公接任，倚先生为腹心，其寄余函中，有"铜墙铁壁，牢不可破"云云，是其誉先生深，而美先生亦至也。①

黄儒基先是为清军的重要将领罗泽南和塔齐布担任向导，多次获得了胜利，这当然也取得了罗、塔的信任。所以在政府遵照皇帝谕旨让地方开办团练时，黄就理所当然地担任了地方团练三合局的团总，带领数百团勇，内肃清匪盗，外抗御强敌，经过数十次战斗，杀死数千名敌军。于是军队将领和地方官都赞赏有加，视为心腹，言无不听，计无不从。需要特别一提的是，黄儒基上任三合局团总，也与羊楼洞当地茶商集团最重要的人物的鼎力推荐有关。对于黄儒基任羊楼洞团练三合局局首之事，同镇《游氏族谱》亦有相关记载：

洪杨焰炽，罗忠节泽南率兵羊楼洞，饬办团练，及公与语，洒然动容，檄公为首，公力辞，荐同里黄某代。又欲邀公襄办营务，又辞之。盖公王父八十余，无昆季亚养，公以情告，罗不能强，卒从公言，赖黄力集事有功，人以此尤服公知人。②

引文中提及的黄某就是黄儒基。黄儒基任团练三合局为游氏最富有之茶商之一的游龙所荐，说明举办团练一事，事实上是得到羊楼洞主要茶商鼎力支持的。黄儒基上任后力战有功，亦曾为当时茶商的公论。黄儒基后来在与太平天国军作战中战死，对此地方文献亦有记载：

---

① 贺鹏博：《黄公珍元先生传》，《黄氏宗谱》，民国仁孝堂本。
② 游凤池：《家奉直大夫天池公传》，《游氏族谱》。

丙辰（咸丰六年，1856）春二月，猷首伪指挥何，带贼万余名，从江右至崇邑，口称复仇，一鼓直下，四路逼来，旁观咋舌，问先生何以当之。先生手执枪旗，身冒矢石，奋勇争先，自辰至未，鏖战平原，贼渐溃，不料愁云暗暗，野雾沉沉，勇虽有余，而力则无用。先生大乎曰："大丈夫得死沙场上，马革裹尸，于愿足矣！"言讫为贼所刃。先生没，余众皆北。①

黄儒基一类人物的英勇和牺牲，受到了清政府的褒奖，也将洞商集团的忠义提升到朝廷必须承认的高度。在此之后，羊楼洞就不仅因为经济上的重要，也由于政治上的忠诚，被提高到"吾乡钜镇"的地位。在乡村自治和组建地方武装方面，似乎取得了超越一般地方的特权。例如稍后约四十年：

光绪庚子，吾乡莠民为红教匪党所扇，猱升蜂起，大吏知地关要害，札喻乡绅设局防堵，而一时村落所捕获者，情辞苟有可原，辄商之同事，贯而不治，其性行之仁厚周密又复如此。②

引文中所提及的"性行之仁厚周密"者，就是上节述及曾面斥驻军弁目的游镇海。游镇海继曾祖父游廷圭、祖父游忠清、父亲游龙，几代人业茶，并因业茶"家乃大起"③，是羊楼洞当时最重要的茶商乡绅中的头面人物之一。从引文看，庚子年镇压所谓"红教匪党"即义和团引起的骚乱，羊楼洞乡绅奉"大吏"指示所设地方武装就是由游镇海负责的。他在处理被捕获的人员方面似乎有相当大的权力，所谓"情辞苟有可原，辄商之同事，贯而不治"，仅仅表现了他"仁厚"的一面，而当被捕者情辞在他认为没有"可原"时，其结果亦当可想而知。这也为前所述游镇海在斥责当地驻军弁目军令管束不严时，政府及军队高层为什么不能不给游镇海面子，提供了一个注脚。游镇海在当时除了是羊楼洞茶商集团的当然领袖，也还是当地团练乡勇军队的首领。地位重要，大权在握，且刚刚率领当地

① 贺鹏博：《黄公珍元先生传》，《黄氏宗谱》，民国仁孝堂本。
② 贺荣骏：《候选州判游君家传》，《游氏族谱》，民国九言堂本。
③ 同上。

团练，立下了战胜红教匪党的大功，以胜利者的姿态，已经足以能够与尚未为当地安宁和发展做出明显贡献的驻军弁目抗礼。驻军不应为重要经济、政治重镇羊楼洞添乱，这是政治大局；更不必说游镇海还与"大吏"等政府高层有种种关系。这样一来，说游镇海在与驻军弁目的斗争中略处优势，也在情理之中。

四　饶氏：宗族的历史构建

以下是一通民国时期的民间契约，原标题为《饶傅二姓合约》（下简称《合约》），见载于民国九年（1920）编成的湖北赤壁市（原蒲圻县）羊楼洞镇双峰堂七修饶姓族谱：

> 立分关字人：上门傅祖发、海潮，中半门傅树松、同侄儒林、儒鼎、儒寿、儒海，老棚中半门昌文，下门饶金玉、金贵：
>
> 今因先祖显公在明永乐时代充当运粮军丁，领有屯田四石零五升，明末遭兵燹之乱，子孙四散，田几无主，及清乾隆五年，其田册又被恶佃程、王、李三姓藏去，坟山与田几被占尽，先人得武往查田亩，被程、王、李三姓打死。上门工木、远水，中门荣盛、自远，下门得荣、得胜，各出银若干，与程、王、李三姓构讼，知县胡令已将程、王、李三姓凶手如情抵罪，并将原田如数断还，遂于乾隆八年完案。民国四年，清丈田亩，除水冲、沙壅、售卖外，仅存二石八斗有零，每年收谷三十石，嗣因人心不齐，每有争论，三门会议，除田宅不准变卖外，均愿钱谷三门分收，粮饷三门分完，订定上门花名木、远，中门花名荣、自，下门花名荣、胜，以出银诉得武之冤者，系此六人之故也。自分之后，各收各谷，各完各粮，毋得再行争竞，致伤两姓一本之谊。至得武因查田亩，三门向议纪念田一斗五升，每年给谷一石五斗，前人所议，后人亦不得有违。恐口无凭，立此分关，三门各执一纸为据。①

双峰堂《饶氏宗谱》，据谱载初修于明永乐二十一年（1423），其后于

---

① 邓熙明：《饶傅二姓合约》，《饶氏宗谱》，湖北蒲圻县（今赤壁市）羊楼洞镇民国双峰堂七修。

崇祯八年（1635）、清顺治初年、乾隆十六年（1751）、道光十五年（1835）、光绪十三年（1887）续修，至民国九年（1920）为第七次续修。该谱所收的这一通契约，虽然订立时间为民国时期，但所述事情却主要发生在清乾隆年间，更可上溯至明末乃至明初永乐年代。其大体事情过程，为饶姓所属稻田四石零五升，在明末战乱时被程、王、李三姓佃户占为己有，至清乾隆五年（1740），饶姓田主饶得武前去查收旧业，被程、王、李三姓佃户打死。于是田主亲属傅工木、傅远水、傅荣盛、傅自远、饶得荣、饶得胜六人共出诉银，与程、王、李三姓打起官司，时任胡姓知县经三年审理，判程、王、李三姓败诉，并将打人凶手拘捕抵罪，将原属饶姓稻田判还，并于乾隆八年（1743）结案。到百余年后的民国时期，得到田地的饶、傅二姓却因田地收入分配及税负产生争议，于是共同开会，议定田亩现存面积、收入分配办法、田税缴纳办法，于是订立契约，以为凭据。此事过程有些曲折，有些问题需要解释。

首先，饶氏先祖显公在明永乐时代充当"运粮军丁"，领有"屯田"，是怎么一回事？涉及一种什么制度？

了解此事，须从明清漕运制度说起。明清两朝湖广地区是全国最重要的粮食生产和输出基地。湖广输出的漕粮供应东南西北十多个省份，其中北运京师固然是重头，而平常年份，每年仅输往江浙一带的粮食，就有数千万石之多①。故时有"湖广熟，天下足"的俗谚。漕运的工具为漕船，驾船实施运输者则为漕运弁丁。他们运输的漕粮多由地方交纳，但运输路途上的消耗，以及打造漕船的开销，除了每条船有政府一二十两银子的帮贴之外，全都需要漕运弁丁自己备办。朝廷分配弁丁有屯田，屯田除向国家交纳田税之外，主要为军户备办漕运路途口粮和开销。按羊楼洞《饶氏宗谱·千子公传》记载："康熙间，漕运累重，合族奔命不给。公慨捐多金敷运，而族以安。"② 漕运为什么会导致饶氏全族人颠沛奔命而不能满足，又需要人花很多钱才行呢？这是因为"漕务旧弊，任事者力不给，则勒派各军户，害甚剧"③。可见羊楼洞从明代起其地即已居有漕运弁丁，并

---

① 冯桂芬：《显志堂稿》卷一〇，《通道大江运米运盐议》："往岁以楚接济江浙，实数不过三四千万石。"

②《千子公传》，《饶氏宗谱》，清光绪十三年双峰堂六修。

③ 钱绍先：《殿元公传》，《饶氏宗谱》，清光绪十三年双峰堂六修。

分配有屯田，军户屯垦按田亩纳粮且摊丁漕运，到清代，这些弁丁身份及义务仍旧，只是正式称谓由漕运弁丁转称漕运旗丁，而民间通常称之为军户。饶氏因其祖显公入赘于军户傅氏，后虽归宗饶姓，却仍然作为军户有义务缴纳粮税且按规定抽派男丁上漕船参与运送漕粮。按照当时制度，如若被摊到的军户没有适当年龄可上漕船运粮的壮丁，则可以出钱让主事者代请别人。饶氏祖上，就是因为显公入赘军户傅姓而身为领有屯田且有义务纳粮派丁的军户，隶属于武昌正卫运粮军。其后虽归宗饶姓，却仍然负有军户义务，所以漕运一动，"合族奔命不给"。这样说，有《饶氏宗谱》所载一纸诉状为证：

道光十六年正月二十日蒲圻饶盛阳日旭禀：

为逃丁抗漕恳缉济公事。丁祖饶添受承办武昌正卫运粮军一名。遵办差事，子孙勿替，每逢修造粮舟之际，无论远籍外省，帮造无异。去岁又值大造，丁（按为主诉饶盛阳自指）清丁帮修，有饶盛祖父子迁至治属南阳河躲差，陷漕务无着不办。丁（按指饶盛阳）自去岁十二月内至伊（按指饶盛祖）家催造粮船，伊胆抗不开，致陷务无着。丁与理说，反纵子殴伯。丁思漕务乃朝廷大差，祖传若有一丁不办，干咎不少。丁现有卫主牌标在身，倘任伊陷漕务不办，难免误漕之罪，情迫汤火，奔叩。①

从以上提告中，可以看出饶氏所属，为"武昌正卫运粮军"，且这些屯田军丁是世袭罔替的，除纳粮运漕之外，修造粮船也是他们的一项重要任务，这项任务一旦下达，哪怕已经迁居外省，也要出力、出资帮造。而实际上，据光绪十三年（1887）羊楼洞双峰堂六修《饶氏族谱》记载，饶盛阳、饶盛祖是堂兄弟，同为饶氏自江西迁鄂开基之后第十八世孙。作为清代运粮弁丁，按照政府规定也是有出钱打造漕船的义务的。漕船由规定船厂打造，以载五百石漕粮为准，使用期十年，期满后可在京师折售。但最初打造经费，数目对于当时弁丁军户来说一定不小，而且堂弟饶盛祖外迁之前，或许对所承担的屯田已经有过一个交代，从此不再享受屯田利

---

① 《盛阳日旭宜昌府兴山县南阳河清族呈稿》，《饶氏宗谱》，清光绪十三年双峰堂六修。

益，完粮漕运也不再与自己相干。这次堂兄饶盛阳找的却是另一个帮造粮舟的题目，虽然堂弟饶盛祖不享受屯田的福利，完粮漕运也可不参加，但按照规定："每逢修造粮舟之际，无论远籍外省，帮造无异。"所以修造漕船这种大开销、大动员饶盛祖却不能脱身；而从已经外迁的弟弟饶盛祖角度看，这显然就是哥哥饶盛阳"任事者不力，则勒派各军户"①，以至于迁在外地的弟弟都不能幸免，于是盛怒之下，竟然纵容儿子打了上门讨要帮造钱的主事大伯。被打的主事军丁饶盛阳认为自己拥有"卫主牌标"，是涉及官家规定的事，若任务不能完成，"干咎不少"，如若提告，官府必然会站在自己一边。以下是南阳河所属宜昌府兴山县令对以上提告断案后有关执行的批示：

> 批准唤讯移解。
>
> 具禀人武昌卫饶盛阳，为禀明事情，丁于正月内以逃丁抗漕等事，具控饶盛祖父子等于案下。已于本月十六日蒙恩讯明，断伊帮钱三千文，以作丁开丁叙谱之费，限二十一日缴领。今已逾限，伊尚杳无信音，显有违断抗缴情弊，丁欲俟伊缴，无奈修船在即，难以刻缓，欲不俟伊缴，又不敢至伊家索取。情迫，只得禀明大老爷台前，赏准追给，顶恩不朽矣。②

县官大老爷断了被告应付三千文铜钱，而被告逾期不交。主事军丁饶盛阳曾经被打，故不敢再次上门讨要，于是再次提告，而县令"批准唤讯移解"，也就是要传唤抓捕被告并强制执行。说明在这种官司中，官方以国家制度为准，必定站在原告方的一边。而从饶盛阳、饶盛祖兄弟拳脚相向且告上衙门看来，漕运制度给军丁确实带来沉重负担。

然而从《合约》看，饶氏作为运粮军户又似乎具有田主身份，比他们地位更低的，还有租种屯田的佃户。这是普遍的情况还是个别的情况？

从羊楼洞民间文献资料看，这种情况似乎并非个别。例如，除饶姓外，羊楼洞还居住着同样具有军户身份的黄姓一族，黄氏族谱中的《黄俊元传》，就有反映雇佣佃户租种屯田的记载：

---

① 钱绍先：《殿元公传》，《饶氏宗谱》，清光绪十三年双峰堂六修。
② 《大老爷台前赏电施行》，《饶氏宗谱》，清光绪十三年双峰堂六修。

黄俊元公，予（按指谱传作者汤懋昭）父执也。公族中军务极繁，公遇事料理极当。旧有屯田，在予近地，每年秋收，公必同族众亲往，至必投予家，与予父谈论辄竟日，至夜分不懈。兴豪时，同予父为叶子戏，信宿迟留。①

传主黄俊元到作传者父亲家附近的屯田秋收，却打牌聊天，颇优游自在，这就是因为屯田租与佃户耕种，黄俊元作为田主前往督促收谷，"亲往"并非亲为，收割打谷的事自有佃户去做的缘故。

《合约》所述官司所涉，主要为原告方田主即饶姓（和傅姓）军户，及被告方程、王、李三姓佃户关于田地的所有权引发的命案。这其中有几个值得注意的问题。其一是发生所有权混乱的原因，是"明末遭兵燹"，这个兵燹主要是什么，才会导致饶氏"子孙四散，田几无主"？其二是饶得武前往查田并被打死的时间，是在清乾隆五年（1740），这时已距清军进入北京，明崇祯皇帝吊死煤山（1644）差不多有了百年，是什么原因导致饶家在近百年间对田地产权保持沉默，而在百年之后重又主动挑起与三姓佃户的产权争议？而该案案发时间是在乾隆五年（1740），而结案的时间为乾隆八年（1743），审理时间达三年之久，为什么一桩看似简单的命案需要三年这么长的审案时间？

对于第一个问题，"明末遭兵燹"的兵燹主要是什么？答案似乎应该是明末农民起义，具体说应该是李自成的革命。明末社会，土地高度集中，赋税繁重，"利入戚绅，闾左之脂膏尽竭""征敛重重，民有偕亡之恨"②。李自成针对这种民不聊生的状况，提出"均田免粮"的口号，受到下层农民的拥护，其时农民中广泛传唱"吃他娘，着他娘，吃着不尽有闯王，不当差，不纳粮"③。起义军所到之处，"伍佰侵凌于阀阅，奴隶玩弄于主翁，纲纪常法，扫地无余"④。李自成在羊楼洞所在的鄂南地区有较深影响，最后他自己也是在鄂南通山县九宫山遭仇恨大顺政权的地主武装

---

① 汤懋昭：《黄公俊元先生传》，《黄氏宗谱》，湖北蒲圻县（今赤壁市）羊楼洞镇民国仁孝堂。

② 戴笠：《怀陵流寇始终录》卷一七。

③ 谈迁：《国榷》卷一百。

④ （乾隆）《长治县志》卷八《风俗》。

偷袭而蒙难。程、王、李三姓"恶佃",想必当时也曾经拥护李自成"均田免粮"的政策,享受均田的成果;而饶姓作为原先的田主,则是大顺政权和均田政策的打击对象,由于"奴隶玩弄于主翁",所以必然"子孙四散",颠沛流离。作为证明的是,在此后的百年之间,饶氏虽然子孙复聚,却不能再染指田产;而显然并未"子孙四散"流离的程、王、李三姓"恶佃",却牢牢"占尽""坟山与田",成为事实上田产的主人。可见《合约》所谓"田几无主"的说法,只是站在饶氏立场的饰语,仅仅反映饶氏对田产已经易主不予承认的态度。而事实上,如果站在三姓佃户的立场,则当时田产决非"无主",根据大顺朝的政策(或许还应该根据清朝早期的政策),三姓佃户已经成为田产的合法主人。只有这样,三姓佃户对原田主的继承者(事过百年,原田主本人当早已过世)饶得武动粗以致打死才能够有合理的解释:只有三姓确认自己就是该田产的现有主人,因为捍卫既得利益而打死既拿不出合法凭据又企图夺回田产的原田主继承者饶得武,事情才情有可原。

第二个问题,为什么饶氏拖了近百年时间才打破沉默,主动挑起与三姓"恶佃"的产权之争?一桩看似简单的命案,为何一拖三年,直至乾隆八年(1743)方才审结?对于前一个问题,答案从《合约》字面看,似乎仅为饶氏产权证明"田册"被"恶佃程、王、李三姓藏去",因此饶氏的产权主张缺乏关键的实证支持;从今天看,《合约》未明说,但实际上更为重要的,却更可能是清廷政策的变化。

清朝在开国之初,面临着国家税源枯竭的重要难题,由于战乱冲突,地方百姓流亡、田地久荒,国家无丁可清、无税可收,正如顺治元年(1644)十二月庚申日,真定巡按卫周允上疏所言:"巡行各处,极目荒凉,旧额钱粮,尚难敷数。况地亩荒芜,百姓流亡十居六七。"[1] 作为一个新生王朝,清初的中央政府为了稳定税收来源,对安定流民、开垦土地一事极为重视。顺治五年(1648)十一月,皇帝大赦天下,诏令各地方勘察

---

[1]《清实录经济史资料》,第24页。

核实无主荒地，"果无虚捏，即与题免钱粮，其地仍招民开垦"①。顺治六年（1649）四月，又谕内三院，令州县官"察无主荒田，给以印信执照，开垦耕种，永准为业"②。这是清朝政府对于民间"无主荒地"拿出的处理办法。顺治十四年（1657）四月，户科给事中粘本盛疏奏中又进一步提出如何在督垦荒地中处理"有主荒地"："其贡监生民人有主荒地，仍准本主开垦，如本主不能开垦者，该地方官招民给予印照开垦，永为己业。"③奏折中的"印照"或"印信执照"（又称作"执照""印单""丈单""执业田单"），即是官员授权业主开垦之际给付的地券，是经由官方明确认可的获得土地所有权的凭据，然而如果某块土地的所有权并不明晰（即如饶氏这般"子孙四散，田几无主"），地方官吏又将如何进行处置呢？雍正十一年（1733），作为得到皇帝批准的户部则例规定，为了确定某块田地究竟是"有主"还是"无主"，设定五个月的公示期，如果到期没有出现权利主张者，该土地即推定为"无主土地"④。新开垦者通过向政府承买土地而获得土地所有权，"即便没有这种金钱授受关系，那么当土地的开垦到达某种程度时，开垦者也可以取得土地的所有权"⑤。

作为一项全国性的土地政策，饶氏当然知道，但他们在清初至乾隆五年期间，对争议田地的所有权一直保持着沉默，既没有现身，也没有追

① 《清实录经济史资料》，第25页。（顺治五、一一、辛未）"以奉太祖武皇帝配天，及追尊四祖考妣帝后尊号礼成，诸王群臣上表称贺。是日，大赦天下。诏曰：……应行事宜，开列于后：……一、各处无主荒地，该地方官察明呈报，抚按再加查勘，果无虚捏，即与题免钱粮；其地仍招民开垦。……"（世祖四一、八）

② 《清实录经济史资料》，第25—26页。（顺治六、四、壬子）谕内三院："自兵兴以来，地多荒芜，民多逃亡，流离无告，深可悯恻。着户部都察院传谕各抚按，转行稻州府县有司，凡各处逃亡民人，不论原籍别籍，必广加招徕，编入保甲，俾之安居乐业。察本地方无主荒田，州县官给以印信执照，开垦耕种，永准为业。俟耕至六年之后，有司官亲察成熟亩数，抚按勘实，奏请奉旨，方议征收钱粮。其六年以前，不许开征，不许分毫金派差徭。如纵容衙官、衙役、乡约、甲长借端科害，州县印官无所辞罪。务使逃民复业，田地垦辟渐多。各州县以招民劝耕之多寡为优劣；道府以责成催督之勤惰为殿最，每岁终抚按分别具奏，载入考成。该部院速颁示遵行。"（世祖四三、一七）

③ 《清实录经济史资料》，第27页。（顺治一四、四、壬午）户部议准户科给事中粘本盛疏奏："督垦荒地，应定劝惩则例。……其贡监生、民人有主荒地，仍听本主开垦，如本主不能开垦者，该地方官招民给予印照开垦，永为己业。若开垦不实，及开过复荒，新旧官员，俱分别治罪。从之。"（世祖一〇九、六）

④ ［日］森田成满：《清代中国土地法研究》，法律出版社2012年版，第32页。

⑤ 同上。

讨，没有就土地的所有权提出任何异议。这有两种可能，其一：他们没有能够在期限内回去，所以根据上述清政府的土地政策，他们只能面对土地的所有权被他人篡夺的事实；其二，并不愿意主动讨回田地。这是因为当时田赋太重，要了解这一点，不妨看一看康熙七年（1688）时任云南道御史徐旭龄的奏疏："国家生财之道，垦荒为要。乃行之二十余年而无效者，其患有三：一则科差太急，而富民以有田为累；一则招徕无资，而贫民以受田为苦；一则考成太宽，而有司不以垦田为职。此三患者，今日垦荒之通病也。"① 其中"富民以有田为累""贫民以受田为苦"，或许道出了饶氏迟迟未发声讨产的一个重要原因。

然而，清朝在达成最初确保财政收入的目标之后，为保证社会秩序不发生混乱，很快削减税率并将保护土地所有者的本权占有作为更基本的原则提到了治理的第一位。② 到乾隆初年，清政府对《大清律例》进行了修订，这种对土地所有权本权占有保护的态度在修订后的《大清律例》中得到较为完整清晰地体现。例如，"盗卖田宅"律第九十三条规定："凡盗卖、换易、冒认、虚写价钱实立文契典卖，或侵占他人田宅者，田一亩、屋一间以下，笞五十。每田五亩、屋三间，加一等，罪止杖八十，徒二年。"③ 对此，黄宗智认为："律例的编撰人当初并未觉得有必要做出进一步的解释——这里并未抽象地讨论'物权'或'所有权'或'动产'与'不动产'；亦未如欧洲大陆传统（相对于英美习惯法传统）中的近代民法那样，试图针对各种各样的所有权和情况做出规定。即便如此，州县衙门都清楚地知道这条法律的意图，循守其原则，以此维持和保护合法的田宅所有权。"④ 日本学者森田成满也认为，以《大清律例》为代表的清朝土地法承认土地所有权的不可侵犯，并以此为核心准则："所有权与是否占

---

① 《清实录经济史资料》第28页。（康熙七、四、辛卯）云南道御史徐旭龄言"国家生财之道，垦荒为要。乃行之二十余年而无效者，其患有三：一则科差太急，而富民以有田为累；一则招徕无资，而贫民以受田为苦；一则考成太宽，而有司不以垦田为职。此三患者，今日垦荒之通病也。朝廷诚讲富国之效，则向议一例三年起科者，非也。田有高下不等，必新荒者三年起科，积荒者五年起科，极荒者永不起科，则民力宽而佃垦者众矣。向议听民自佃者，非也。民有贫富不等，必流移者给与官庄，匮乏者贷以官牛，陂塘沟洫，修以官帑，则民财裕而力垦者多矣……"下部确议具奏。（圣祖二五、二七）

② ［日］森田成满：《清代中国土地法研究》，法律出版社2012年版，第169页。

③ 《大清律例》。

④ ［美］黄宗智：《清代以来民事法律的表达与实践：历史、理论与实践》，第67页。

有无关，所有权人无论对谁都可以主张权利，所有权具备不可侵犯性、排他性。对所有权的侵害，无论是基于法律行为，还是基于事实行为，受侵害的秩序都应恢复到原来的状况，如果失去对土地的实际支配地位，必须恢复原状。即使辗转交易多次，所有人对土地都有追及权。"①

政策的变化也在一些具体判案上得到反映。例如，康熙初年，浙江巡抚范承谟下发的告示，虽记述不是特别清楚，但从中可以看出，该官员对垦荒者得到地券开垦土地之后，原所有人出面主张权利的行为采取驳斥的态度："如有逃避他乡者，速归垦种。其逃而不归与绝户无主者，无论本地外方人民，许将领垦某户荒田。开明坐落地方、亩数，具呈县官。该县查明，每月朔望日出示晓谕。某田地某人承垦，一月之内，无本人亲属理论者，该县即给印照一纸，付与本人，永为己业。田照五年以后起科，一切差役，不许于五年内派扰。如有原主拜其族戚，于给帖开垦之后敢来争夺……许本人指明首者，官即查收，差役即行锁拿究法，决不轻恕。"② 对此，森田成满认为："虽然确定了一定的期间，但无论多长时间，都是排除原所有者的权利主张。采取这样的方法，是考虑到了新所有者在土地上投下的资本和时间，是追求法律稳定性的结果。"③ 而根据雍正三年（1725）皇帝批准的奏文，直隶省允许原所有者在补偿开垦费用后收回土地。④ 再到乾隆七年（1742），被批准的"陕西甘肃开垦事宜"奏文更被编入户部则例，该奏文指出，如原所有者离开土地在三十年之内，根据归还前的年数补缴赋税后应返还全部或部分土地。⑤《大清律例》在顺治律和雍正律的基础上修订完成并于乾隆五年（1740）颁行，饶得武在失去《合约》所称田产产权近百年后也于乾隆五年向三姓佃户发起查田讨产的行动，这里面可能有时间上的巧合，但也许根本就不是巧合——明显强调业主固有产权的新颁法律使饶得武有了讨要田产的底气。

如果只是单纯的人命官司，断案绝对不需要三年时间。只是由于其间缠夹着田产官司，清朝初年的土地政策几经演变，使这种土地权属的判案

---

① ［日］森田成满：《清代中国土地法研究》，法律出版社 2012 年版，第 28 页。

② 魏际瑞：《四此堂稿》（康熙十四年序）。

③ ［日］森田成满：《清代中国土地法研究》，法律出版社 2012 年版，第 34 页。

④ 同上书，第 33 页。

⑤ 同上。

有了相当的难度。饶氏提告三姓佃户，自清乾隆五年立案，官司一打三年，到乾隆八年方才结案，反复权衡斟酌，可能才是该案久拖难决的主要原因。

再一个问题是，《合约》中"两姓一本之谊"怎么解释？答案应该是明代饶氏先祖显公在永乐年间入赘傅姓，承担起主要的漕运弁丁的漕运职责，数代之后，子孙繁盛，于是由傅姓重新归宗于饶姓，是为"两姓一本"。本书这样说，有羊楼洞《饶氏宗谱》记载《得武公纪念公产记》记述为证：

> 忆先祖入赘傅姓之时，人丁稀少，其时运粮公事之责，全在吾祖一身。差幸子孙发达，稍慰吾祖之忧思。越数代，吾祖契眷归宗，而军务分为三门掌管。明季兵燹，子孙离散，田几无主。[1]

这是饶氏后人根据祖述所做的追记，可与《合约》互参。可见饶氏祖先是在明朝（《合约》记载，其时当为明"永乐时代"）入赘于有屯田漕运军职的傅姓，在契眷归宗、还姓饶姓之后，该运军军务（及屯田）转划归三门掌管，此三门即《合约》所载上、中、下三门，上、中两门均为傅姓，下门为饶姓。而由于原来傅姓为屯田运粮军户，饶氏先祖在入赘之后，分得了傅家部分屯田，也承继了原傅家交运漕粮的职责，所以即使饶氏祖上归宗之后，仍然子子孙孙，承担着供应及运输漕粮的任务。这其中反映出为漕运所迫而又苦无劳力的军户以招纳赘婿作为解决问题的方式之一，军户的财产及义务继承，与普通民户家产与义务继承无别，即使其后赘婿返姓归宗，其权属亦无变更。

有意思的是，饶氏最早编纂族谱亦在明永乐时期。据双峰堂《饶氏宗谱》记载，最初修纂族谱的是一位叫作饶伯玉的先祖，他曾经亲手编列饶氏迁鄂后最初七世世系图，而据该图所列，饶氏原籍为江西婺州，在南宋宁宗年间，一位名叔祯（或称"止翁"）的先祖曾率其三个儿子自江西到湖北，并相誓"逢沙即止，遇沙即住"[2]，于是，其长子定居崇阳乌沙，次

---

① 饶金贵：《得武公纪念公产记》，《饶氏宗谱》，民国双峰堂七修。
② 饶慎笏：《饶氏族谱旧叙》，《饶氏宗谱》，民国双峰堂七修。

子千二定居蒲圻黄沙，之后，叔祯又带领第三子返回江西。① 故在羊楼洞《饶氏宗谱》中，次子千二被尊为居蒲开基之祖。千二生万一，万一生饶佐，饶佐生四子，其中一子名思皋，思皋生兴礼，兴礼生庭春，庭春生饶瑮，其间登科上榜，为官为宦，羊楼洞饶氏都是他们的后代。这样建构的结果，恰如族谱卷首所称："婺州发祥，止翁衍庆，一门金紫，满床牙笏"②，极其发达。该谱图于明万历间增补，续至十世，但却偏偏没有记载《合约》所记这位于明永乐时期入赘傅姓的"显公"，这大约因为偶然的疏忽，或者赘婿并非本姓，且身份并不值得炫耀吧。但是从羊楼洞所有饶氏均为军户且皆有漕运之责来看，该"显公"或当为羊楼洞所有饶氏后人之共祖。

《合约》中所谓"两姓一本之谊"应当还隐含了一宗关于打官司的交易，内容为上、中二门傅姓需出钱、出面为饶氏之被三姓佃户占据的田业打官司，这应该是出于饶姓的请求，因为饶姓原田业凭据已被三姓佃户隐藏，饶家拿不出能够证明管业的"来历"，而由于饶氏为早年入赘傅姓之后归宗，傅姓处应该仍留有有关"田册"的旁证，例如傅姓自己所有屯田的田册，且傅姓出面本身即提供了田业所有权的人证，这是打赢官司所必需的。作为交换条件，如果官司打赢原饶姓从傅姓处继承且在饶得武名下的这四石零五升田地，所得利益除留少量作为公产纪念饶得武之外，余下的部分由三门共享。理由从亲缘来说，是饶姓原本入赘傅姓，是傅姓的"儿子"，而归宗饶姓之后，仍然属傅姓的女婿，是所谓"两姓一本之谊"的亲情。但从更为本质的利益上说，"上门花名木、远，中门花名荣、自，下门花名荣、胜，以出银诉得武之冤者，系此六人之故也"，利益共享是其回报，是对官司胜诉的有功犒赏，亦是饶氏兑现对傅氏肯于出面为田产产权争讼而预先达成的交易。

最后留下的一个问题是，饶氏为何要把这桩土地纠纷写进族谱？

答案当然是为预防今后为此事再起纠纷。我们知道，在清朝和民国时期田产案审理的过程中，宗谱是可以作为证据的，虽然效力远远弱于田契

①《蒲圻饶氏八修谱凡例》："豫章旧谱载：'叔祯公远蒲，生子三，千一公住崇阳乌沙；我祖千二公住蒲圻黄沙，即今港口铺黄土堪双塘许大龙官木冲是也；公同幼子千三为此复归江右。'"《饶氏宗谱》，民国双峰堂八修。

②《世祀》，《饶氏宗谱》，民国双峰堂八修。

特别是经官府印鉴后的红契，但当诉讼发生时，仍具有一定证据效力。分析地看，如某宗谱虽然很老却是自然而然制成，那么其对于有关事实的证明力就比较强，相反，如果是纠纷发生后制作的宗谱，可能就不会有很强的证明力。再则，对于为维护现状而欲驳斥对方侵占的人而言，提交族谱的记载作为支持其主张的依据能够得到承认；相反，想要改变现状的人，如果援用碑谱来作为依据则不被认可。① 所以，饶氏将《合约》载入宗谱，显然有维持现状，预防纷争之意。

但是由此我们也可以看出，饶氏族谱中关于始祖叔祯（止翁）由江西来鄂"逢沙即止，遇沙即住"等说法的建构性质。相对于"婺州发祥，止翁衍庆，一门金紫，满床牙笏"的装点，能够防止财产纠纷的案件记录或许更具有现实的价值，即使记录这桩案件或许会引起对于族谱历史构建的质疑。

五　雷氏：历史构建与现实构建

羊楼洞业茶大族雷氏最早修撰族谱，是在其创业者雷兴传业茶获得成功之后的乾隆年间。据成于乾隆四十九年（1784）的雷氏宗谱谱序记载，该谱修纂的动议，实由雷兴传（字中万）提出："商山祖迄仪（案指该序撰者雷兴仪），又历十有五代矣，其世次仅经前人口授指画，未及付梓，仪兄中万翁知之最悉，晚年尝欲修斯谱，以垂久远，未果而卒。幸余马齿加长，犹颇记忆……余之为此，聊以成吾兄中翁（按即指雷兴传）之志云尔。"② 可见雷兴传不仅提出修纂族谱的建议，而且最初这一乾隆版族谱对于祖宗历传次序及祖源来历的建构，都出于雷兴传的口授指画。当然，这里还未提及修谱资金来源，从谱序中一再强调雷兴传对修谱所做出的贡献看，资金来源亦当与其时已经因业茶而致富的雷兴传有莫大关系。

据谱序所述，羊楼洞雷氏的开基之祖商山公居江西义宁州西乡的龙塘湾，他的三个儿子，老大福一就留居在龙塘湾，老二、老三即福二和福三带着母亲迁居到武昌府崇阳县的白骡畈，福三就留在白骡畈，而福二则迁到蒲圻。羊楼洞雷氏的先人，其后还因为做官迁到河南彰德府，而在河南居住了两代人之后，有名叫德、仁、义、徒的四兄弟，又陆续地迁回羊楼

---

① ［日］森田成满：《清代中国土地法研究》，法律出版社2012年版，第108、120页。
② 雷兴仪：《羊楼洞崇义堂肇修支谱序》，《雷氏宗谱·孝编·旧序》，民国崇义堂本。

洞定居，成为真正意义上羊楼洞雷氏的开基者。这期间经历十数代人，谱序也说"中间枝分节解，亦难枚举"，所以羊楼洞雷氏的历传次序，只有一个大致轮廓，而主要的叙述，则应该是根据羊楼洞当地茶贸的开基者雷兴传的说法，因为虽然族谱是在雷兴仪主持下编成，而"仪兄中万翁知之最悉"。

雷兴传、雷兴仪在第一次的修谱中，就表现出美化其宗族历史的倾向。如谱中记其道明祖雷清，"少事诗书，壮游嵩洛，晚乃留心家计，居积颇厚，乡里呼为'雷十万'云"①。这是说雷氏先祖已有巨富，并非自雷兴传才突然无根爆发。这些祖先广行善事，到明嘉靖年间，其后代雷琼时，这种行善积德又导致家道中落。"琼祖，明嘉靖中人也。累世丰厚……值二十三年大荒，毅然出其所储助赈三月，蒲人赖以活全甚众，而家遂以落。……邑侯李公讳桂，欲请旌于上，祖曰：'吾非为名也。'乃止。"② 因赈灾济众而导致雷氏祖上家道中落，其中隐含对冥冥之中导致雷兴传富裕命中注定原因的解释，即所谓"积善之家，必有余庆"。但事实上，雷氏之前也许从来就没有过所谓大富大贵。雷兴仪所作《谱序》也说"商山祖迄仪（案指该序撰者雷兴仪），又历十有五代矣，其世次仅经前人口授指画……中间枝分节解，亦难枚举"，意思是几百年中间发生的具体事由和具体承继，早就难以细说清楚。族谱也记载了这一时期雷氏全族在册男丁曾往外省徭役且蒙冤受屈的记述："先是，举族以外省徭役，顶瓮受困。祖（案指雷继宋）一人走彼地，向上台白其冤状，流寓十有余载，事雪始归。虽家产尽荡，仍不以丝毫涉及族姓，诚为千古义士。故昔次尹翁所辑伊分谱序有云：'继宋祖为吾族福星也。'"③ 这件事在雷继宋妻的传记中也有记述："祖曾为通族徭役，羁外十余年，田产尽荡。"④所谓顶缸蒙冤究为何事，谱传中并未详述，但举族赴外省徭役且蒙冤屈而视雷继宋为全族福星，亦可见雷氏一族在当时之贫弱。

在首次修谱79年之后，同治二年（1863），羊楼洞雷氏完成了第二次族谱的续修。这一次修谱的灵魂人物，是一位名叫雷茂棠的茶商。以下为

---

① 雷登任：《道明祖传》，《雷氏宗谱》，民国甲子年合修初续崇义堂本。
②《琼祖传》，《雷氏宗谱》，民国甲子年全修初续崇义堂本。
③《继宋祖传》，《雷氏宗谱》，民国甲子年合修初续崇义堂本。
④《游氏继宋祖妣传》，《雷氏宗谱》，民国甲子年合修初续崇义堂本。

《雷氏宗谱》中雷茂堂传记的开头部分：

> 讳茂棠，字召芰，上庠生。居蒲圻县南乡羊楼洞。太祖商山公，江西义宁州人。生子三，仲季迁居于楚，仲子福二公居蒲，羊楼洞与伴旗山皆其裔。传十六世，生班联公。公为班联公季子。

从开头的这部分中，我们知道雷茂棠（字召芰），需要补充的还有他的谱名为允臧，号茋亭，人们多以其号"茋亭"相称。文中雷茋亭的父亲班联公，即羊楼洞茶业的开基人雷兴传的数子之一，所以雷茋亭是雷兴传的孙子。《雷氏宗谱》开头从太祖叙述的谱传并不多，这样悠远的述说，与雷茋亭自己后来的寻祖事迹有很大关系。传记的第二部分主要叙述雷茋亭的立世为人：

> 事亲生葬祭以孝闻。与兄分产，皆听兄自择。兄殁，三孤亦不永年。公为抚其弱孙。俾俱能成立。性朴诚。貌仅中人，外温而内肃。行事多不令俗人测。日用服食，务从省啬，人谓惜财也，然有晋商袁某主其家，事毕会计，与美金五十，追诸途却之。平日极恤孤寡，凡戚族故旧之贫困者有所求，必量力周之不稍缓。虽与妇孺言，退然若恐伤者。人谓畏事也，然剧喜锄强扶弱。乡之东周姓，有老茂才，其族怙势者，强立数伪塚于其山，几兴大讼，茂才诉于公，公得情，立命平之。有丁嫠妇者，崇人也，业小生涯于市，年老子懦，恒为市痞所凌。诉于公，卒为伸之。公族有让庆者，租其近市之宅于族兄，族兄子从逆，官遂以其宅充公。让死，其妻子几不能存活。公为理出之。通城有黎正权者，性狠戾，贸于洞，人皆畏之如虎，尝违礼与邻争，反诉于公，公恶声叱之，忿恨而返。逾年，权从逆，率党来洞。公率家人远避。意其必挟宿恨也。及归，近居多被害，而公宅扃如故，反加封识云："此正直老人家，毋妄扰。"先是，公好直言，诸子多婉劝之，至是，公笑曰："作直人说直话，究何如？亦可见人之至于从贼，而良心尚不死也。"

雷茋亭并非长子，却由于兄长的亡故，担任了一族之长。他在族中威望甚高，所以族人间或者外人与族人发生的争执，都向他投诉。而他对于族事，也"任劳任怨"，努力处置得臻于至善，甚至被仇家评论为"正直老人家"。

时贼氛甚恶，据县城数月，掠邑镇，新店屠人，河水为赤。公内家陈居临湘土屋，距店不十里，公惟其不知避，夜往赴之，令速行。众请待昧爽，公曰："若然，无人矣。"篝火入山。有老人坚卧不起，翼日，闻其杀于道，盖贼已五更至矣。众人泥首谢曰："吾等之命，今而后皆丈人赐也。"生平遇事最详审，而行事一以古圣贤为归。故其言曰："古圣贤不死。何者？读圣贤书，其声宛在耳，其事宛在目，圣贤何尝死哉！？欲学圣贤无他，出则宜为君为民，处则为祖宗为子孙而已。"贼平后，委家事于子，自裹粮至义宁楼山源，省太祖墓。见附葬累累，塚几莫辨，当出十余金修之。遂至杉树岭，上溯商山公所自出，仍出金培其塚。归，约在楚子孙，釀数百金以为善后之费。窃叹曰："塚无碑而不修，后世谁复识之者！"因查族中无嗣者，皆为之立碑。太英公者，三世祖也。与福二公俱葬伴旗，因先世微嫌，几分两族而不获祭扫。公彼此婉导，备极苦心，始若一家。祖祠始建于道光申辰，时公仅襄其事。咸丰四年，毁于贼，公力主重修之，既成，复念七十余年家乘未续，乃筹费鸠工，越九月而蒇事。公于族事，任劳任怨，略不屑意，一以要于至是为程。或犯之，面折焉，不稍容。故族人稍不法事，一闻履声，即奔窜无地，若畏严父母。然有遗行者，遇诸途，必迁而避之。公事毕，乃出橐金数千构大厦，既成，于是日事含饴分甘，率诸幼弱孙曾，相与听长者呕吟、少者诵读以为乐。寿七十有七而终。先是，公世代席丰，至公，家已中落，分欠金至贰千余两。公少既敏悟，名师友多以远到相许，班联公性酷嗜诗书，亦愿其卒业，以谋生日瘵，加以手颤，不得已辍而为商。

雷苻亭虽因谋生与手颤不得已而辍儒从商，但为人处世却以儒家圣贤为准则，为人正直。他幼年时，原本富裕的家道已经中落，到分家时，分得的竟是两千多两银子的欠账，但即便如此，他在面对商业伙伴袁氏晋商赠予的五十两羡银时仍然一再坚持，直至追到半路也要归还。令人难以置信的是，他的正直甚至得到怀恨在心的黎正权的尊重，经历太平天国运动，他家的房屋竟因黎的回护而保全。这或许应当理解为太平天国对于有号召力人物的争取政策。在经历血与火的劫难之后，他首先做的事情，竟然是去江西找寻祖源，其动机，从同治族谱中由雷芾亭亲笔写下的《雷氏宗谱·子陵君传》中或可窥见一二：

> 子陵名锡庆，施南府来凤县名诸生也。其先本羊楼洞人，祖照万公外迁焉。自曾祖以上，邱陇俱在洞南之观音山。道光丁酉岁，子陵应举至鄂城，距蒲三百余里，迂道省视，但见空山岑寂，古墓纵横，焚香展拜，泫然流泪。一时旁观尽为感泣。日将晡，犹惓恋不忍去。是盖至情至性动于中，而不自觉也。爰立传以愧世之薄于本根，远徙而忘其祖者。①

可以想见，雷芾亭到江西寻祖根，与雷子陵来羊楼洞寻祖省亲应别无二致。他在江西祖墓前一定也一样"焚香展拜，泫然流泪"。所以，他去江西寻找祖源的考虑当更多为精神方面的教化。

芾亭封公因委溯源，沿崇阳、通城、义宁州，追寻先代转徙之迹②。

这个"转徙之迹"所反映的，应该就是雷芾亭先前所听闻的祖上迁徙的路线。他在江西义宁所见，据传记所述，只是在漫长年代中逐渐增多的累累荒坟，而太祖商山公的墓几乎无法辨识。他在江西听说过什么，传记中没有交代，他似乎没能看到商山公的墓碑，所以传记才记述他回乡后大做善事，将家乡亲属中没有后人的无碑旧墓尽可能补修和补立墓碑，并感叹："塚无碑而不修，后世谁复识之者！"他回到羊楼洞后仔细地向族人描述族源地江西义宁，并通过回洞镇后"约在楚子孙，醵数百金以为善后之费"等做法，大力宣传在江西所见所闻，筹费鸠工开始续修族谱，并让自己所见在各位作传者的叙述中广泛使用，在族谱修撰中让集体受到他一人强势观点影响。由于雷芾亭正直的声望和唯一一位实地踏勘者眼见为实的叙述，族源的描绘完成了由首次修谱时雷兴传的口说指画，到雷芾亭眼见为实的落地过程。

---

① 雷茂堂：《子陵君传》，《雷氏宗谱》，民国甲子年合修初续崇义堂本。
② 王廷梓：《晴帆公七十双寿寿序》，《雷氏宗谱》，民国崇义堂本。

　　雷蒂亭回到羊楼洞后做的另一件事，也是羊楼洞雷氏宗族进行现实构建的重要举措之一，即与居住于伴旗山的另一支雷氏重新联宗。这件事在其传记中的记述是"太英公者，三世祖也。与福二公俱葬伴旗，因先世微嫌，几分两族而不获祭扫。公彼此婉导，备极苦心，始若一家"。文中所谓太英公是第三代迁到羊楼洞一带的雷氏祖先，福二公是他的父亲，羊楼洞及伴旗山的雷氏宗族都是他们的后人。伴旗山距羊楼洞有十来里路，雷氏这两位始祖就葬在那里。由传文可知，伴旗山与羊楼洞两处的雷氏后人，过去曾因为祖辈间的一点嫌隙而不相往来，几乎成为两个似无血缘关系的宗族，而两位祖先的坟墓也因此得不到应有的祭扫。是雷蒂亭费尽苦心地在羊楼洞和伴旗山两方面婉言劝说疏导，才使得这本应一家的两地族人重新认祖联宗。如果说上述编修族谱是对于雷氏宗族的历史做出构建的努力，那么与伴旗山雷氏的联宗，则可以说是羊楼洞雷氏对丁宗族所做出的现实构建的努力。

　　这件事在雷蒂亭的堂侄雷元善所撰《雷氏宗谱·雷氏合族谱序》中也有记述："雷氏迁蒲之祖曰福二公，公生三子，曰泰英，曰子英，曰少英。少英别迁，惟泰英子孙留蒲，实住邑南之伴旗山。后泰英子孙又迁羊楼洞，与子英公之谱牒遂分，各祖其祖，盖数百年与兹矣。同治戊辰议联宗，其时我羊楼洞堂叔蒂亭公方理族政，而元善又与伴旗朝宗公善。朝宗者，伴旗理族政者也。元善与之谋，欣然听从，三人往来开谕，阅一期而事始就绪，盖用心厚而用力勤矣。是役也，无蒂亭、朝宗公则众人之心不能齐，善虽不才，亦黾勉从事，襄此美举。夫事起于一念之微而谊关乎百世之大，有志竟成，不其然乎！"[①] 可见事情的关键人物为羊楼洞雷氏族长雷蒂亭、伴旗山雷氏族长雷朝宗，以及从中穿针引线者雷元善。由序文看来，所谓"事起一念"的，应该是雷蒂亭，而最开始应是雷元善受雷蒂亭的嘱托，主动找伴旗山雷朝宗商议，三个人又往来两边做说服工作，使众人之心逐渐统一。其间花了一年工夫，雷元善犹以为神速，是存心仁厚而工作努力的结果。

　　让人好奇的是，雷元善所谓仁厚的"用心"究竟为何？雷蒂亭对于羊

---

① 雷元善：《雷氏合族谱序》，《雷氏宗谱·孝字编卷首·旧序》，民国崇义堂本。

楼洞雷氏和伴旗山雷氏"彼此婉导"都说了些什么？而两边各自用以"开谕"众人之心的，又究竟会是一些什么理由？从《雷氏宗谱》看，桌面上的理由，当然不外乎同祖之义、血亲之谊，所谓"关乎百世之大"的道理，以及雷苇亭由江西探访带回来的祖源故事，等等。但是，要说服已数百年无往来的伴旗山雷氏众人同意联宗，仅靠讲故事以及这些堂而皇之的大道理应该不够，否则两地雷氏当初也就不会因"先世微嫌"而不相往来了。同意恢复宗族关系，应该有更加现实、能够说服众人捐弃前嫌的考虑。

对于伴旗山雷氏，经济利益或许是较有吸引力的缘由。

伴旗山雷氏原本就有较为深厚的经商传统。对其宗谱略作梳理，就可找到近三十位有经商经历的男性族人。在雷苇亭与之联宗的同治七年（1868）之前，他们大多经营的是蚕丝等传统货品。例如雷夏昂（字来万），他的父亲雷开英（字资理）早年"习举子业，不利，走荆襄、古随诸名胜。所至所接，咸谓清介廉直"。雷夏昂原先也曾业儒，并颇有才华，继父业从商之后，他曾写下一副对联记述其弃儒从商，联云："崇实黜华，不顾风云月露；敛才就法，直寻茧丝牛毛。"① 雷开英、雷夏昂经商的时间，在雍正、乾隆之际，而传文中提及的"荆襄、古随"，及更经常可见的四川西南一带，为经营传统蚕丝等货品的大致方向。例如伴旗山雷姓商人雷洛（字东山），与兄弟分家之后，"习计然策，走荆襄，人呼长者"②。雷国泰，"遂弃举业，贸滇蜀诸省，家渐日丰"③。雷海晏，"甫垂髫，贸易川陕……近贩郧随诸郡"④。雷易安，"贸易西蜀，备尝艰难"⑤。雷伯宣，"始则远历川陕，后则贸易近地，备尝艰苦"⑥。这类早期商人外出经商的现象如此普遍，赴四川经营蚕丝生意后不回故里，在故乡妻儿之外，另在成都等处购屋并娶妻生子亦多有发生。这在伴旗山雷氏谱传中亦有印证。如雷兆桃（字杰林），"以名场屡屈之故，遂废举子业，从事货殖。尝

① 沈之望：《资理公传》，《雷氏宗谱》，民国甲子年合修初续崇义堂本。
② 沈之望：《东山先生传》，《雷氏宗谱》，民国甲子年合修初续崇义堂本。
③ 雷本棠：《国泰翁传》，《雷氏宗谱》，民国甲子年合修初续崇义堂本。
④ 雷本棠：《海晏公传》，《雷氏宗谱》，民国甲子年合修初续崇义堂本。
⑤ 雷封：《易安公传》，《雷氏宗谱》，民国甲子年合修初续崇义堂本。
⑥ 祝成彦：《伯宣公传》，《雷氏宗谱》，民国甲子年合修初续崇义堂本。

客信陵，信陵富人苏廷烹重公之为人，与结陈朱之好。……以癸亥年卒于信陵，享年四十有九"①。雷兆桃家中有妻有子，却另在信陵富家"结陈朱之好"，传文记载，他去世之后，其次子雷琢曾千里奔丧。与之相类的还有雷伦（字敦五）之父："其尊人贸蜀时，兄（案指雷伦）仅岁余。……闻父卒于蜀，徒步数千里，迎枢归葬。"②雷伦徒步迎父亲灵枢归葬之时，当然不可能还是仅"岁余"的孩童，雷伦的父亲离家贸易于四川，已十多年未归。

即便抛妻别子艰难备尝如此，传统贸易给伴旗山雷姓众人带来的财富，与前所述羊楼洞雷兴传、雷振祚的业茶子孙们相比，仍十分有限。所以雷苎亭主动提出的联宗，为他们带来的是围绕羊楼洞业茶致富的十分诱人的前景。例如雷受添、雷祚源（字海秋）父子。雷受添早先从事传统贸易，但"小贸营生，蝇头小利，所获无几，不足以成大事创大业"，这种情况在联宗之后有了改变："一自海秋君出，一意缵承先志，自幼经营，商贾贸易于蒲南之羊楼洞，开始营业组织粮食生意，领帖开行，颇称得手。由斯而推广扩充之，进而中外匹头，再进而银钱交易，鸿毛遇顺，亿则屡中。十余年间，勃然兴起，买田润屋，鼎鼎隆隆，规模固已宏远矣。"③雷祚源勃然兴隆家业的原因，传记中指出："盖君平日宅心仁厚，处世和平，为商界钜公所信任，故往来交际，近而崇通湘岳，远而武汉荆沙，无不闻其名而钦仰之者。"④雷祚源能够不同于其父"所获无几"而"鼎鼎隆隆"的原因，根本还在于羊楼洞为他提供了"商界钜公"的青睐和"往来交际"的机遇，这种"鸿毛遇顺"的机遇，当然与联宗有关。再如雷兰亭，他少时家中"一贫如洗……未几，弃农归商，于附近冲要之处，另构铺屋一所，生意发达，堪与阛阓相颉颃。晚年扩充营业，在洞中独成字号，采办红茶，握算持筹，近日商务专家不及也"⑤。他作为伴旗山雷氏族人的成功，无疑也得益于羊楼洞的茶贸兴隆，更得益于早前雷苎亭为伴旗山带来的只有进入羊楼洞才能获得的商机。

---

① 《杰林公传》，《雷氏宗谱》，民国甲子年合修初续崇义堂本。
② 雷本棠：《敦五公传》，《雷氏宗谱》，民国甲子年合修初续崇义堂本。
③ 雷方豫：《海秋君暨德配张夫人六十双寿序》，《雷氏宗谱》，民国甲子年合修初续崇义堂本。
④ 同上。
⑤ 贺梦松：《雷兰亭先生暨饶孺人合传》，《雷氏宗谱》，民国甲子年合修初续崇义堂本。

相形之下，联宗收族对于雷蒂亭担任族长时的羊楼洞雷氏来说，好处中较突出的一点是，原来在羊楼洞人数并不占优的雷氏，在得到伴旗山雷氏呼应之后，人多势众起来，势力相应得到加强。而这种好处，在深入了解羊楼洞旧时情形之后，却似乎不应该被低估。我在羊楼洞实地调研，闻知当地至今流传"雷公子、饶老子、邱痞子、邓婊子"的说法，耆老所述，大致意思是雷氏儒商，诚信声闻，有平原、信陵名公子风，相较于羊楼洞饶、邱、邓诸氏钜族无畏，暗恶叱咤，则似显文弱，在当时宗族间时有械斗的情况下，常处劣势。而联宗之后，伴旗山雷氏得以均享原本仅当地族人可以参与的独轮车运输业，因价格保护，一辆小车可养活一家；而羊楼洞雷氏则于洞镇开设武馆，馆员多以伴旗众雷充之，之后诸姓或再斗殴，雷氏下风不再。

六　宗族优势的较力

洞镇争取族姓优势的暗中较力，似乎从乾嘉修谱时就已经开始。乾嘉雷氏谱《景贤公传》中，述其祖雷景贤公寄情山水田园：

> 凿池畜鱼以自乐……又于池上构楼饭羊，羊极蕃庶，远近皆传称之。先时洞未有"羊楼"之名，有之自此始也。厥弟景祥迁夹山，楼池皆与兄埒，故彼地"羊楼司"，亦至今仍称焉。①

该说甚可怀疑。但除开所述事实与否之外，这种命名说更加值得重视的，似乎是在传达某种暗示，告诉人们雷氏是羊楼洞当地资历最老的宗族，在羊楼洞有地名之前，雷氏就已经在此地居住繁衍。因为羊楼洞最早的居住者，当莫过于其地的命名者。

同治间主持《雷氏宗谱》续编的雷蒂亭也做出过类似努力，而他努力的方向，却在于塑造羊楼洞雷氏正面的形象。这从他亲自执笔撰写的多篇族人传记中可见端倪。例如《雷氏宗谱·致和公传》：

> 公讳豫祥，字致和。汉魁公之孙，炳光公之长子也。成童失怙，即弃学。叔祖蒂亭公督之贸易，雅能率教。身材不过中人，然有勇

---

① 《景贤祖传》，《雷氏宗谱·姻编·雷氏祖史概述》，民国甲子年合修初续崇义堂本。

力，性奇特，尝阅《三国演义》，即抗怀常山之勇、关张之义。读武穆传，慨然慕其精忠。咸丰间，粤贼寇楚，土匪四起，洞设三合局防堵地方。（雷）致和策名其中，执讯获丑，屡有建树。丙辰春，流寇麋至，时局勇不过三百人，致和与十四人为前拒，临阵犹手歼其渠魁。奈寡不敌众走北，致和已突围出矣，有从弟豫奎者，汪锜之流亚也，尚在围中，呼救，因反身转战，而贼来益众，遂与俱死。呜呼！杀身成仁，志士仁人之为。而致和始以敌忾而前，旋以救弟而死，充其所至，未知与古人奚若？要其忠义之忱，激于性天者，不可得而泯也。时年二十有五，从祀昭忠祠，载邑乘。以弟子大章为嗣。①

从文中可知，忠勇牺牲的雷致和又名雷豫祥，是雷苕亭的亲侄子。所以传文虽然不长，雷苕亭倾注了极深的感情。又如《雷氏宗谱·友胜公传》：

公讳庆文，字友胜。鸣远公之子。性和平，遇尊长恂恂尽礼，有儒者气象。然身材魁伟，矫健绝伦。粤贼之乱，各处团练为防堵计，精训练者推蒲南三合局焉。友胜从事其中，剿除土匪，屡获渠魁。局勇不过三百，敢死者百余人，有奇勇者以友胜为最。岁乙卯，匪据蒲城，邑侯孙筱石征各局勇攻之，自朝至戾不能下。友胜戴锅先登，获其首领二人。城遂复得。六品保举。方其未入局时也，尝郊行，值罗方伯、李宫保大师胜贼，有官军十余人围一悍贼，贼左支右持，众不敢前。友胜适至，取竹竿投之。贼猛力向击，友胜随夺其戈，反刺之，贼遂殪。又尝失利，有黄现庆者，亦敢死士也，因被重创，追急不能去。呼友胜救之。友胜挺刃转战，贼却退数武，遂得脱。其骁勇类如此。以丙辰十月阵亡，年二十二。同殉难者五十余人，从祀昭忠祠。②

这些传文力图将雷氏子弟塑造成忠义勇敢的形象，读来让人酸鼻和血

---

① 《致和公传》，《雷氏宗谱》，民国甲子年合修初续崇义堂本。（按宗谱后有总注："右癸亥年续登传赞，所有署款者，系各请代撰，未署款者，均系主修《宗谱》茂堂苕亭公秉笔。此次刊载一仍旧观。"）

② 谱局：《友胜公传》，《雷氏宗谱》。

脉贲张的同时，更让人对于雷氏有如此英勇忠信的子弟肃然起敬。它也在告诉人们，雷氏曾站在朝廷和正义一边，为保卫家园付出过鲜血和优秀子弟的生命。雷苕亭对于宗族形象的塑造也如他族源江西的说法一样影响到其他的谱传撰者，形成了同治《雷氏宗谱》中家族英雄辈出、忠信满盈的景象。

这种努力还表现为编谱之外成功的祭祀活动。这里介绍笔者在田野调查时收集到的一篇题名为《古镇昔日喜庆雷万春将军寿诞》的民间文献：

> 每年正月上九日，全镇人民都情不自禁地说今日是雷万春将军八爹生日，大家无不盼望这一天，原来早经本镇首脑耍户首安排各乡村定时筹措妥当。有人喊："你们看，将军八爹就出行了！"只听见鞭炮声不绝，锣鼓喧天，群众欢呼：八爹！四人大抬轿缓缓行近，随后只见戏蚌壳、舞狮子、玩采莲船、吆喝歌声、小打叮当嘭嘭声，大家眉飞色舞，欢声笑语，喇叭、唢呐声，看那高举龙灯摇头摆尾，像游水蛟龙，一路随行至大德生、阜昌、聚兴顺、义兴、宏源川等茶厂直至湾上，（至大德常高勘上），土地咀顺上街道到下街，沿途欢呼声不绝于耳，大家高喊洞天福地！洞天福地！情绪高昂，欢欣畅快，气氛笼罩着松峰山，北山，群山响应！[1]

这是关于清末时羊楼洞镇雷万春将军生日庆典活动的描述。雷万春，唐代守卫睢阳的名将张巡的副将，城破不屈而死，忠义双全，他被奉为羊楼洞雷氏族人的远祖，羊楼洞《雷氏宗谱》中有撰者署名文天祥的《万春公传》，传文盛情赞颂雷万春"忠勇天授，百炼不磨"，在危难时挽狂澜于既倒，率军"大小三百余战，血溅幡花，裹痍重伤，兵无左次"的忠勇。上文中"大德生"至"大德常"都是茶厂（主要为晋商茶厂）的名字，其中阜昌为俄商租用羊楼洞刘氏茶行行屋开办的茶砖厂。有意思的是从文章中传递的信息：原本是作为雷氏远祖来祭祀的雷万春，在经过精心的设计之后，有了一个非常贴近于民俗的"将军八爹"的称呼，它在让人感到亲切的同时，也还隐隐地提醒人们，这位伟大、忠勇双全的雷将军，还是

---

① 沈烈山：《古镇昔日喜庆雷万春将军寿诞》，《洞天福地》，香港华文出版社 2008 年版，第 192 页。

这个镇上某个族姓的远祖族亲；而经过镇首脑的"安排"，这个原本是家族祭祀的仪典，竟已成为"全镇人民都情不自禁地盼望这一天"的大众民俗节日。

据当地老年人回忆，雷将军像是由祖上从江西祖籍地迎回，如果真如此，同治时雷蒂亭走江西寻根的意义则更见深远。但是查（道光）《蒲圻县志》，其洪石团之羊楼洞镇地图早就已经标有将军庙字样及图标，则羊楼洞地方祀奉雷将军的时间，还应该可追溯到雷蒂亭去江西的同治年之前。个中原委，还有待进一步探究。雷将军像平时就供奉在镇上的将军庙中。"将军庙"又名"将军祠"，据雷氏后人说，它曾是雷氏一族的家祠。在镇上的茶贸开展之后，成为羊楼洞镇诸姓宗族共同供奉的地方神庙。按照旧时安排，镇上有"七姓八案"之说。所谓"七姓"，是指雷、饶、游、刘、邓、邱、黄这七个镇上的主要宗族姓氏，相对于贺姓、陈姓等较小的族姓，他们人数较多，势力较大，属于大姓。而所谓"八案"，则是指按照安排，由七姓之外再加上孙姓共八个姓氏轮流主办对于地方神庙中雷将军的祭拜。由于祭祀使用香案，每年轮流一案，其主办者亦代表在镇上有影响的姓氏。具体安排，饶姓一案半，孙姓半案，其他七姓中各姓每姓一案。由于每年祭祀活动主办者都想要办得更好，所以办祭祀本身也就具有了竞争性。据耆老所述，当年饶姓之所以主办一案半，也是经过竞争得来。宗族之间的较力，延续到对于地方神明的祭祀之中。

第三章　洞茶场域研究

　　清乾隆年间羊楼洞茶贸的开辟，为羊楼洞地方的人们铺开了一片有些陌生的新天地。这一片新天地用布迪厄的说法，可以称为一个崭新的"场域"（field）。对于"场域"这一概念，布迪厄这样定义："一个场域可以被定义为在各种位置之间存在的客观关系的一个网络（network），或一个构型（configuration）。正是在这些位置的存在和它们强加于占据特定位置的行动者或机构之上的决定性因素之中，这些位置得到了客观的界定，其根据是这些位置在不同类型的权力（或资本）——占有这些权力就意味着把持了在这一场域中利害攸关的专门利润（specific profit）的得益权——的分配结构中实际的和潜在的处境（situs），以及他们与其他位置之间的客观关系（支配关系、屈从关系、结构上的对应关系，等等）。"① 布迪厄所谓的"场域"不是指一个实际存在的空间领地，也不等同于人类学研究的"区域"，而是用来描述一个具有自身逻辑的、充满力量与竞争的世界的社会学概念。这里所指称的洞茶场域，即是借用布迪厄这一社会学概念，去描述和分析参与洞茶贸易的各方行动者在场域中的行为及其背后的动因。在这一洞茶场域中，毛茶的生产者（茶农）、收购者（茶庄）、工作场地和生产工具的提供者（茶行）、成茶的制造者（茶厂）、运输者和顶端销售商、顶端购买商（洋商）、末端消费者（边地牧民或外国消费者），他们的位置都是在场域中客观存在并经过客观限定的，根据其当下所拥有资本（经济的、社会的、文化的、符号的资本）的数量和种类的不同，他们分别占据着场域中代表着不同权力的位置，并以此形成客观的对应关系，

---

　　① ［法］皮埃尔·布迪厄、［美］华康德：《实践与反思——反思社会学导论》，中央编译出版社1998年版，第133—134页。

从而构成一个洞茶场域。场域内的行动者遵循着场域特定的逻辑或常规采取行动，是集中的符号竞争和个人策略的场所，这种竞争的目的，是获得更多的资本，进而占据更有利的场域位置，垄断更多的权力。

第一节　洞茶场域中的行动者

羊楼洞本地士人很早就有经商传统，除肇始羊楼洞茶业的雷氏家族之外，游氏之祖先在清初即已进入四川贸易蚕丝；饶氏之祖隶属军籍，有漕运义务在身，也利用漕运之船返程载货赚取地域差价，获取第一桶金；同样祖承运军的黄氏，通过"积公项"以备漕运，"托业畎亩"的同时"兼事贸易"，一时成为洞乡首富。正是由于这种家族世代经商的历史记忆，使得在晋商到来之后，羊楼洞本地商人才能够积极与之联手形成洞茶场域。而俄国对于中国南方茶产地的觊觎，英国逐渐显现的对于中国内地茶叶的巨大需求，以及早期黑茶场域中晋商与洞商主辅处境的差异，也孕育着后来洞茶场域中的各种力量位置的改变。

一　洞商

（一）游氏：经商的惯习

生活在羊楼洞的几个主要宗族，一直都有经商的传统，如游姓宗族。

游氏自元代从江西辗转迁来，到清代已经是羊楼洞较大较富的姓氏。如清初主政宗族的第六世祖游常（字似州，？—1651），有"田产将近千亩"①，这在山多田少即如后来经商致富后的雷氏等大茶商家都仅有数百亩田地的羊楼洞，已是相当富有。稍晚游春召（字向荣），"家资丰厚，阡陌连累，栋宇辉煌"②，亦为大户人家。游氏开始经商亦较早，游春召致富，就是因为士农工商"四业并务"，而较游常稍晚见于记载的，还有游天岚及其父亲。

游天岚（？—1732），其父因"家素贫，事畜惟艰"③，年少时即入四

① 马之棠：《似州公传》，《游氏族谱》，民国九言堂本。
② 游远辅：《向荣公传》，《游氏族谱》，民国九言堂本。
③ 贺冀：《天岚公传》，《游氏族谱》，民国九言堂本。

川经商。据传载，他的父亲"远托异域，辛苦拮据，冀有丰皁之日。奈何事与愿违，不久而客死于谷城"①。这真是天有不测风云，家中如天塌地陷，一家人"摇摇无依，哀音楚楚，此情此景，行道犹为酸鼻"。而此时游天岚表现出很坚毅的品质，他在兄弟六人中排行第五，"年虽少而志气自励，措施俨若成人，迨膂力方刚，益得以遂其作为。握算持筹，泛矍塘，登剑阁，牵车服贾，孝养有资"②。"孤露单寒，贸易营度，渐即亨途"，家境渐为改观，"欣欣向荣，日见畅遂，自是田园渐拓，栋宇维新，世业隆隆，庶几光前而裕后"③。游天岚生年不详，其次子为游日辉（字廷上），传中记载游日辉九岁丧父，而游日辉于乾隆三十五年（1770）时48岁，则游天岚当卒于雍正九年（1732）。从"泛矍塘，登剑阁"等叙述来看，他与其父的主要经商方向都是四川。游天岚继承父志，发扬光大，辛苦经营，使家境获得富裕改观，他的经商时间，应该是在清康熙和雍正时期。

游天岚有两个儿子，而经商的主要继承者为长子游廷忠。游廷忠在成年娶妻之后，"遂慨然远举，有飞鸣万里之志。于是服贾西川，艰难备尝……不数十年成巨室"④。所谓"巨室"，当是十分富有。他的堂弟游廷曾的传记中也提到游廷忠"为客西蜀，颇有所得……接业置产"⑤，可见他继承并发展了游天岚的事业，是一位经商成功者。

游廷忠的两个儿子游胜万与游为邦都先后参与商务。长兄游胜万，"韶年便倜傥非常，慷慨有大志，甫弱冠，见太翁（案指游廷忠）在川，生意浩繁，即往赞襄。虽与弟为邦公迭为代谢，先生（案指游胜万）之不离左右居多。以故连接者，膏腴也；并蒙者，厦屋也；储名胶庠者，昆玉也，罔不啧啧乡里间"⑥。游胜万协助父亲经营，成果非常显著，由于财富增值，家中购入的肥沃田地连区成片；巨大的房屋挨肩矗立；兄弟们勤奋攻读，纷纷荣登科举考榜，为家乡父老啧啧称赞和羡慕。

游廷忠的次子名游为邦，"令翁（案指游廷忠）常年出外，兄（案指

① 贺黄：《天岚公传》，《游氏族谱》，民国九言堂本。
② 同上。
③ 游继标：《祖母但老孺人传》，《游氏族谱》，民国九言堂本。
④ 邱俊朝：《游廷忠先生暨但孺人传》，《游氏族谱》，民国九言堂本。
⑤ 游继杰：《廷曾公传》，《游氏族谱》，民国九言堂本。
⑥ 周顺扬：《游胜万公暨元配李孺人传》，《游氏族谱》，民国九言堂本。

游胜万）亦频往赞襄，公（案指游为邦）在家侍奉母帏，撑持门户，构造缮修，条理井然，英年已具老成之望。年值壮盛，经营四方，运筹益握胜算，并载乃翁余资以归。田亩第宅，增其式廓，规模日以宏远，计然猗顿不得专美于前，讵非伟然丈夫哉！然境遇饶裕，而勤劳质朴，不务浮华，与乃兄胜翁，双美竞爽，磅薄郁积，可谓蒸蒸日上，丕振家声者矣"①。父兄在四川经商，游胜万在家乡撑持门户，家中购入的田地和建造的房屋，应该都是在他的运筹下完成的。成年之后，也同父兄一样走出家门经商，后来又与兄长游为邦一道，将父亲的主要财产从四川运回，而将在四川的不动产留给了继母王氏和继弟②，之后似乎就不再外出经商，在家乡羊楼洞做起了财主。③"厥后田园日辟，栋宇日新"④。游天岚从事贸易"数十年而成巨室"，其子游廷忠继承父业，在成年后开始贸易，直到死在四川，由胜万、为邦兄弟"扶榇归里"。这一年，由游胜万之次子游继杰撰写的《游氏族谱·胜万公传》记载为"己未秋，父卷席归里"，则这一年，当是在乾隆四十年（1775）。如果记载和推算都不错，则游廷忠及其两个儿子的主要经商时间的起止是雍正后期到乾隆中期。而他们从游天岚手中继承并在四川经营的生意内容，从游胜万传记"年十五，佐王父于西蜀，往返蚕业，家居日少"看来，应当主要为蚕丝之类。洞商当年远走西川，而往往又在湖北西部竹溪、谷城一带活动，大约是收购蚕茧蚕丝。同为羊楼洞大族的饶氏族谱也曾记录其同县姻亲邓寿村"固巨商也，以丝业起家宜昌，雄富噪一时"⑤，前述洞商雷氏亦有自述"敛才就法，直寻茧丝牛毛"为业的记载，或可为洞商当年业丝的佐证。宋代沈括《梦溪笔谈》卷二记载宋代鄂南地区："民以茶为业，公（案指时任崇阳县令张咏）曰：'茶利厚，官将榷之，不若早自刈也。'命拔茶而植桑，民以为苦。其后榷茶，他县皆失业，而崇阳之桑皆已成，其为绢而北者，岁百万匹，其富至

---

① 周文郁：《游为邦先生传》，《游氏族谱》，民国九言堂本。

② 周顺扬：《游万胜公暨元配李孺人传》，《游氏族谱》，民国九言堂本。"即庶母王，奉事汉州，一如所出，家产尽付继弟。"

③《游氏族谱·游甸方公传》："先世家道颇裕，公以守兼创，实辟田园，远觅基址，其为子孙谋者，至深且远矣。"按游甸方即游为邦之次子，其同辈亲兄弟中查似再无经商者。

④ 游熊：《姑祖母老孺人传》，《游氏族谱》，民国九言堂本。

⑤ 雷肇复：《乾若公暨妣邓孺人传》，《饶氏宗谱》，民国双峰堂本。

今。"① 是说宋代与羊楼洞毗邻的崇阳地区乡民以植茶为生业，县令张咏预计到帝国政府将会因茶贸的利润丰厚而严厉控制茶叶的销售，于是不顾民意的反对而下令拔掉茶树，改种桑树，不久之后政府突然严控了茶叶生产和销售，其他地区的人民一下子失去了养家糊口的手段，而这时崇阳的桑树已经长成，制成绢帛向北方销售，每年达到上百万匹，该地区因此而非常富裕。羊楼洞商人于清初经营蚕丝业，或与自宋代以来的传统有关。而洞商游廷通传记述其"偕缁流崎岖，往蜀奔走数千里"② 以经商，故经营丝帛的洞商常与蜀僧一路同行。这大约是因为清朝初年蚕丝业主要生产及贸易基地已转到成都，所以锦宫城成都理所当然留下洞商较多足迹，且多有在彼纳姜安家者。民间文献中也有所记载，如清嘉庆贡生周顺倜《莼川竹枝词》之三：

> 六水三山却少田，生涯强半在西川。锦官城里花如许，知误春闺几少年。③

清代早期诗人李标也在他描写蒲圻乡俗的诗中写道：

> 蒲土由来瘠，蒲民自昔阗。桑麻全不税，山泽半于田。乐岁供三月，谋生及四川。近来王事急，还上洞庭船。

"生涯强半在西川"，"谋生及四川"，当是游天岚父子四代等早年洞商贸易四川的写实。诗中春闺，既指良人外出经商而留居在家的蜀姜，当更是指长期不见夫君之面的留在羊楼洞家乡侍奉高堂、育养子女的结发妻子。

早年经商的游氏洞商，还有游廷远（字遐方）、游廷圭（号楚珍，1746—?）兄弟。兄长游廷远为家中长子，"见尊人老，家难自给，即偕其弟，经营四方，服贾孝养，不数年积累日裕，恢宏先绪，创立栋宇"④。跟随兄长游廷远经营四方的是其三弟游廷圭。谱传说他"以事畜废读，从事

---

① 按该事又见于张咏《乖崖集》附录"忠定公遗事"。
② 吴洪申：《游献安先生传》，《游氏族谱》，民国九言堂本。
③ （宣统）《通志·风俗》，《蒲圻县志·风俗》，清道光十六年刊本。
④ 祝大治：《遐方公传》，《游氏族谱》，民国九言堂本。

贸易，一介千驷，取与不苟"①。兄弟俩经商贸易的时间，应当主要为清乾隆时期，因为兄弟俩分家，是在经商取得成功之后的"乙巳"② 年。由于在弟弟游廷圭的传记中提到其后于清乾隆年间发生的灾荒及游廷圭（号楚珍）因为亲友担保借钱而导致家道中落的事，我们可以据此将这个"乙巳"年判定为清乾隆五十年（1785）。这段记载如下："里党膺厚实者皆敬信公，有所贷，虽千百金不少吝。乾隆戊戌乙（己）巳之间，连岁凶歉，戚友多托公假贷者，后多负。公代偿略无憾。"③ 这件事在游廷圭（楚珍）之子游忠清（号策勋）的传记中也有如下记载："楚公（案指游廷圭）生公兄弟四，公行三，韶龄时，楚公以代保赔债，家道渐替。"④ 乾隆戊戌（1778）年到乙（己）巳（1785）年之间⑤发生的连年天灾，使游廷圭积累的财富损耗殆尽，而传记与前编所述雷兴传的祖上因赈灾而家境衰落一样，将此记为游廷圭所积下的阴德，庇佑其后来子孙重新发达致富。

但是游廷远、游廷圭真正为其子孙荫庇的，除了损己为人的这种品德、打拼后留下的不多家产之外，还有他们强大的从商的惯习。法国社会学家布迪厄曾描述这种惯习（habitus），认为它就是"生成策略的原则，这种原则能使行动者应付各种未被预见、变动不居的情境……（就是）各种既持久存在而又可变更的性情倾向的一套系统，它通过将过去的各种经验结合在一起的方式，每时每刻都作为各种知觉、评判和行动的母体发挥其作用，从而有可能完成无限复杂多样的任务"⑥。正是这种经商的惯习，使得游廷圭一辈的子孙一旦察觉茶贸的洪涛逼近时，立即调动全部的经商经验并作好所有的准备迎接机会的到来，并即使在"家道渐替"的情况下也要多方筹集资本，不惜借贷也要投入茶贸中去。

族谱记载，继承游廷远、廷圭兄弟经商事业的，是廷圭的第三子游忠

---

① 游恺：《楚珍公传》，《游氏族谱》，民国九言堂本。

② 祝大治：《退方公传》，《游氏族谱》，民国九言堂本。（"乙巳分烟，屋宇公择其旧者，而后来所建大厦则分于三弟楚珍暨仲弟孤侄，凡属田地，亦未逐一细较。"）

③ 游恺：《楚珍公传》，《游氏族谱》，民国九言堂本。

④ 游恺：《策勋公传》，《游氏族谱》，民国九言堂本。

⑤ 乾隆戊戌年之后无己巳，嘉庆己巳年在三十多年之后，故此文中的"己巳"当为"乙巳"之误。

⑥ ［法］皮埃尔·布迪厄、［法］华康德：《实践与反思——反思社会学导论》，中央编译出版社 1998 年版，第 18 页。

清（号策勋），以及游忠清的儿子游龙。

游忠清，字策勋，他因家道衰微，在"成童后即计货殖，懋迁化居，家渐丰"。如果说他父辈从事的"一介千驷""经营四方"的生意，还仍然是往返西蜀的蚕丝贸易的话，从游忠清的传记中看，游忠清所经营的则已经明显是上编所述的茶叶坐贾的生意。他把父母安排在老房子中居住，自己"迁居肆"照顾生意，"乙卯（即咸丰五年，1855）秋，宅毁于贼，所费数万金无愠色"。传文中所谓"贼"即指太平天国军，而被毁于兵燹价值数万金的"宅"，也应该不会是普通住宅，而应是用于客商合作的茶行行屋。此时游忠清已"年齿八十余"，"须疏而劲，光白可鉴，发鹤颜童，齿落重生，眉之抽毫者寸许，人皆称为地行仙云"①。他的儿子游龙（字天池，1805—1888），少年习儒，考中秀才，但未中举，因为父亲年老，"不得已废学，理家政，公私井井。甲寅岁，发兵（案指太平天国军）南下，明年乙卯，公庐舍数百间尽被一炬"。这里被焚毁的数百间庐舍的记载，亦可证明游忠清传中被焚之"宅"就是茶行行屋。"咸丰庚申辛酉间，楚氛平静，公家山居，地产茶。时西人入华，茶务骤盛，晋豫皖粤诸大商挟巨赀，先后坌集，耳公名，争以万金投公，请为构屋。公固辞不获，造广厦千间，较毁于昔者犹倍焉。家渐丰。"② 游龙所从事的生意，也就是继承游忠清所经营的"迁居肆""坐卖"的茶叶生意。游龙为人"好客，信义著于遐迩。同治间，礼隆恩盛，商人多倚公为东道主，每岁营造，动十百间，匠役甚众"③，而游龙对于商务也非常专注，"终岁在外"，家道和商务事业蒸蒸日上。经商的惯习，终于在经过数代人多年曲折努力之后，结出了累累硕果。

游龙之三子游镇海（？—1901），"字涵四，一字叔倩，世居蒲圻羊楼洞"④，是羊楼洞乡绅的首领。他的传记中歌颂父亲"讳龙者，家乃大起，缘公以般般大才，咸同间吾乡茶市又极盛故也"。而传记中述游镇海兄弟三人业儒，虽屡试不第，"比年来家渐中落，伯兄又不幸新逝，庭闱颜色

---

① 《策勋公传》，《游氏族谱》，民国九言堂本。
② 游凤池：《家奉直大夫天池公传》，《游氏族谱》，民国九言堂本。
③ 游凤墀：《家倓太宜人传》，《游氏族谱》，民国九言堂本。
④ 贺荣骏：《候选判官游君家传》，《游氏族谱》，民国九言堂本。

欢愉亦顿异前。"① 而游镇海兄弟却仍然在科举功名场上屡败屡战，"因避茶市之嚣，岁时讲习，每觅本乡山寺之静僻者，涵泳于中"②。传文所述在近些年家道逐渐"中落"，与清末英商逐渐退出汉口茶市、俄国商人垄断经营有关。在茶市因国家逐步堕入半殖民地社会而不够景气的情况下，游镇海以放情山水、讲习儒家经典为避所，也有其迫不得已的苦衷。

由游天岚父子四代辗转于四川、竹溪等地贩丝的居间贸易，到游廷圭家族四代由经营四方到坐贾贸茶的经商转变，使更加具有区域性的经商传统得以延续。

（二）饶氏：由军户到商家

在羊楼洞，与游氏一样进入商道而最终业茶的，还有饶氏宗族。

饶氏经商也非常早，但与游氏不同，饶氏起家不是贸丝，而是因为漕运。

在本书第二章"饶氏：宗族的历史构建"一节中，曾述及明清两朝湖广是全国最重要的粮食生产和输出基地这一史实。湖广输出的漕粮供应东南西北十多个省份，且不说北运京师是重头，仅平常年份，每年输往江浙一带的粮食，就有数千万石。③ 故时有"湖广熟，天下足"的俗谚。而对于漕运的实施者漕运弁丁来说，漕运其实是件非常苦的官差，他们运输的漕粮虽由地方交纳，但运输路途上的消耗，以及打造漕船的开销，除了每条船有政府一二十两银子的帮贴之外，需要漕运弁丁自己备办，"漕务旧弊，任事者力不给，则勒派各军户，害甚剧"④。所以羊楼洞《饶氏宗谱·千子公传》记载："康熙间，漕运累重，合族奔命不给。"⑤ 说明所有纳粮漕运修船负担对于当事者来说相当沉重。

饶氏的族谱中也有许多记载漕运艰辛的传文。如饶德逊，"年十四从父绍裔公后，北运南漕，即洞悉漕务利弊，调度皆精敏。然非其所乐，三载事竣，遂折节读书"⑥。虽表现精敏，但显然漕运并非乐事，饶德逊是以

---

① 贺荣骏：《候选判官游君家传》，《游氏族谱》，民国九言堂本。

② 同上。

③ 冯桂芬：《显志堂稿》卷十。（《通道大江运米运盐议》："往岁以楚接济江浙，实数不过三四千万石。"）

④ 钱绍先：《殿元公传》，《饶氏宗谱》，民国双峰堂本。

⑤《千子公传》，《饶氏宗谱》，民国双峰堂本。

⑥ 宋孟元：《德逊公序赞》，《饶氏宗谱》，民国双峰堂本。

应付完公事为目的。另如饶胜起，"即当时太外祖讳秀书先生理漕务，王事北运，每不能不以先生相携"①。这是父子同赴漕务的事例。再如饶绅（字颛书），"至理族事，办漕运，清丁造册，毫无怨言"②。饶绅循规参与，但也只是任劳任怨。又如饶净植，"先生少年志成名，师友咸器，里之文坛誉噪，已而因漕务有习，其之任累于运事者数年，不得卒业"③。这是因漕运而耽误青春和儒业的。又如饶殿元，"值其尊人有南漕之役，先生慨然曰：'服劳固子职事，孰有先于此者！'遂弃举业，列名辟雍，代父肩其任。"④ 这又是放弃儒业，代父出征，有相当的悲壮感。以上种种，全都表明漕运的确如以上所引，使"合族奔命不给""害甚剧"。

那么饶氏祖上又怎么以此发家呢？

饶氏发家起自清嘉庆年间饶锡纯，在他父亲的传记中有如下记载：

> 丈夫子四，季锡纯，课读辛勤，属文屡试未售，以漕务废业。而才德服一时，至今犹称道不衰。配雷淑人，孙曾秀起，厚积聚，且有加无已。⑤

在父亲的传记中这样大肆称赞儿子，而且在四个儿子中唯独称赞最小的一个，在族谱中并不多见。也许作传者是受小儿子后人所托，也许与小儿子一支关系独特，也许的确小儿子饶锡纯传下来的事迹更加脍炙人口。在族谱饶锡纯自己的传记中是这样记载其事迹的：

> 先生首祯公季子也。幼精举业，试不售。以亲老投笔理家事，其间佐先君理族政。先生少年老成，族人皆以家政相推，掌积公项。五世祖礼公分置祀田，代积代广，至今，礼公支下不艰祭资、苦漕运，皆先生之力也。出运两次。先是，兄畴五公合而行，逾年分烟，谓勿以累兄，并不以支费累族人。后以历险故，患重病，日吐血数次，舟中置椟，往返随之，曰："王事重大，虽死不恤。"嘉庆十七年，以例

---

① 祝大绪：《胜起公传》，《饶氏宗谱》，民国双峰堂本。
② 饶成美：《族叔颛书大人暨贺孺人序》，《饶氏宗谱》，民国双峰堂本。
③ 谢伊祖：《净植公传》，《饶氏宗谱》，民国双峰堂本。
④ 钱绍先：《殿元公传》，《饶氏宗谱》，民国双峰堂本。
⑤ 宋孟元：《首祯公传》，《饶氏宗谱》，民国双峰堂本。

赠运职。遇族党分难则排解，有分项难措者以墨据还之，有负欠难偿者以己业偿之。其里中耆老犹有能言之者。年六十，族人制寿轴服其才德，题额曰：指使渠运。又曰：庚耆永辉。又曰：在家无怨。如者，盖其难也。嗣是偕族中贤达，董建宗祠，负米自给，凡族人往来，辄解囊食之。期竣，捐百金余，又欲修家乘传约，未果，旋带志逝。生平门户剥啄，孺人石，事酒浆之宾客无懈时，亦无烦苦意。内助之贤，亦先生之足以感之也。先生尝曰："人生贵自立于不朽，区区货财丰盈，田园广阔，不足论也。"由先生之言与其行事观之，而其为人可知矣。夫承父志，不屑较财利伤之于友谊，可不谓孝乎？犹曰："在一家也。"司户事，敬宗收族，俾族人感动本源之思，可不谓仁乎？犹曰："在一族也。"处邻里，遇贫乏周之，遘有债听之，讲姻睦而息雀角之风，可不谓义乎？犹曰："在一里也。"一介之士遇军国大计，鲜不推诿畏避，而先生只身出运，携二哲嗣，来往淮海间不辞瘁，可不谓忠乎？随其所处，总求自效，而有以立于不朽，此非其天怀纯粹，至性感发，能然乎？而或者仅以爱名目之，犹浅之乎论先生也。①

剔除歌颂的成分，以上传记中所述饶锡纯，少年弃儒，继承父亲从事漕务，曾两次出运漕粮，奔波于淮海京杭大运河上，因受伤而每天吐血，但是他在船上装载棺材自随，坚持漕运。并于嘉庆十七年（1812）获得按惯例颁给的主持漕运的职衔，接替父亲职掌族政，主掌全族公有财产，并使这项用于祭祀和漕运开支的公有财产得以扩大规模，泽及后世。在他主理族政的时候，凡遇族人有分摊的钱粮拿不出来时，他就让族人写个字据自己替他拿出，遇到族人拖欠应出钱粮而因贫困无法偿还时，他就拿出自己的财物替他人偿还，所以在族人中享有很高的威望。他家常常宾客盈门，这大约是因为漕运官差往来的关系。他在主理族政期间兴建祠堂，又想要修编族谱，但是没有等到完成就去世了。这当然是个公而忘私的正面形象。族人充分肯定他是因为他作为主事者非常得力，让族人们免去了许多"勒派"。但是饶锡纯却也在主持漕运的过程中发了家，这一点当时已

---

① 宋孟元：《锡纯公传》，《饶氏宗谱》，民国双峰堂本。

经十分满意免于过分勒派的族人们也许根本就没有弄清，也许是知道却容忍且有意疏忽了。而他是如何靠人人视为畏途的漕运发家的，饶氏族谱在饶锡纯自己的传记中却也有意疏忽，没有交代。而交代这一点的，是其孙饶尚玉的传记：

> 其侍曾祖锡纯公漕艘北上也，往来必有居货。时其昂价出之，不数年获利甚伙。人咸莫喻公意，后集族人为五世祖礼公置祀田，始知公于襄时得墓侧一枯枝鬻之，今之累累然黄白者，皆由岷山滥觞，积而为江汉钜观也。噫！异哉！以为捐橐底金则固非无本，以为自居积来，则又何其速！功成不居，德至无名，古之人乎！古之人乎！①

传文显然有神化其发家历史，将其致富归之于祖宗礼公坟墓风水的意思。拨开这层迷雾，传文交代了饶锡纯的致富是利用返回的漕船贩运商品货物，卖出后获得地域的价格差，从而"获利甚伙"的缘故。传记还透露了当时其他饶氏族人也不明白饶锡纯致富的原因，交代了饶锡纯为何在受伤病至吐血的情况下，仍然奋不顾身，即使载棺随行也要坚持上船主持漕运的原因，并不全然因为"王事重大，虽死不恤"。漕运使用合族公费运粮北上，而回程搭载自己的货物，省去了船只和运输成本，这当中自有他自己货运商业利益存在其中。这其实也是饶锡纯适逢其时。据吴琦先生考证，清康熙二十二年（1683），清廷额定每只漕船许附带土宜60石；雍正七年（1729），于60石之外，加增40石；雍正八年（1730），再次提高限量，共计126石。同时，清政府规定回空粮船也可捎带一定的北货②。饶锡纯是赶上了这个时期的好政策。

饶锡纯的哥哥饶畴五，也因为漕运而发家致富。饶畴五的儿子饶松玉，"蒙先业拓田千亩，起栋宇多至数十间。少懋迁万洞，早夜奔驰，动获千金……两膺漕造，族赖以安"③。这是说饶畴五留下了基业，而饶松玉早年就参与了贸迁商务，获得千金回报，并两次参与漕运或造漕船工程。看来也是因漕运发家的饶氏后人之一。饶锡纯之子饶垂玉，"幼习举业，

---

① 饶钟鉴：《祖考尚玉公妣宋宜人合传补遗》，《饶氏宗谱》，民国双峰堂本。
② 吴琦：《漕运·群体·社会》，湖北人民出版社2007年版，第13页。
③ 宋孟元：《松玉公暨雷姚黄姚合传》，《饶氏宗谱》，民国双峰堂本。

识文义，长佐太先生锡公理族政，厘漕务"①；饶锡纯之孙饶尚玉，"弱冠废读，随太先生上漕艘。太先生在日，理族事数十年，出北运两次……自与兄析烟后，勤懋迁，慎居积，不十余年，富累万金。……族中办漕务，尝以一身料理，族获安"②。似乎也是投身漕运发家，其后又从事贸易运输，终致家境升腾，富累万金。其最初致富之道，是否也是利用回程漕船载运北货南归以牟利，于饶尚玉传中未予明言，但是经商惯习在他身上明显延续，则已不需另行证明。

布迪厄指出，惯习作为一种可转移的，在潜意识下发挥作用的"开放的性情倾向系统，不断地随经验而变，从而在这些经验的影响下不断地强化或者调整自己的结构，它是稳定持久的，但不是永远不变的"③。在他看来，惯习在不断被场域结构所形塑，又不断处在结构生成过程之中。换句话说，洞商饶氏经商的惯习，源自家族漕运发家的历史实践，并且进一步在茶贸经营中持续发挥着作用。

饶氏转而经营茶业，是在饶尚玉的子辈。饶尚玉的二儿子饶炳臣"贸于远方"④，"遂为两广之行，由是历三江，源五湖，涉海洋，抵闽广"⑤。他所经商贸易的路线，不再是北上漕运，而多为两广闽越，经营的品种，应该多为红茶。

饶炳臣的哥哥、饶尚玉之子饶维（字宗城），是继承其父当家的人，他执掌家政时已是清道光、咸丰、同治年间，太平军杀到羊楼洞，时局动荡。饶维在三兄弟中居长，在躲避太平军时自己家的房屋被太平军放火烧毁，他因目睹情绪激愤导致双目失明。之后被太平军掳获，又曲折逃回，于战后多方借贷，重建家业。饶维"岁集万金，服贾岭南，获大利归⑥"，是经营红茶无疑。他历尽磨难重建被太平军火烧毁的行屋，可谓艰难困苦，百折不回。

另一位洞商饶日阳（字东谷，1848—1915），"洪杨滋乱，逃窜不遑。

---

① 宋孟元：《垂玉公传》，《饶氏宗谱》，民国双峰堂本。
② 汤懋昭：《尚玉公传》，《饶氏宗谱》，民国双峰堂本。
③ ［法］皮埃尔·布迪厄、［美］华康德：《实践与反思——反思社会学导论》，中央编译出版社 1998 年版，第 178 页。
④ 饶青乔：《祖考宗城公暨祖妣邱孺人合传》，《饶氏宗谱》，民国双峰堂本。
⑤ 邱法滩：《炳臣公传》，《饶氏宗谱》，民国双峰堂本。
⑥ 饶青乔：《祖考宗城公暨祖妣邱宜人合传》，《饶氏族谱》。

其尊人携眷避地沔北，未得生还故里，人咸哀之。是时公年仅七龄耳。公昆仲三，公居次，伯氏未及成童，季弟尚在怀抱，干戈扰攘之秋，群孤寄身异地，盖亦殆哉。幸北堂吴太君才德兼备，克持其家。抚诸孤扶榇南旋，殡葬尽礼。……洎吴太君弃世，公昆季皆受室，分箸同居，亦有年所，公恒念先人遗产，估价尽志不到二百金，若不及早图谋，不其流为饿殍者几希。故毅然决然，弃儒从贾，邀一二知己，就设市肆而小试之，取牌名曰'同兴福'，谨慎操持，待人悉以诚信，以致西广茶客各帮，均信公之稳妥，争以资本相投，托为发庄之款。公因藉资转贷，出入利微，铢积寸累，已历三十余年之久，合计所获赢余，不下数十万耳。尔时'同兴福'三字称雄，莫与之京"①。该传所记，为饶日阳自父亲逝世后由母亲抚养长大，之后与同人开办"同兴福"茶行，招致晋、粤茶商入行开庄，经营三十年获几十万两白银利润，而"同兴福"也成为羊楼洞本帮最大的茶行。这是仅见于饶氏家谱的极少数有名字的茶行之一。

另一位洞商饶日省（又名饶希曾，字鲁堂），是饶维的侄子。"其封君星五姑丈宦游湖南，丁外艰归，旋以疾卒。时兵燹后，迭遭大故，家道中落。公年方富，毅然弃举业，效端木风，以为承先人志者，可望诸弟，否则同一荒废。自是颇多亿中，家以中兴。"② 饶日省效端木风所经营的，亦为茶业，他"素称精明"③，其弟饶植（号树屏）也"因兄鲁堂公业商，乃投笔臂助，利操奇赢，家以渐裕。……每合资营商，遇有赢余，无分彼此"④。这说的是饶日省、饶植兄弟在分家之后又合资经营茶业，属于羊楼洞早期家族合资经营茶业方式的记载。既然合资当然就应该有股份占有的划分，有盈余时不分彼此，是说不将利润分光吃尽而重新投入合资家族公司作为资本呢，还是说分配利润时彼此谦让？结论应该更倾向于前者。如果真是这样，那么羊楼洞家族在分家之前的经营如果以本书第二章所述以雷炳文、雷炳蔚等为典型的话，在分家之后就应该以饶日省、饶植兄弟的合资分股的方式为典型。饶日省后来是当地非常有影响的洞商，他主持羊楼洞镇公益，劝输茶捐二厘，"只手经营，积成巨款"，以资助本地乡会试

---

① 贺眉良：《东谷先生传》，《饶氏宗谱》，民国双峰堂本。
② 雷预学：《鲁堂公暨妣吴孺人黎孺人宋孺人合传》，《饶氏宗谱》，民国双峰堂本。
③ 雷寿春：《饶敬坪公传》，《饶氏宗谱》，民国双峰堂本。
④ 雷铨衡：《树屏公传》，《饶氏宗谱》，民国双峰堂本。

的学人；又"洞镇为产茶名区，出路经八里车运，崎岖泥泞，恒苦滞塞。公独与驻防欧阳都戎筹资钜万，创修石路，遂成坦途"①。既为地方公益，也体现了对茶务运输的独特关心。

饶维的另一个侄子饶日永（字松篁），"父炳臣公，家丰厚，幼俱习举子业……公世居羊楼洞北石山之麓，洞市为吾鄂产茶区，甫及壮年，别图树立，以抒素志。乃毅然弃儒就商，理茶务，精确算，极意经营，恒获厚利。……虽为商场翘楚，仍是儒生本色"②。弃儒从商的，还有饶维岳（字峻山，1857—1919），他从儒"屡应童生试不售。年二十余乃叹曰：'儒者莫切于谋生，吾母老弟幼，安能久事笔墨间，以家计为吾母累乎？'遂慨然废读，勤贸迁，慎居积，岁赢数百金。……遂购田亩，广厦屋"③。也是因茶而小有家业的商家。饶绍雄（字云山），也是一位弃儒从商而致富的人。他因"家贫，废学业商。善理财，中岁起家，累数万金，乃新堂构，买田亩"④。他曾任羊楼洞商会会长，后面还将提及。经营茶务而卓有成绩的，还有洞商饶斐（字翰臣），他"家故不丰，食指益繁，患不给，遂决然弃学从贾。先是，饶氏乡村皆环羊楼洞落境而居，岗有市，产茶区也。村人资茶生活者多，然颛制作，谙确算，声誉闻于时，为远近商所尤诚信者，固首推公。由是家业以起"⑤。饶斐不仅精于商贸，还在茶叶制造方面堪称专家，成为羊楼洞首屈一指有信誉的洞商。他的儿子饶振炜继承父业，也经营茶贸，"炜学商精密，能治剧，人以为有父风云"⑥。业茶而不弃儒业的，还有饶世（字孟卿），其家败落时他正从儒，"学且有所得，而遭发匪之乱，室庐仓储，一炬化为乌有。余（按饶世自谓）待先人避乱归，执手个个仰天长号。……余恐以食指重老人感也，弃士而就商，日持筹，权子母，夜则篝一灯，局户细哦。如是者有年，以甲子科试成诸生。旋三蒙优列，再领房荐，均不售。今老矣！"从商而不忘科举，白天经商，夜晚苦读，中秀才后还一再参加科考，至老不辍，表现了其人对于科举的痴迷。而在商籍之后仍可投入科考，则仅见于族谱记载。所反映的，应该

---

① 雷预学：《鲁堂公暨妣吴孺人黎孺人宋孺人合传》，《饶氏宗谱》，民国双峰堂本。
② 饶枬梅：《松篁公传》，《饶氏宗谱》，民国双峰堂本。
③ 贺文炳：《峻山公暨德配葛孺人合传》，《饶氏宗谱》，民国双峰堂本。
④ 贺文炳：《云山公暨德配戴孺人合传》，《饶氏宗谱》，民国双峰堂本。
⑤ 饶兆绂：《翰臣公家传》，《饶氏宗谱》，民国双峰堂本。
⑥ 同上。

是晚清商人地位提高，国家放松政策后商民获得的新的权利。

饶氏后人中亦有如游氏祖上贸易于西川的。如饶日满（字俊光），"由是贩贷，走襄樊，抵周家口，历业道蚕，到四川，之重庆，折而洞庭湖南各属……而公明敏，多机变，乘时逐什一利，货贿常殖，贸每归，则举盈余之利，分给诸兄与其族之贫不能存活者"①。从传文中"历业道蚕"的记述看，饶日满所贸易的主要货物，应当还是传统的蚕丝之类。而从族谱其他所记看，他所经营的蚕丝贸易并没有成为饶氏商业的主流。

在交通不便的封建社会，外出贸易的确是一条前途难料的艰险之路。饶氏族谱中也有有关记载："公讳声庸，字希和，蒲邑南乡人也。性温厚，生平好贸易。咸同间走西川，后又往江西，跨湖南，遍荆州各郡，客囊充实，被同伙吞没千余金。于是遂定归计。至沙洋，遇同乡黄安庆，亦外贸亏折，积忧丧明，先君悯其无目，携手同归，无德色，无怨言。"② 这是两位折翼商贸的洞商，天涯沦落，相逢相惜，相濡以沫。饶声庸牵着双目失明的同乡黄安庆一同回家的情景，既反映了当年洞商外出贸易的艰险，也是对百年洞商互相扶持的肯定。

（三）黄氏：殊流同归

羊楼洞黄氏祖籍亦为江西，"自豫章迁楚"③。与饶氏一样，黄氏也有军籍和漕运的责任。

《黄氏宗谱·胜兆公传》记载："公先人顶武左卫运军，每届大造小修，黾勉从事，贤劳独甚，族人赖之。而于本支小分，积公费拓公田，俾王事永济，后人不致受累，清勤为尤著。"④ 传主黄楚基，字胜兆，生于乾隆二十三年（1758），卒于道光六年（1826），他原业儒，满20岁，在"既冠"之年，因"不忍以家事累堂上人，遂投笔焉"。他的所谓"家事"，就是指作为军户所承担的屯田漕运之事，可见他曾是一个因漕运而放弃儒业的士人。他参与漕运的时间，是在乾隆中期。作传者在同治年间写成的他的传记之中，也将"备漕务"作为他"堪永垂不朽"的事迹而大书特书，可见与饶氏一样，当时漕运对黄氏族人的影响也不小。

---

① 饶青乔：《俊光先生暨德配周孺人继配田孺人合传》，《饶氏宗谱》，民国双峰堂本。
② 游凤墀：《希和公暨雷孺人合传》，《饶氏宗谱》，民国双峰堂本。
③ 陈大章：《天垂公传》，《黄氏宗谱》，民国仁孝堂本。
④ 饶凤歧：《胜兆公传》，《黄氏宗谱》，民国仁孝堂本。

黄世锭（字绍周），是上述黄楚基（字胜兆）的长辈，少习儒业，"长理家政，规矩端肃，宗族奉为典型。祖承漕运之役，族人苦之，公喻族人以大义曰：'事关国储，畴敢奉行不力？谊同一本，何可偏累一人？吾侪当同寅协恭，作邦家之光！'众服其义，遂各量力输资，至今称便云"①。黄世锭主持漕政的时期肯定早于黄楚基，当在乾隆前期。他筹办漕运的办法，还是完全由全族众人各家各户集资聚粮以备漕运途中开销。这个办法对于族人来说经济压力巨大，"族人苦之"。黄世锭于是搬出"事关国储"的大道理说服众人履行屯运军职义务，并制订众各量力的规矩，直到下一辈黄楚基时期，大体应仍是如此。而黄楚基于本身小宗一支应出的一份，用积公费、购公田的办法做出了更长远的安排，所以作传者将其"备漕务"记作其永垂不朽的事迹。辈分长于黄楚基、更早主持漕务的，还有黄以文和黄国才。写成于乾隆二十六年辛巳（1761）的《黄氏宗谱·以文公传》记载：黄以文"幼习举业，怀才不遇；壮理家政，以身率物。其经理漕务也，井井有条，上不亏国，下不亏家，乡族称为祭酒者数十年"②。《国才公传》也记载黄国才："闻其任漕务也，重大不辞，经营尽善，十余年来，俾我族不受纤毫之累，咸免征徭之苦，皆公之力也。"③ 黄以文和黄国才是否如后来黄楚基那样，用积公费、办公田的办法，才使得黄氏一族在完成漕运任务的同时又能"不受纤毫之累"，"上不亏国，下不亏家"的呢？传记没有详述，但确实依照黄楚基模式置办公田为漕运筹费的，还有黄楚基的同辈黄煌基（号任华），他"幼慧嗜读，至老不衰……惧子孙疲于漕务，倡置公田，预备造费，每届出纳，公必亲为经理，虽严寒甚暑无间"，"邑令孙公闻其名，重其品，以盛德举诸朝，恩赐七品顶戴"④。黄煌基被朝廷荣赐旌表，当然也反映了当局对漕运的重视。因漕运而受朝廷旌表的，应该不止黄煌基一人。在乡绅黄锡馨的传记中，就记载他"先世军籍，荣持漕节。尊人以公父晓庵先生运粮有功，敕授承信校尉，加云骑尉衔"。可见黄氏一族因对于朝廷累累贡献而受嘉奖的，不一而足。

---

① 廖世超：《绍周公传》，《黄氏宗谱》，民国仁孝堂本。
② 黄康基：《以文公父子合传》，《黄氏宗谱》，民国仁孝堂本。
③ 黄能基：《国才公传》，《黄氏宗谱》，民国仁孝堂本。
④ 黄永庆：《任华公传》，《黄氏宗谱》，民国仁孝堂本。

但是亦如黄世锭、黄楚基一样因漕运而辍儒学的，黄氏阖族不止一辈。见之于家族文献的，就还有黄鸣成（字天垂）、黄锡冕（字元吉）等人。黄鸣成，"长穷经学，诸子百家之书，靡不审究。人皆谓飞鸣在指顾间矣。无如祖承运军，漕务重繁，遂弃举子业，经理粮储。君正己正物，无偏无颇，宗族仰之若泰山北斗"[1]。黄鸣成卒于清乾隆年间，故其参与漕运亦当在乾隆时期。与黄世锭、黄楚基一样，黄鸣成看来也在家族漕务中起到了主持的作用，建立了极高威信。黄锡冕，"祖隶军籍，封公转运二十年载，老病难以卒事，君遂弃举子业，经理漕务，历游燕赵齐鲁之墟，所与交皆一时知名之士"[2]，他因为不忍老父辛苦于漕务而弃儒从事漕运。放弃儒业的，还有黄贻绪。据载，黄贻绪也是生而颖悟，"人俱以飞腾期之，惜以经理漕务，未获卒举子业，故未睹飞黄之快"[3]。影响黄贻绪业儒的原因，明明白白也是"经理漕务"。与黄贻绪同样曾被人看好的，稍后还有黄昆璧，他也是"性颖悟，好读书，学积丁年，才宏乙夜，皆以公辅期之，讵意足于理者限于数"，而他"则于漕务诸大端，源委形诸诰诚"，[4] 是一位于儒业未有成就但对漕务相当熟悉的人。无独有偶，同样熟悉漕务的，还有黄锡本（字盛修），他也曾"少战文场，不利"，而"功著漕务……经营运事，皆能得其枢要；佐理族政，相率归于正直；排难解纷，人皆愧服"[5]。黄香谷，也同样是"幼性聪慧，经史典籍，洞彻底蕴，文章诗赋，雅俗共赏。所从游前辈老夫子，皆以大器目之，惜屡试不售，废举子业。……公材力宏大，识见高超，运漕粮十载，矢公矢慎，忠而能力。任督七年，秉公家道，不存私心"[6]，都是曾经业儒而后有功于漕务的人。因漕务放弃儒业的还有黄世礼（字景连），他在七兄弟中居长，自幼读书，"学已大通……因父母相继去世，遂弃儒而理家焉……督诸弟读书甚严"[7]。他家"承先人盛业"[8]，原本富有。"迨后人口浩繁，兼为漕务所

---

① 陈大章：《天垂公传》，《黄氏宗谱》，民国仁孝堂本。
② 黄希文：《故友伴溪山人传》，《黄氏宗谱》，民国仁孝堂本。
③ 魏加膳：《贻绪先生传》，《黄氏宗谱》，民国仁孝堂本。
④ 黄家齐：《昆璧公行述》，《黄氏宗谱》，民国仁孝堂本。
⑤ 黄永庆：《盛修公传》，《黄氏宗谱》，民国仁孝堂本。
⑥ 郑大燮：《香谷公传》，《黄氏宗谱》，民国仁孝堂本。
⑦ 邹伯元：《景连黄先生传》，《黄氏宗谱》，民国仁孝堂本。
⑧ 同上。

累，以致家渐零落。"① 漕务的负面影响，对于黄世礼的家境来说较为突出。

族谱中另一篇《黄俊元传》也有关于漕运的记载："黄俊元公，予父执也。公族中军务极繁，公遇事料理极当。旧有屯田，在予近地，每年秋收，公必同族众亲往，至必投予家，与予父谈论辄竟日，至夜分不懈。兴豪时，同予父为叶子戏，信宿迟留。"② 传主黄俊元到作传者父亲家附近的屯田秋收，却打牌聊天，颇优游自在，当是因为屯田租与佃户耕种，黄俊元作为田主前往督促收谷，"亲往"并非亲为，收割打谷的事，自有佃户去做。其弟黄伟基（字尚中）也亲自参与漕政："家故军籍，每年漕务络绎，一切公项，系公管积。公丝毫不染。值有修造，取之裕如，富者不至受苛派，贫者不至困窘折，公之力也。"③ 但黄家并非原本富有，这一点传记中也有记载："先是，太翁和兴公（按即黄俊元、黄伟基之父）承先世衰败之后，家计萧条。太翁发奋自强，广置田园，鼎新栋宇，衣食颇称充足矣。公（案指黄俊元）席先业。"④ 这是说黄俊元家曾经衰败，在其父时始由萧条而至富有，黄俊元继承其父先业。黄俊元生年未详，卒于道光二十二年（1842），且"福寿考终"，而按当时寿考标准，当至少活了五十岁。则其父发家时或在清嘉庆初年，大体与清廷颁布漕船可带土宜及返回时可带北货的政策时间相符。其发家的原因，由其"家故军籍"，世代主持族政漕务看，是否如上述饶氏之祖饶锡纯"漕艘北上也，往来必有居货。时其昂价出之，不数年获利甚伙"？因其传中未述，未得其详。

另一黄姓士人黄锡攀（字步云）的传记中却透露了若干信息："公家祖承运军，公管积公项，丝毫不染，阅数十年罔异。""奋发自强，托业畎亩，兼事贸易，胼手胝足，沐雨栉风，求一日之安闲而不得……先业虽不甚丰，而夫妇勤俭如故，善守兼善创，衣食颇足，日用有余，家由是而小康焉。……公晚年生子，初无姑息意。幼时送读，比长，命就商贾，总以义方是训，勿纳于邪为期。"⑤ 黄锡攀世代主漕运，管积公项，而亦农亦

---

① 邹伯元：《景连黄先生传》，《黄氏宗谱》，民国仁孝堂本。
② 汤懋昭：《黄公俊元先生传》，《黄氏宗谱》，民国仁孝堂本。
③ 贺子一：《黄公尚中先生传》，《黄氏宗谱》，民国仁孝堂本。
④ 汤懋昭：《黄公俊元先生传》，《黄氏宗谱》，民国仁孝堂本。
⑤ 贺绍元：《步云公传》，《黄氏宗谱》，民国仁孝堂本。

商,风来雨去,善于创富,因此而衣食丰足,日用有余,而达于小康。他的"奋发自强",即是在其屯田漕运的同时兼及商贸,即传文中所谓"托业畎亩,兼事贸易",这与黄俊元、黄伟基之祖及父太翁和兴公的"发奋自强"或同为一途,也都是其致富之道。或正因为如此,黄锡攀对于其子的教育,居然不以科举为目标,而以商贾为方向。

无论如何,黄氏在漕运的同时"善守兼善创",在清代较早时取得了第一桶金,所以在清嘉道间有一个阶段,洞乡首富亦为黄氏。这一点见于黄尚基(字光远)的传记:"公讳尚基,字光远。行三。世居南乡羊楼洞。余幼时见乡先辈谈及乡之富翁,辄首于公屈一指,曰公之栋宇,则云连也;公之田园,则雾列也;公之菽粟,则陈陈相因;钱钞,则累累如贯也。又曰公盖无地起楼台者。予谨志之,窃以为公必定奇才异人,若古之亿中者。然继闻公盖愿谨人,并不以叵测疑人,其被人欺卖干没者,至不可胜数,而公之富自若,则公之富非由公之福有以至之与?公昆季五,析箸时,家徒四壁。偕德配谈孺人勤耕凿,习操作,寝劬食劳,夜以继日,虽严寒酷暑无少懈。不数年有起色。既而逐什一,权阜通,日积月累,渐就充裕,久之,实入则饶,得势益旺,每年子金新入,不下数千缗,取不禁,用不竭,而家道遂焕然日新。"① 黄尚基"手创门楣,起家至万金"②,这听起来又是一个白手致富的神话,或部分反映了乡亲族人对于黄尚基暴富啧啧称奇且不明就里的心态。但传记中对于黄尚基"逐什一,权阜通,日积月累"经商致富的记述,当为有根有据的纪实。黄尚基的独子卒于道光十一年(1831),其时黄尚基已经年老,有了两个孙子,根据他的发家时间上推,应该在嘉庆间及道光初年。

黄氏经营茶业而较早见于记载的,是黄于孝(字廷顺),他因"家务甚寒,日用之赀,恒苦不能接济,先生(案指黄于孝)与二兄谋,每岁办茶若干篓,运往湘潭出售,颇沾蝇利。除用度外,积铢累寸,数年之顷,囊底见充,造居室,增田地,家运蒸蒸日上矣。清同治癸亥年,族伯父耀荣公谢世,先生尽丧葬礼,兄弟亦析烟"③。运往湘潭的应为红茶,这一点在后面还将述及,而其父亲去世及兄弟分家的"同治癸亥"即为同治二年

① 贺子一:《光远先生谈孺人合传》,《黄氏宗谱》,民国仁孝堂本。
② 汤懋昭:《黄鸣吉先生传》,《黄氏宗谱》。
③ 黄于钊:《族兄廷顺先生传》,《黄氏宗谱》,民国仁孝堂本。

（1863），其时太平天国运动刚刚结束，根据黄于孝和其两位兄长合伙贩茶的时间上推，应是在咸丰年太平军与清军战争正酣之际。

转而经营茶业的，还有黄昇基（字盛阳）。他"家素清贫，累以婚嫁，析爨是时，公（案即黄昇基）仅受破屋半间，釜箸数具而已。人皆以公少不经事，囷无余粮，架无余衣，其败可立待矣。公遂发愤自励，弃儒就贾，戚里饶于财者，皆重其品信其直，不责质券，贷以多金，公由是往返德安，称茶商者数十年，日积月累，竟起家万金，创华屋数十间，良田数百顷，可谓富矣"①。黄昇基贷款起家，作为行商，往返江西德安一带业茶数十年而致富，传记作者称其为"有过人之才"，当为实言。经商业茶而于族谱中有传的，还有黄兴盛父子。黄兴盛家"先业不甚丰"，其妻饶氏"治内事无惰容，亦无失德。荆钗裙布鸣其俭，早起晏眠殚其劳。（黄）兴盛先生贸易湘樊，历有年所，每岁春去冬归，得以一心于外而绝无内顾忧……膝下四男，俱浑浑噩噩，无偷薄心，或耕或贾，各有常业"②。黄兴盛贸易的方向，一为红茶南输的集散地湖南湘潭；一为黑茶北上的水运终点大埠樊城。"每岁春去冬归"，亦为茶季节奏，故应为业茶无疑。该传记写成于同治七年（1868），其时黄兴盛与其妻俱已去世，其子已经接过从商之业，故黄兴盛业茶的主要时间当在清道、咸及同治初年。

其后业茶的，还有黄福（号杏斋，1859—1915）。他在与两个弟弟分家之时，自己作为长兄所得甚少，"家产愈微，遂弃农就商，理茶庄珠算业，其效劳于洞镇、沙坪、江西等处者，垂三十年。……至丙申，公为茶务小贸起见，挈眷迁洞"③。丙申为光绪二十二年（1896），黄福先是为茶庄打工，当账房先生，到光绪二十二年起自开小型茶庄，成为商人。同样为茶行打工，而家境获得改善的，还有黄顶庆（字衡九）之子黄心传。黄顶庆为人"怀性鲠直，遇事敢言，子侄辈冈弗严惮之"，对于他自己的独子，虽"视若掌珠，绝无孤息意。幼时延师家塾，长出就外傅，诗书望切，家贫，难以卒业，弃学就贾。其哲嗣心传，甫克自树立，尔来身入茶行，办理客事，宾主相得，每岁赚数十金，拓田园，充栋宇，光景较前大

① 谢伊祖：《盛阳公传》，《黄氏宗谱》，民国仁孝堂本。
② 邓祥毓：《黄母饶孺人传》，《黄氏宗谱》，民国仁孝堂本。
③ 刘树仁：《杏斋公暨德配雷孺人合传》，《黄氏宗谱》，民国仁孝堂本。

有不同者"①。黄心传在茶行中担任的是与客商交际的职员之事，每年都能从茶务中赚得数十两白银，于是买田建屋，改变了其"家贫"的旧况。从事茶行职员的，还有黄于俭（字伟人），他"家本素封……其后生齿加繁，家道中落，先生不克竟其学，改而习商，侧身于茶市中者，凡数十年。工计算，心手相应，虽至繁剧而毫厘不紊，人以为难能。晋粤钜商，争相延揽，款以上宾"②。黄于俭卒于民国十八年（1929），他作为茶行职员的主要业茶时间，当在清光、宣年间及民国初年。在茶行做职员而于族谱有征的，还有黄薰庆（号荫清），他"十六岁，其姊丈雷旦轩公席祖茶行业，稔知少年老成，命至家，为司出入。自始至终，书算无少讹。翌年，侧身茶行办事，得主人欢，所到处则挽留。由是节衣缩食，铢积寸累，拓田园，置屋宇，家渐小康焉"③。黄薰庆的二儿子黄于璀，"业尚陶朱，事与愿合，筹算无遗"，从商精明；三儿子黄于灿，"经理茶务，诚信相与，有乃父风"④，都是黄薰庆茶行业的继承人。

较大规模经营茶业而于黄氏族谱有所记载的，有稍后于黄福的黄才扬（字天瑞）。他是一位有经商天赋的商人，"练达世故，对于簿书钱谷，罔不精通，所以家运蒸蒸日上也。先生年二十余，鉴于世界潮流日趋商战，遂离垅亩，以授佃农，入市廛而亲阛阓。岁乙巳，萱堂告殒，严父昏卧，家务之负担，倍于往昔。先生益事进取，锐意商场，设红茶庄，素为群英领袖；营老青茶业，亦握优胜利权。虽其中时运有迁移，不无挫折，而先生能擘画精详，恢复旧物。田之硗瘠者，且转而为膏腴焉。故二十年间，信用之昭彰，生意之发达，根基之巩固，兰桂之腾芳，胥基于此。则其阅历之深宏，岂仅高人一筹哉！"⑤ 黄才扬是在清光绪、宣统间及民国初年经营茶业的，如传所记切实，则他既经营红茶，也经营老青茶，且是一时的洞商领袖。作传者提及了日趋商战的世界潮流，并称赞黄才扬"天性之狷介，远胜儒林，岂龌龊贾所能望其项背！"认为他经商的贡献大大超过业儒的士人，反映了作传者较开明的思想，亦可见作传者写作的民国时期其

---

① 周炳南：《黄公衡九先生传》，《黄氏宗谱》，民国仁孝堂本。
② 刘树仁：《伟人先生传》，《黄氏宗谱》，民国仁孝堂本。
③ 邱冕丞：《荫清公暨德配饶孺人合传》，《黄氏宗谱》，民国仁孝堂本。
④ 同上。
⑤ 黄于勤：《天瑞先生传》，《黄氏宗谱》，民国仁孝堂本。

社会舆论已经发生了巨大的变化。

黄氏宗族经商致富的洞商，还有黄锡富（字奇珍）。他"壮年贸易江湖，所历之处，人皆钦其品，更信其直。每岁自春徂冬，捆载而归，二十余年来，所赚不下数千金，晚年收拾行装，不复作远游计，引壶觞而独酌，盼庭柯以怡颜。凡大小公事，簿据契据，皆公管理，后因兵燹，尽归乌有，人皆为公难，而公背诵如流，不讹一字。真记事珠也。公捐馆时年已七十矣"①。传记作于清同治年间，推测黄锡富贸易江湖经商的时间，是在咸丰太平军到达鄂南之前，乾隆后期及咸丰前期。稍晚，则有洞商黄家丰（字九丛），他原本"攻苦芸窗，无如时运顿澶，不能卒读，且农且商"，"率子赓扬，贸易羊楼，逐什一，权阜通，所入利益，由倍蓰而什佰，已有蒸蒸日上之象"②。与黄家丰出于一途，父子相率业茶的，还有黄叔甫，"叔甫先生弱冠，昆仲四人，食指繁而家不素封，遂弃儒经商。……后家运小康，渐入蔗境"，其"长子敬先业，营陶朱，在日，市中尚属鸡群鹤峙。……三子幼读，近亦就商"③。与以上黄家丰、黄叔甫因家境艰难而业茶略有不同，黄廷振（字寿山）是因为祖父的指派："值洪杨之变，公祖妣暨母携逃抚养，备极艰难。迨时局粗定，公始读书，数年，先王父令公改业商。"④ 他经商的时间，也是在同治年太平天国平定之后，羊楼洞茶业蓬勃发展之时。其时经商业茶已成羊楼洞之风气，即如寡妇之子，亦以从商贸易为当然。如《族曾祖妣贺孺人传》所载贺孺人三个儿子："长凤岚公、次凤舞公、四凤仪公，均光明磊落，有猷有为，虽未名列儒林，仅寄身于商界……以光先祖。"⑤ 寄身商界，无疑为黄氏子弟提供了谋生之路。

传记经商而有铺屋的，如黄成方。他于"清光绪戊戌，贸易羊楼洞，尚公平，无欺诈，和气蔼蔼，主顾盈门。自是日积月累，囊橐渐充。拓田园，购铺屋，由始有而致富有焉。……遂于甲申年，收束商务，返里养老"⑥。戊戌年为光绪二十二年（1898），甲申年为民国三十三年（1944），

① 黄笔山：《奇珍公传》，《黄氏宗谱》，民国仁孝堂本。
② 黄于钊：《九丛先生既饶孺人纪实》，《黄氏宗谱》，民国仁孝堂本。
③ 游代仲：《黄母邓老宜人传》，《黄氏宗谱》，民国仁孝堂本。
④ 雷大同：《表叔寿山公传》，《黄氏宗谱》，民国仁孝堂本。
⑤ 黄于钊：《族曾祖妣贺孺人传》，《黄氏宗谱》，民国仁孝堂本。
⑥ 黄于钊：《成方先生传略》，《黄氏宗谱》，民国仁孝堂本。

可见，黄成方一生，在商场经营前后历 46 年。

与饶氏一样，黄氏族中亦有坚持传统贸易品种的。如黄钦（字文安），"家计不厚，以贸易为业。携大伯祖含辉公、二伯祖含章公，往来德郧多年，大有利益。储所入金，日积月累，渐称富有"①。从饶氏、游氏看，往郧阳、竹溪一带贸易的当多为传统丝业，而黄钦传记作者在传中已说明其传内容为幼时耳闻于其先父，则黄钦携二子所营当仍为蚕丝。传统丝业贸易大约在晚清时已式微，《荫清公传》载清咸、同年间，"时际粤乱，军来匪去，军去匪来，（黄薰庆）未获一岁卒读。……乃食指日繁，用度维艰，（其长兄及次兄）二公行商于川陕，力为撑持，然所入之数，总不能敷所出，遂析爨异居"②。这时黄薰庆（号荫清）年仅 13 岁。其两位兄弟合力经商于川陕，当为贸丝，却入不敷出，未能撑持家道，而黄薰庆后来进入其姐夫雷旦轩开办的茶行开始职员生涯，家境却渐至小康，说明这一时期茶业与传统商务相比，的确后来居上。

传记经商而建有具名茶行的是黄凤歧："家道式微，萧条四壁，恒掩泣于牛衣。然叔祖（案指黄凤歧）品诣卓荦，志气雄豪，惟恐落人下风，百计经营，以谋发展。宜人助之于内，勤操作，尚节省，不殊少君，历数年，出险就夷，佳境宛如啖蔗，且积其岁余，继长增高。又历数年，由始有而少有，而富有矣。叔祖于是别开生面，奋身商战，购办红茶，牌名'祥泰和'，意盖以和而致祥，祥则利有悠往也。果尔运与时合，每岁赚入，不下数千金。广置田园，鼎新屋宇，胥由于此。厥后，茶务稍亏，即缩小范围，贸易夏家岭。然犹不失为丰厚家焉。"③ 传记作者为黄凤歧侄子，亲历亲闻其事，所以记述较为翔实。其购办红茶，尤其开创祥泰和茶庄，为羊楼洞本帮茶庄少有之有记录者之一。黄凤歧卒于清光绪十九年（1893），他的创业发家历程，当是同治、道光间及其后来羊楼洞众多茶商利用茶业兴盛时聚财致富的一个缩影。

黄氏业茶后是否仍旧有漕运使命？答案是至少到清道光年间似乎仍然如此。而且因漕运之事黄氏与雷氏之间居然有了联系。此事不见于《黄氏宗谱》而见于《雷氏宗谱·雷殿选传》的记述。据传述，传主雷殿选"多

---

① 黄于钊：《先祖考暨先祖妣传略》，《黄氏宗谱》，民国仁孝堂本。
② 邱法睿：《荫清公暨德配饶孺人合传》，《黄氏宗谱》，民国仁孝堂本。
③ 黄于钊：《刘老宜人行状》，《黄氏宗谱》，民国仁孝堂本。

权略，善审成败，不轻与谋，谋必克。崇邑黄某理漕兆兑，受帮弁侮，聘为师一年，通帮贴耳服。因著《粮艘须知》一册，临危授吉先君子曰：'尔军籍，细玩之。'今珍藏予家，真可补新旧漕例之阙"①。传记为传主雷殿选之外孙黄元吉作于清道光二十五年（1845），从行文看，当时黄氏一族仍隶军籍并参与漕运，而雷殿选为黄氏所著的《粮艘须知》一书直至当时仍相当有实用价值。②

布迪厄认为，"惯习这个概念，最主要的是确定了一种立场，即一种明确的建构和理解具有其特定'逻辑'（包括暂时性的）的实践活动的方法"。③ 对于洞商经商惯习的分析和解构，使得"经商"这一经济活动得以被放置到历史的显微镜下，通过观察在数字背后活动着的人，他们的欲求与偏好，以及这种欲求与偏好的历史生成过程，使得洞茶场域成为一个充满意义的世界，一个被赋予了感觉和价值，值得置身于其中的行为者去投入与尽力的世界。

二　晋商

茶贸最早由山西茶商在清代早期引入。羊楼洞本帮商人开始时参与其中，带有相当程度的被动或从动的色彩。

最开始晋商来羊楼洞采买而后销往俄罗斯、内外蒙古等地区商贸的茶叶，主要为砖茶亦即"黑茶"，在此之前，晋商早年的主要茶叶供给地为福建武夷山地区，中心茶市为武夷山的下梅村：

> 茶市在下梅，附近各县所产茶，均集中于此。竹排三百辆，转运不绝……清初茶业均系西客经营，由江西转河南，运销关外。西客者，山西商人也，每家资本约二三十万至百万，货物往还络绎不绝。

---

① 黄元吉：《殿选公传》，《雷氏宗谱》，民国甲子年合修初续崇义堂。
② 吴琦：《清后期漕运衰亡的综合分析》，《中国论史》1990 年第 2 期。清代漕运之后还延续了相当长时间，据吴琦先生考证，咸丰三年，湖广漕船因战争一度停运，户部下文规定漕粮变价解部，每石折银一两三钱。其后胡林翼改革漕运，一律改收折色，蒲圻由向收每石折钱五千八百六十文，减为每石折钱五千文。具体征收漕粮时，又规定北漕每石征解正银一两三钱，耗银一钱三分；南漕每石征解正银一两五钱，耗银一钱五分。同治十一年，清廷改用海轮运输漕粮，辛亥革命后，漕粮完全改为折色，漕运废除。
③ ［法］皮埃尔·布迪厄、［美］华康德：《实践与反思——反思社会学导论》，中央编译出版社 1998 年版，第 164 页。

首春客至，由行东赴河口欢迎，到地将款及所购茶单点交行东，恣所为不问。茶事毕，始结算别去。①

晋商将茶叶主要供给地由福建武夷山转至鄂南羊楼洞的时间，民国时期的茶叶专家戴啸洲认为是在清咸丰年间："据地志所载，前清咸丰年间，晋皖茶商，往湘经商，该地（指羊楼洞）为必经之路，茶商见该地适于种茶，始指导土人，教以栽培及制造红绿茶之方法。光绪初年红茶贸易极甚，经营茶庄者，年有七八十家，砖茶制造，亦于此时开始。"② 今遍查清代"地志"，未见如戴氏所确言始清咸丰年间者。意思大略相近的，为清同治《崇阳县志》的相关记载："茶，龙泉出产茶味美，见《方舆要览》。今四山俱种，山民藉以为业。往年，茶皆山西商客买于蒲邑之羊楼洞，延及邑西沙坪。其制，采粗叶入锅，用火炒，置布袋揉成，收者贮用竹篓。稍粗者入甑蒸软，用稍细之叶洒面，压成茶砖，贮以竹箱，出西北口外卖之，名黑茶。"③ 志中对山西商客开始购茶制茶于羊楼洞之时间，仅含糊地提及为"往年"。是否戴氏认为既是同治时县志所载，而同治之前即为咸丰，于是将晋商来羊楼洞茶区之"往年"推定为清咸丰年间？然戴氏既为茶叶专家，提出看法，也就产生影响。如1934年金陵大学农业经济系调查报告："羊楼洞种茶，相传始于清咸丰年间，当时有晋皖茶商，往湘购办茶叶，行经该地，觉该地环境，宜于种茶，于是遂授当地居民以茶叶栽培及制造之方法。随后晋商在羊楼洞设庄收茶制造，因之，茶地逐渐扩展，遍及数县。"④ 与戴氏看法出于一辙，只是未言根据地志。

另一种关于羊楼洞商贸茶起始时间的看法以晚清学者叶瑞廷为代表，他在其《莼蒲随笔》中对晋商购茶的起始时间提出了有别于戴氏的说法："闻自康熙年间，有山西估客购茶于邑西乡芙蓉山，洞人迎之，代收茶，取行佣。"⑤ 将晋商到羊楼洞购茶的时间推至清初康熙年间，提早了一百多年。支持康熙甚至更早湖北即或出产销往西北商贸茶叶的文献，还有乾隆

① 衷干：《茶事杂咏》，见林馥泉《武夷茶叶之生产制作及运销》，转引自李三谋、张卫《晚清晋商与茶文化》，《清史研究》2001年第1期。
② 戴啸洲：《湖北羊楼峒之茶业》，《国际贸易导报》第五卷第五期。
③ （同治）《崇阳县志》卷四《物产》。
④ 金陵大学农学院农业经济系：《湖北羊楼洞老青茶之生产制作及运销》，第3页。
⑤ （清）叶瑞廷：《莼蒲随笔》卷四。

《宁夏府志》的记载:"旧例皆以湖广黑茶交易,后因禁出口,圣祖玄烨康熙五十一年,各商呈请改色,赴浙采买,便内地销售。议定每十引浙茶九,湖茶一,各商采买由潼关厅查照截角放行。"① 按照该府志的说法,至少在清初康熙早年即所谓"旧例"实行的时期,湖广茶既已为宁夏商贸茶主体,即使康熙五十一年(1712)"改色"之后,仍占该府茶引即营茶执照的十分之一。

本书第一编已经述及羊楼洞地方最早与晋商合作经营茶业的,是羊楼洞雷兴传、雷振祚父子。有研究认为,乾隆年间,晋商"大盛魁"所属小号"三玉川""巨盛川"两家茶商开始陆续在羊楼洞设厂制茶。② 它们在羊楼洞以及与之相邻的湖南羊楼司、聂家市三地采办茶叶,年生产量达到八十万斤③。参照《雷氏宗谱》中经常述及雷家后代世世多与晋商合作的事实,以及前曾引述的"远来商无不主雷氏,行业之盛甲一乡"④,《崇阳县志》"往年,茶皆山西商客买于蒲邑之羊楼洞",等等,应当可以断定与晋商合作贸茶,是自清乾隆年间雷兴传、雷振祚以降雷氏家族的主要商贸传统。与之合作的,或即为"大盛魁"旗下"三玉川""巨盛川"一类茶号;而其最初经营的主要品种,有可能为砖茶的前身,即彭先泽先生在《鄂南茶叶》中称为"帽盒茶"的一种矮圆柱形紧压"黑茶"茶饼⑤。

洞茶的品种大致可分为散茶与紧压茶。

明代以前茶叶生产中,散茶处于主导地位,团茶(紧压茶的一种)除了边货交易外,基本不再生产。明代前期无论散茶还是紧压茶多使用蒸法杀青,制出的青茶被称为"蒸青"。明代后期湖北茶引入松萝茶炒制法后,更能保持茶叶香味的炒制法得以推广,用炒制杀青法制出的青茶被称为"炒青"。而羊楼洞茶区出产的大宗商茶多为使用炒制法处理过原料的紧压茶。

早年羊楼洞茶区参与边贸的主要茶叶品种"帽盒茶"就是一种紧压茶。所谓"帽盒茶",实际上是做成矮圆柱形的紧压茶饼,"帽盒"是说其

① (乾隆)《宁夏府志》卷七《田赋·茶法》,宁夏人民出版社1992年版。
② 李三谋、张卫:《晚清晋商与茶文化》,《清史研究》2001年第1期。
③ 《旅蒙商大盛魁》,《内蒙古文史资料》第12辑(45)。
④ 贺寿慈:《裔卿公传》,《雷氏宗谱》,民国甲子续修重订。
⑤ 彭先泽:《鄂南茶业》,鄂藏档LSH2.14—3,第6页。

外形像是盛装帽子所用的矮圆柱形帽盒。"帽盒茶运销于鞑靼喇嘛庙、万全等地，此茶据云为西帮茶商在清康熙以前所制，今已无人仿其制法矣。"①制作帽盒茶的原料，按照传统的说法，是取于肥地所产的茶叶，这种茶在早春时不采毛尖和嫩叶，特别等到初夏之后才采摘，所以枝梗粗老。茶农将鲜叶采摘回后即入热锅快炒杀青，炒后置于木质揉床上端揉使软，然后晒干成为毛茶。毛茶并不经过发酵，入锅再炒，使水分进一步蒸发，然后用铡刀切断，长一寸许，经过分筛，用篾篓端装。篓高九寸，装茶时，在地上挖一个土坑，深九寸，恰如篓大，将篓套入洞内，一人手拉麻绳，双足在篓内踩压，边压边加茶叶，至每篓装七斤十二两且压紧为止，用棕遮盖，再用圆形篾簟封口，用麻绳缝合，然后三篓相连，放进一个大篾笥内。大篾笥长三尺，放入后再用竹篾编成十字形捆缚，放在杠杆下加压使形状大小一致即成。由于一再加压，紧致的包装缩小了茶货的体积，可以经受车船上下搬运和骆驼队驮运颠簸，且易于长途贩运及销售时计量。无异味的天然竹、棕、麻等包装材料有利于在长途运输过程中让茶叶进一步自然风干，保持原味香气。②这种茶叶的加工方法，是在山西商人的指导下产生的，在茶砖产生之前，作为一种先进的、经过晋商长途贩运实践考验的方法被引入湖北，在很长一段时间里是洞茶最主要的边贸茶制作方式。帽盒茶也是早期很经典的湖茶边贸品种。

早在咸丰之前，晋商来到羊楼洞茶区，就带来了不断更新的砖茶制造器械与技术。

砖茶的原料是老青茶，即采于毛尖之后已经舒展长大的茶叶。制作茶砖的老青茶分为洒面（茶砖正表面所用）、二面（茶砖背面所用）和里茶（又称包心，夹在茶砖中心部分）。洒面、二面采摘较早，一般为农历五月初之后开始，将当年生长的叶梗，长五六寸，附叶五六片者，使用茶扎子（一种铁制小刀）连梗带叶一并摘下，入热锅拌炒杀青，之后置于木质揉床上端揉，稍许摊置后送入蒸甑蒸之，蒸后置布袋内重新端揉，叫作一次"蒸捆"，"蒸捆"需要反复三次，三次后晒干，即算完成了洒面、二面的粗料。里茶（包心茶）采获较晚，一般为农历八九月份，此时叶梗粗长，

①彭先泽：《鄂南茶业》，鄂藏档 LSH2.14—3，第6页。
②同上书，第7页。

茶农使用镰刀收获，将隔年生之红麻枝梗带叶一并割下，名之曰"割茶"。里茶的制作更为粗放，热锅快炒杀青之后不行蒸捆，直接晒干即成[1]。以上制作多在茶农自己家中进行，制成之茶称为"毛茶"，砖茶原料的意思。毛茶制成之后，茶农随即担茶入市，任意到一家茶号谈质论价。茶号起样约二斤左右，仔细翻看梗末，如认对庄，双方合意，即可成交，经过秤、叫码、对样、倒茶、退皮、算账等手续，最后付钱。如果未能合意，则茶农另投别家求售，由于当时羊楼洞地区开有很多家茶号，茶农可以有较大选择余地，只是行规样茶不退，一家不成，茶农需忍受两斤样茶的损失。距离茶庄较远且出产量较少的茶户，也有通过上门茶贩收购集中后再售与茶庄的。这一类则手续较简单，看茶、说价、谈秤，均妥即成交，由茶贩雇人挑走，挑夫力资亦归茶贩自理。[2]

茶砖庄从茶农手中收购来毛茶之后，先将毛茶晒干，然后于室内地上铺上茅草、芦席，将茶叶堆于其上，经数日至数十日，以叶片不变色为度，然后开堆，先用头号大拉筛筛除灰沙及碎茶，将整茶用铡刀切为寸段，再上二号拉筛筛出过长茶段，用刀切细；再依次过三号手筛、四号手筛，直至八号手筛，每筛出长段，则用刀切细；过程之中，剔拣出白梗（上年生长的木质老梗）、茶珠（果）、黄叶等。筛出的灰沙中一般还含有少量碎茶，即过风斗及细筛留茶去杂，最后半成品为不含灰沙且过刀切细合格的碎茶叶，如此里茶即告成。其洒面、二面部分，还需由女工复拣，挑出当年生软质梗茎，用刀切细后混入里茶。洒面与二面均要求观感好、无梗茎。[3]

压砖阶段，先将洒面、二面、里茶分别置于蒸笼中蒸软，其次将洒面铺入木模，继以里茶，最后铺二面。将铺好茶叶的木模放入木制压榨机，压成茶砖，砖成之后置于通风室内，任其自干。经数日干透后再用包装纸包装，其后即可装入茶箱。[4] 茶箱一般为竹制，大小一律，一箱按销地需要的重量和大小规格分别装入二十四到三十九块，因此茶砖也称为二四茶

---

① 彭先泽：《鄂南茶业》，鄂藏档 LSH2.14—3，第 8 页。

② 陈启华：《湖北羊楼峒区之茶业》，《中国实业》第二卷第一期。

③ 彭先泽：《鄂南茶业》，鄂档藏 LSH2.14—3，第 12、14 页。实际操作远较本书所述更繁复。

④ 《羊楼洞砖茶生产运销合作社三十六年度业务计划书》，鄂档藏 LS31—16—819，第 49 页。

或三九茶等。其中三六规格每块重 41 两，每箱 36 块，整箱重 92.25 斤；二七规格每块重 55 两，每箱 27 块，整箱重 92.81 斤；此两种砖茶经由张家口外旅蒙商，销往蒙古及俄国西伯利亚。二四砖茶每块重 89 两，每箱 24 块，整箱重 133.55 斤，主销归化（今呼和浩特）、包头两地及新疆地区；三九砖茶每块重 55 两，每箱 39 块，整箱重 134.06 斤，除为"大盛魁"采购外，有余时也还卖给别的旅蒙商，主销蒙古及我国新疆地区。① 此外，羊楼洞茶区还曾制造每块重 16 两的六四砖，主销锦州一带；四五砖每块重 41 两，主销黑龙江，皆因后来销路不佳而停止制造。

晋商带入羊楼洞茶区较新的砖茶制造核心技术为木制压茶砖机。据《蒲圻县乡土志》载："砖茶机器其柱架及下压机，皆以极大栗木为之，模器多用枫木（如匣斗之类），每副四百件，料费约需千五六百金。"② 美国学者艾梅霞在她的著作《茶叶之路》中收入了这样一部她称为"这个原始的设备"的木制压茶砖机的清晰照片，照片中的这种压茶砖机由上面一根巨木杠杆和下面一根更加巨大的木头砧木组成。两个巨大木块形成夹角，有点像一部放大无数倍的订书机，在这两个主件近旁有许多起辅助作用的绳索、滑轮和细木杆，而被挤压的茶模就被放在这两个巨大木块之间。在照片的解说词中，艾梅霞这样写道："这个原始的设备是用来制作砖茶的压茶砖机。经过烘焙的茶叶装入长方形模子里，被木头杠杆压成茶砖。为做砖茶而烘制的茶叶上裹着薄薄的一层炭灰，这给了茶叶烟灰色的外观和烟熏的味道。这也使得外国人误以为砖茶是用牛血黏合的：实际上，茶砖是用这个由大木块和杠杆组合成的手工压茶砖机压实的。根据同时期资料，它需要四人来操作。一个人站在杠杆上面的架子上，像马戏团里走钢丝的杂技演员一样往杠杆上踩踩。当杠杆砸到砖茶上面时，另外两个人便抓住杠杆往下压。第四个人负责用绳子和滑轮把杠杆拉上来，准备第二次压下。一个 19 世纪 70 年代的俄国观察者是这样描述这一过程的：'如果计算精准并且操作正确，一分钟可以压出六块茶砖。'③ 这个解释基本准确，有一点误差，那就是茶叶是在经过蒸汽蒸过之后而不是烘焙之后直接被装

---

① 内蒙古自治区政协文史资料研究委员会：《旅蒙商大盛魁》，《内蒙古文史资料》第 12 辑，第 90 页。

② 宋衍锦：《蒲圻县乡土志》，蒲圻县教育局 1923 年铅印本，第 87 页。

③［美］艾梅霞：《茶叶之路》，五海传播出版社 2007 年版，插图注。

入砖茶模具之中，所以压出的茶砖还需要经过一段时间的自然干燥。羊楼洞所产茶砖一般还在茶砖正面压有小字商号、满文"龙泉"两个小字和代表品牌的一个大"川"字，这个"川"字应该来源于最早到羊楼洞经营砖茶的晋商"长源川""长顺川"及大盛魁的小号"三玉川"和"巨盛川"，后经各号仿用，成为洞茶共有标记。有学者用羊楼洞涌流的观音泉、石人泉、凉荫泉三条泉水制成富含矿物质的茶砖来解释洞茶"川"字品牌的由来①，这种说法似乎地方传说性质太重，且有资料证明，"大盛魁"旗下"大玉川"和祁县渠家的"长源川""长顺川"等早在清乾隆、嘉庆时期就已在福建武夷山地区办茶，"川"字牌号自那时当已出现，故"川"字由羊楼洞三条泉水而来之说似未足采信。总之，"川"字品牌在边地确实非常有名。牧民们从行商的货摊上拿起一块茶砖，先伸出三个手指，隔着包装纸从上往下一摸，就知道这是他们心仪的正宗茶货。羊楼洞当地贡生周顺偶在其《莼川竹枝词》中曾这样描述羊楼洞茶砖：

> 茶乡生计即乡农，压作方砖白纸封。别有红笺书小字，西商监制自芙蓉。②

在"西商"即晋商指导和监督之下，木制压茶砖机"这个原始的设备"，开创了一代名牌大宗商品的传奇。

乾隆年之后，更多晋商来到羊楼洞采办茶叶，当在清道光二十二年（1842）五口通商之后。由于福州开放通商，英国人开始在福州大量采购茶叶，山西商人在传统采购基地武夷地区与为英国人采购茶叶的沿海地区商人产生激烈竞争。

> 福州通商后，西客（案指山西茶商）生意遂衰，而下府、广、潮三帮继之而起。③

---

① 定光平：《羊楼洞茶区近代乡村工业化与社会经济变迁》，华中师范大学硕士论文，2004年，第19页。

② （道光）《蒲圻县志》卷四《风俗》。周氏自注："每岁西客与羊楼司、羊楼洞买茶，其砖茶用白纸缄封，外粘红纸，有本号监制，仙山名茶等语。"芙蓉山即羊楼洞松峰山别名。竹枝词所记，应是稍晚嘉、道时期晋商已在羊楼洞茶区采制茶砖的真实写照。

③ 彭益泽：《中国近代手工业史资料》第一卷，中华书局1962年版，第480页。

福州、广州和潮州的英商买办在武夷山茶区采办的应该更多为红茶。由于英国需求的支持，他们喊价更高，出手更大，所以也就是在福州通商之后，由于感受到福州（即"下府"）、广州、潮州三帮茶商（实际具有英国茶商买办性质）的竞争，生意逐渐衰微，又有部分山西茶商转到羊楼洞茶区组织货源。据《蒲圻志》统计：清道光年间进入羊楼洞的茶商有70多家，其中山西茶商，有天顺长、天一香（后更名"义兴"）、大德常、大川昌、长裕川、长盛川、宏元川、德原生、顺丰昌、兴隆茂、巨贞和、大合诚、德巨生、瑞兴、源远长等四十多家①。如果记述属实，则说明五口通商后有更多晋商进入了羊楼洞。这些晋商进入羊楼洞茶区之后，投资改良茶种，指导种植，置办新的器械，按照边贸需求改进加工包装工艺，使得羊楼洞商贸茶的生产再上台阶。这时晋商在洞茶区主要采办的，即为上述同治《崇阳县志》所载"名黑茶"②的砖茶。所以戴啸洲将羊楼洞制砖茶开始时间定在数十年后的清光绪初年，是不正确的。

山西茶商真正将采制茶叶的重心转到羊楼洞，确实应该在咸丰(1851—1861)时期。但这个转移并非如戴啸洲所言始于偶然机缘，也并非因为其时晋、皖等外地茶商路过所见而突发奇想，而是由于太平天国军与清军在江南和福建北部茶产区的战争活动，导致闽茶产量锐减，价格猛增③，晋商通往福建的茶路阻隔。"（福建）崇安为产茶之区，又为聚茶之所，商贾辐辏，常数万人。自粤逆（案指太平天国）窜扰两楚，金陵道梗，商贩不行，佣工失业。"④ 而清廷为镇压太平天国及各地起义筹措军饷，多设关卡，实行厘金制度，晋商运茶须逢关遇卡纳税征厘，更加重了成本负担，不得不另辟茶源。由于乾隆年间就已有晋商到达羊楼洞茶区与洞商合作办茶；道光年间更多山西茶商到来的结果，当是使羊楼洞茶区的茶叶种植更具规模，制作亦入轨制；而且与福建相比，湖北羊楼洞经新店蟠河入长江转汉水到西北边境的运输路程更短更便利，经过的战地和关卡

---

① 《蒲圻志》，海天出版社1995年版，第147、284页。

② （同治）《崇阳县志》卷四《物产》。（"往年，茶皆山西商客买于蒲邑之羊楼洞，延及邑西沙坪。其制，采粗叶入锅，用火炒。置布袋揉成，收者贮以竹篓。稍粗者入甑蒸软，用稍细之叶洒面，压成茶砖，贮以竹箱，出西北口外卖之，名黑茶。"）

③ 庞义才、渠绍森：《论清代山西驼帮的对俄贸易》，《晋阳学刊》1983年第3期。由于太平军在福建茶区的军事活动，茶叶价格"提高了百分之五十"。

④ （清）王懿德：《王靖毅公年谱》卷上（咸丰三年，四月纪事）。

也少得多，所以大批晋商来到羊楼洞茶区可以说是轻车熟路，理所当然。

咸丰年间更多晋商转移到羊楼洞茶区，确实是具有战略性质的重心转移。其后太平军虽曾占领通山、蒲圻等洞茶产区达十年之久，与清军展开反复拉锯争战，使多数行屋和大量生产资料毁于兵火，但是晋商仍然在羊楼洞当地绅商和茶民顽强的支持下坚持以鄂南为主要茶源供应区，直到太平天国战争结束，赴闽茶路复通之后，晋商仍然选择留在湖北，再也没有重新将福建作为其主要产茶基地。羊楼洞茶区也因此向区内及周边大举扩展，出现同治《崇阳县志》所谓"今四山俱种，山民藉以为业"的盛况，茶叶质量、产量不断提高，最高年份产销商贸茶竟达约5000万斤，真正推进洞茶脱离自然经济，走向大规模产业化。同治《崇阳县志》曾记载羊楼洞茶区当时繁荣的情景："城乡茶市牙侩日增，同郡邻省相近州县，各处贩客云集，舟车肩挑，水陆如织，木工、锡工、竹工、漆工、筛茶之男工、拣茶之女工，日夜歌笑市中，声成雷，汗成雨。食指既多，加以贩客搬运，茶来米去，以致市中百物，一切昂贵。"① 产业和社会突飞猛进的发展、财富的大量集聚，使羊楼洞最终成为我国近代商贸茶叶的生产重镇，使洞商得以深入茶叶场域并在此中逐渐如鱼得水，并为促成汉口开埠和发展成为内陆重要大都市奠定了商贸基础。

三　俄商及其买办

俄国人最初踏入洞茶场域时，其所扮演的角色仅仅是洞茶的消费者。

最迟在1237年，作为征服者的蒙古人就已经将饮茶的习俗带到了俄国。② 但有文献记录地中国茶叶非常正式地传到俄罗斯，却颇有戏剧性。1638年，正值清朝顺治初年，俄国第一任沙皇米哈伊尔·奥多洛维奇派遣特使瓦西里·斯塔尔科夫（Starkov）往蒙古方向找寻通向中国的商路，这条路势必穿越当时统治蒙古地区的三家蒙古大汗之一的土地，他们选择穿越的是浩特阔特黄金汗阿勒坦汗的土地。

斯塔尔科夫开始受到了有意为之的冷遇，一是因为四年前阿勒坦汗以貂皮、黄金等进贡，希望向俄国换取新式来复枪的请求没有得到满足；二

---

① （同治）《崇阳县志》卷四《物产》。
② 郭蕴深：《中俄茶叶贸易史》，黑龙江人民出版社1995年版，第1—2页。

是因为不久之前占领了中原的清朝也占领了三大蒙古首领之一林丹汗的土地，而俄国人与清朝联系的动机非常可疑；三是因为斯塔尔科夫一行经过部落的一路盘剥之后，原来携带的丰盛礼物走到阿勒坦汗位于乌布里湖畔的大帐时已经所剩无几。

大汗的代表让斯塔尔科夫等了三周之后才召见他们，而开始的第一、二次会见的气氛都极其冷淡。使臣被逐出可汗的大帐，并被取消了日常供应。但是阿勒坦汗心中深藏的希望还是联合俄罗斯以对付威胁更大的西部卫拉特部蒙古和南方更强大的清朝，所以四天之后，饥肠辘辘的俄国使者终于被召去面见大汗，在呈上礼物和俄国沙皇给可汗的信件之后，俄国人被邀请与可汗共进晚餐。茶就出现在这次盛大的晚宴上。在特使的笔记中，俄国人描述这种不知名的饮料：浓烈而苦涩，颜色发绿，气味芬芳。斯塔尔科夫猜想饮料是用某种植物（某种树）做成的，他以前从未品尝过，"这种饮料似乎是把某种叶子煮沸制成的，被称作茶"。阿勒坦汗也送给俄国沙皇礼物，除了锦缎、皮毛之外，还有两百包白毫茶。这些茶每包重四分之三磅，共重四普特，约等于六十五公斤。① "据说，斯塔尔科夫抱怨茶在俄国一钱不值，因为俄国人不知道拿它做什么，他和他的随从却要被迫把这么重的东西一起运回俄国。……茶于是被运到了莫斯科。"②

以上内容始见于俄国官方人物关于茶的记述，也是文献对于中国茶叶传入俄国历程的官方版本。但是实际上，在民间，中国茶叶早已通过中亚国家及西部蒙古的商业活动渗入了俄国腹地，将茶叶作为礼物赠送给沙皇的蒙古阿勒坦汗在 17 世纪上半期也与俄国商人有较为密切的贸易交往。③俄国民间的饮茶风俗早已在无声地传布弥漫，斯塔尔科夫所做的，仅仅只是从官方的途径正式地将这种产于遥远中国南方的饮料介绍到俄国而已。由于饮茶风俗最初是从西部与出产琉璃的波斯有贸易往来的蒙古卫拉特部传入俄罗斯，俄国人饮茶也就不同于习惯使用瓷器的中国，而更多使用玻璃杯。俄国人很快喜欢上了这种能让人轻微上瘾的提神的饮料，不久之后，许许多多俄国家庭就都备有煮茶用的火壶茶炊，来了客人家家户户都用茶来待客，一个生活在俄国西伯利亚的俄罗斯人从早到晚至少要饮用五

---

① ［俄］托尔加舍夫：《中国是俄国茶叶的供应者》，《满洲公报》1925 年第 5—7 期。
② ［美］艾梅霞：《茶叶之路》，中信出版社、五洲传播出版社 2007 年版，第 125 页。
③ 郭蕴深：《中俄茶叶贸易史》，黑龙江人民出版社 1995 年版，第 3—4 页。

六大杯茶。

羊楼洞茶叶参与对俄出口并逐渐取得重要地位竟是由于战争。1853 年以前，从中国运至恰克图市场对俄贸易的主要市场销售的只有福建茶。但是从 1853 年到 1856 年，由于太平军接近了福建武夷山一带产茶区，导致福建茶叶价格提高了 50%，而且茶商到达那些地方很不容易，于是很多茶商就只能购买湖南和湖北茶。他们在运往恰克图的茶叶箱里先装上湖广茶，再装上福建茶，然后把这些茶叶当作纯粹的福建茶叶卖给俄国人。但没想到的是，这种冒充的福建茶却更符合俄国人的口味，受到俄国人的欢迎。以至于后来许多商人运来的地道的福建茶无人问津，而使他们受到重大损失。[1] 洞茶就这样阴错阳差地从此成为对俄出口最为重要的茶品之一。

由于国内需求的增长和对欧出口的需要，俄国早就注视着鄂南这片对于俄国茶贸最为重要的地区。自 19 世纪初，就已经有俄国人在汉口从事茶业活动，努力了解羊楼洞等茶区的情况。巴提耶夫（J. K. Panoff）就是这样一个典型的俄国商人。[2]

巴提耶夫是沙皇的亲戚，他并不是最早来到汉口的俄国人，但他是出了名的中国通，能说一口流利的汉语，精明强干，手腕过人，能与各层人等做实质性的交流沟通，做起生意来完全没有皇族的矜持，一切以挣钱为目的。他来到汉口以后，很快就凭着他的智慧和勤奋后来居上。在商界，人们称他"巴洋人"，或者尊称他为"巴公""大巴公"。巴提耶夫到羊楼洞考察茶业和他后来担任新泰洋行大班，对于他来说都只是小试牛刀，是为后来创办阜昌茶砖厂而做的见习，他很快就熟悉了两湖地区的业茶门道，并在兴办阜昌上大展拳脚。他出任阜昌洋行联合经理，所领导的阜昌洋行在汉口业茶主要有两条，一条是引进先进技术，他从中国东北引入不少俄国技术人员，他的弟弟小巴公齐诺·巴提耶夫就是以工程技师的身份来到汉口，就职于阜昌洋行，并于 1890 年设计出新式蒸汽压茶机，大幅度提高了茶砖生产效率和质量；另一条是任用华商买办经营华俄茶叶贸易，

---

① Commercial Reports（1868 年，天津），转引自姚贤镐《中国近代对外贸易史资料》第 2 册，第 1299—1300 页。

② 巴提耶夫被称为"巴公"或"大巴公"，又译作巴诺夫、帕诺夫、巴甫诺夫，笔者曾就此请教武汉市图书馆的徐明庭先生，承蒙他证实，巴提耶夫与巴诺夫、帕诺夫、巴甫诺夫为同一人，仅译名不同。巴提耶夫还有个弟弟，后来也到汉口工作，人称"小巴公"。

为茶砖厂带来大把的利润。他用业茶带来的利润大肆购置土地，成为在俄租界拥地最多的俄商。1896 年汉口俄租界开辟，巴提耶夫被推选为俄租界市政议会常务董事，1902 年他被高度重视华俄茶业的俄国政府任命为驻茶产大埠汉口的领事馆领事。

俄国人在汉口最初也借鉴英国人的办法雇用买办，俄商买办中最著名的要数刘辅堂父子①。

刘辅堂（1855—1905），名仁贵，字运兴，号辅堂，祖籍山西。其父因家境贫困，率子辗转来汉，经同乡荐引，在山西人经营的票号帮工。刘辅堂识文断字，20 岁上下就自设蒙馆教读学生，后入武昌圣公会办的仁济医院学医，不久，又考取海关职员，被派往江汉关担任抄班。在江汉关，他认识了"大巴公"巴提耶夫，并与之建立了良好的关系。巴提耶夫在羊楼洞茶区收茶办厂，也一直注意可用的华商人才。1893 年，巴提耶夫任俄商新泰洋行大班，在汉口俄租界列尔宾路（今兰陵路）路口处建有新泰茶砖厂，刘辅堂也就随着巴提耶夫到新泰洋行充任采购茶叶的庄首。他在新泰洋行的支持下，在羊楼洞开设"广昌和"茶庄，亲自或派员深入羊楼洞茶区大量收购茶叶。他利用俄国领事馆发给的照会为护符，在羊楼洞与当地豪绅巨族广为交结，每到茶叶收获季节，他就与这些豪绅们互相勾结，以高出市价几个百分点的价格收购毛茶，并到处传播俄商买办广昌和高价收购毛茶的消息，用以引诱茶农茶贩上门赶市，一俟大批茶叶涌到，就下狠手杀价，弄得茶农茶贩们进退维谷，最后只好忍痛出售，听凭宰割。由于刘辅堂这种市场策略运用得当，用很低的价钱很好地完成了巴提耶夫交办的大量收购毛茶的任务，尤其是他在完成收茶过程中表现出来肯钻研业务和对于洋行的忠诚，很受巴提耶夫看重，所以不久之后，巴提耶夫就将刘辅堂调到汉口新泰洋行担任管厂。

刘辅堂倚仗俄国洋人势力，适应汉口打码头的风气，常常用拳头立威。工人稍不服管束他就拳脚相加，叱骂不绝。有时雇用河下码头工人临时扛货，每件货当付六个铜钱，他只发给工人三四文钱，工人下货把货箱放下得稍微沉重一点，他上去就拳打脚踢，大声呵斥。历来厂庄都流行克

---

① 以下关于刘辅堂、刘子敬的生平介绍主要依据董明威的《大买办刘子敬的兴衰》等，见《湖北文史集粹》第三辑，湖北人民出版社 1999 年版。

扣客户斤两，"又各厂商尚有两种陋习，一为计秤，一为计钱，均不按实计算……收购红茶，例以四十两为一斤，且有以百六十两为一斤者；付款则向有九四、九五、九六、九七兑钱四种，他如'扯秤''抹尾''除潮''除灰尘'等，弊端丛出"①。至此变本加厉。刘辅堂对洋行的忠心不久得到进一步的回报。光绪二十年（1894）前后，适逢新泰洋行的广东籍买办要求在原来每年3000两薪俸基础上加薪为每年5000两，未获大班巴提耶夫的同意，于是坚决辞职不干，洋行于是将其部分买办业务暂时交给刘辅堂承办，刘辅堂对每项业务都尽心尽力，办得妥妥帖帖、井井有条，比以前广东买办做得更加出色，巴提耶夫深感满意，于是进一步提拔刘辅堂为新泰洋行买办。刘辅堂进入洋行两年不到，由茶庄庄首连续升迁到洋行买办正职，巴提耶夫也借用提拔刘辅堂完成了新泰洋行买办由广东籍向山西籍的过渡。

数年后，人称"马洋人"的俄商莫尔恰诺夫（Molchanoff）在汉口与巴提耶夫一起创办阜昌洋行，由诨名被称为"矮洋人""剃头夫"的佩恰特诺夫（Pchanoff）充任阜昌洋行大班，巴提耶夫首先将被称为"小巴洋人"的其弟小巴提耶夫介绍到阜昌洋行充任大写，不久又将刘辅堂介绍到阜昌洋行担任买办，巴提耶夫则自任阜昌洋行联合经理和茶砖厂的厂主。刘辅堂上任之后，很快将阜昌茶砖厂做到年产30万箱，在汉口所有茶厂中最大。在满足俄国对于茶叶的需要之后还有多余，于是他开辟财源，将过去晋商的经商模式变化复制，把以前全销俄国的茶砖分出部分沿途洒卖到我国北部内蒙古、新疆一带获利，换取皮毛后更是获利数倍。他看到阜昌每年需要使用大量竹篾茶箱，于是全部承包下来，由买办账房雇用大量木工、篾工，自行监工赶制，仅此一项，每年截获利润10万元左右。他利用阜昌产销量第一的地位操纵茶市，控制中小茶商，使阜昌成为汉口茶市价格升降的主导。他厉行严格管理，常常到了严酷的地步。例如他规定洋行每晚7时落锁，除特殊情况外任何人叫门不得开门。而有一晚下雨，刘辅堂自己在晚上9点多到洋行叫门，门房认为这应属特殊情况于是打开大门，不料刘辅堂进门之后一言不发就拳打脚踢，把门房打得遍体鳞伤。又如同源茶行老板汪春荣为了巴结刘辅堂，特保荐同行朱必达为刘辅堂到茶区收

---

① 彭先泽：《鄂南茶业》，鄂藏档 LSH2.14—3，第18页。

购茶叶。朱为了显示才能，确实很卖气力，为洋行收购了很多茶叶，为此，朱必达有些得意忘形，认为自己既有功劳也有苦劳，于是外支了一点工资。对此刘辅堂不依不饶，要朱必达偿还公款，并责成保荐人汪春荣负责赔偿。汪不以为意，以为刘小题大做，自己开着茶行，又有钦赐四品道台名号，在商场上有面子，刘辅堂不会把自己如何。却没想到刘辅堂乘着汪春荣去茶行公所开会的机会，派打手胁迫汪的轿夫把轿子一直抬到公所对面的居巷码头，抬上事先准备好的拖轮，一直开到阜昌专用的英租界三码头，再把汪春荣关进阜昌茶栈羁押起来。直到六天之后，汪家托人说情并赔偿了朱必达的长支过用，汪春荣才获释。刘辅堂的强势作为，引来了许多商场对手放话威胁，让他小心，要叫他挨揍放血，但他不以为意，只是雇用了两名打手保镖与自己一起出入。

刘辅堂为洋行拼死拼活，自己也获得了丰厚回报。到1905年去世时，他已经拥有了200万两银子的资产，在汉口建立了自己的信誉和地位。阜昌洋行在他死后，又将他的儿子刘子敬提拔起来。当时刘子敬才21岁，正在武昌美国基督教会创办的文华学校读书，经过"巴洋人"巴提耶夫和洋行大班佩恰特诺夫的提拔认定，1906年，他继承了其父在阜昌洋行的职务，成为汉口最年轻的买办。

刘子敬（1884—1927），名义方，字子敬。他上任之初，对其父刘辅堂任用的一班老人，如经理室大写黄厚卿、张寿山，总账房曹敬清，广昌和茶庄总管事戚受之，管厂王平衡等优礼有加，口称老伯，言听计从。他接手买办时，汉口俄茶贸易正如日当空。每年农历二月一过，他就派广昌和茶庄总管事戚受之，分派大批人马，分别携带从数万串到数十万串刚刚提现出来的崭新湖北官钱局的官票，及时进羊楼洞等茶区收购茶叶。戚受之进山之前，总在刘子敬的授意下到洋行各部门走一遭，按职员级别的高低从几百到数千，收取个人参股投资，而到年底，戚受之就用红单开具茶庄的盈利，送请刘子敬过目核收；而洋行职员个人的入股投资，也在这时兑现盈利。刘子敬羽翼渐丰后丁是丁，卯是卯，对业绩要求严苛。有一年戚受之报赚29万两银子，腆笑着想为部属请几个辛苦赏钱，而刘子敬看了红单，不仅没有片言慰藉，反而沉着脸质问："怎么只赚这么一点点？"

刘子敬每天黎明即起，手持皮鞭，脚踩自行车，带一条猎狗，到茶栈、茶行、茶砖厂和茶用码头巡视。发现问题，轻则呵斥，重则鞭笞。他在汉口开设"协记"茶行，继承其父办法收购毛茶。每收 100 斤茶叶，借口除毛、除杂、除湿，扣三五斤秤；到付款时，除"文八"扣佣，还要按"文七六"扣现，每百元茶款，卖家只能实落 95.6 元，这是明扣。而每当茶贩住进客栈，将茶叶小样送到茶行，茶行就提高报价，引诱茶贩进行卖货，而一旦大批茶货入行，这边就将已经摘去几片粗叶、茶梗和叶末的小样与之比对，说大小样不符，要求茶贩按小样交货，否则降价成交。茶贩无法可选，只得忍痛成交。

刘子敬的努力也得到俄商的肯定，1912 年，他又担任俄商道胜银行买办，他的胞弟担任了美商花旗银行的买办，于是他们将对于利润的追逐更进一步扩大到房地产、蛋厂、纸厂、纱厂等更多行业中去。

四 英商及其买办

许多关于茶叶的书中都述说英国的饮茶风俗是经由俄罗斯传到欧洲，再由荷兰、法国等欧陆国家传到英国的。但是还有一种说法是由荷兰东印度公司经由海上贸易带到英国的。如果仅仅从英国人饮茶更多使用瓷器这一点看，这后一种说法似乎更有道理。作为佐证的是英语中"茶"的发音"tea"，来自于中国沿海福建、厦门的方言中对于"茶"的发音，似乎更是茶叶由海上舶来而非经由中国北方晋、陕茶商通过中国内陆漫漫茶路转售俄国后传入的证明。①

荷兰人开始贩运茶叶大约是在 17 世纪初期，"他们先后将茶叶传至法国（1638）、英国（1645）、德国（1650）和美国（17 世纪中叶）。1651—1652 年，阿姆斯特丹举办茶叶拍卖活动，茶叶成为独立的商品，阿姆斯特丹自然也成为欧洲的茶叶供应中心。荷兰人从中国购买的茶叶，除满足自己消费外，还转卖给欧洲其他国家和北美殖民地"②。英国人很快就培养出浓厚的饮茶习惯，1664 年，英国仅仅输入了两磅两盎司茶叶，是价格昂贵的武夷茶，但是到 1715 年以后，贫民消费得起的低价绿茶在英国市场上出

---

① 《茶叶全书》，东方出版社 2011 年版，第 37 页。威廉·乌克斯认为："直到 1644 年后，英国商人又在厦门港开创业务，而厦门港也成为近年以来英国人在中国发展的主要根据地。在这里他们取茶的福建土音 té (tay)，拼成 t-e-a，ea 读 a 的长音。"

② 仲伟民：《茶叶与鸦片：十九世纪经济全球化中的中国》，生活·读书·新知三联书店 2010 年版，第 43 页。

现，茶叶消费于是迅速增长，成为风靡一时的全民性饮品。1716 年，两艘英国货船从广州运回 3000 担茶叶，价值 35085 英镑，占到总货值的 80%。① 茶叶从此成为英国与东方贸易的主要商品。

英国人进入中国茶产地在开始时依靠的是买办商人，买办制度最开始也是英国人开创的。由于向英国的输出为国际贸易，华商不谙熟国际贸易和金融业务，英商也不熟悉中国的语言、交易习惯和五花八门的货币与度量衡，因而必须物色一部分中国商人作为中间人，这些人就被称为买办。他们受雇于洋行，并以多种形式为洋行服务，二者的依附关系由佣金制度维持。一般买办为洋行购进茶叶，佣金由茶庄按交易额的 2%—2.5% 支付，也有由买卖双方支付的。② 据资料描述：英国人雇用粤籍商人充任买办，还因为早在五口通商前的广州一口通商时期，粤籍茶商就已经进入湖北办茶。1826 年，粤商钧大福、林志成、泰和合曾先后带领江西技工到鄂西开辟宜红茶区；道光四年（1825）前后，就已有相当数量的粤商进入羊楼洞茶区为出口英国的茶船办茶。到 1840 年，仅羊楼洞一地就已有红茶号 50 多家，年制红茶 10 万箱，每箱 50 斤，总产已达 500 万斤。1850 年，羊楼洞茶号增至 70 余家，年制红茶达 30 多万箱。③ 由于以上这些原因，《南京条约》缔约后最早进入羊楼洞茶区的自然就是具有英国买办性质的广东籍茶商，他们深入茶乡，进一步推广红茶制造技术，探查红茶出口的相关事宜，使得羊楼洞茶区很快成为红茶外销的主要产地。最早来到羊楼洞的英国买办商人中，于史可稽的著名人物就有近代著名启蒙先驱容闳。

容闳（1828—1912），原名光照，字达萌，号纯甫，广东香山南屏（今属珠海）人。七岁入英国传教士郭士立夫人所办教会学堂，13 岁入澳门马礼逊学校读书。1847 年随美国传教士勃朗赴美留学，先后入马萨诸塞州孟松学校和耶鲁大学，1854 年（咸丰四年）获文学士学位，成为中国第一个毕业于美国大学的学生。1855 年回国，先后在广州美国公使馆、香港高等审判庭、上海海关翻译处任职。1859 年入英商宝顺洋行，为洋行采购

---

① K. N. Chaudhuri, *The Trading World of Asia and the English East India Compang*, *1660—1760*, Cambridge University Press, 1978, p. 538.

② 武汉地方志编纂委员会：《武汉市志·对外贸易志》，武汉大学出版社 1996 年版。

③ 李泽兴：《湖北茶叶》，《湖北方志通讯》1985 年第 10 期，第 33 页。

丝、茶，其后曾访问太平天国都城南京，后受曾国藩委派赴美国采购机器，筹建江南制造局，鼓吹西学，主持选派幼童赴美国留学，任驻美副公使，协助规划上海机器织布局，计划筹措国家银行，积极参加戊戌变法，任唐才常自立军上海"中国国会"会长，失败后被清廷通缉而逃亡香港、美国，亦积极支持孙中山民主革命，在辛亥革命次年逝世，为清末著名人物，著有《西学东渐记》。容闳在英商宝顺洋行期间，曾组织携带四万两白银的巨款深入太平天国军占据的安徽太平县，历经艰险，终于从太平军中购回二十八船六万五千箱共 350 多万斤绿茶运到上海。他于贩茶危难关头坚韧镇定，沉着应对，由此在中西商界广受称誉。

容闳于 1859 年 3 月曾受英宝顺洋行委托进行产茶区调查。从上海出发，走水路到浙江杭州、衢州、萧山，陆路经玉山入江西，再经水路过鄱阳湖到南昌，转湖南湘潭购茶，再经长沙，过洞庭湖到华容，于两周之后，在炎炎的七月夏日中，经汉口抵羊楼洞茶区，深入学习羊楼洞制茶及装运方法，在羊楼洞住逾一个月，是他此行中住留时间最长的地方，可见羊楼洞茶区是他调查的重点。对这段经历，容闳有如下记述："六月三十离汉口，七月四日至聂家市（按今属湖南临湘市羊楼司）及杨柳洞（按即羊楼洞），于此二处勾留月余。于黑茶之制造及其装运出口之方法，知之甚悉。其法简而易学。予虽未知印度之制法如何，第以意度之，印茶既以机器制造，其法当亦甚简。自一八五〇年以后，中国人颇思振兴茶业，挽回利权，故于人工之制茶法，亦已改良不少，究印度所以夺我茶业利权之故，初非以印茶用机器制造，而华茶用人工制造之相差。盖产茶之土地不同，茶之性质，遂亦因之而异。印茶之性质极烈，较中国茶味为浓，烈亦倍之。论叶之嫩及味之香，则华茶又胜过印茶一倍也。总之印茶烈而浓，华茶香而美。故美国、俄国及欧洲各国上流社会之善品茶者，皆嗜中国茶叶；惟劳动工人及寻常百姓，乃好印茶，味浓亦值廉也。八月下旬，所事既毕，共乘一湖南民船以归。船中满载装箱之茶，以备运沪。于八月二十九日，重临汉口，计去初次离汉时且两月矣。此行不复过湘潭，经汉口后，即自扬子江顺流而下，至九江，过鄱阳湖。……九月二十一日抵杭州。由杭州复乘'无锡快'①，于九月三十日抵上海。"② 容闳返回的道路，并非传统内地茶叶输往英国的路径。

华茶输英的路，是早在广州一口通商的时代就开通了的。早年羊楼洞输往英国的茶叶，先要从羊楼洞运到湖南湘潭集中，再从湖南走陆路越过湘粤边界的山区进入广东，最后从广州装船去英国。

容闳当然知道传统茶路，他写道："湘潭亦中国内地商埠之巨者。凡外国运来之货物，至广东上岸后，必先集湘潭，由湘潭再分运到内地。又非独进口货为然，中国丝茶之运往外国者，必先在湘潭装箱，然后再运广东放洋，以故湘潭及广州间，商务异常繁盛。交通皆以陆，劳动工人肩货往来于南风岭者，不下十万人。南风岭地处湘潭与广州之中央，为往来必经之孔道。道旁居民，咸藉肩挑背负以为生，安居乐业，各得其所。"③ 但是他最后在临湘聂家市及羊楼洞采购茶叶之后，却并没有再经湘潭。"此行不复过湘潭"，而改走长江水路经汉口顺流直下，最后自杭州绕过太平军占领区回到上海，他选这一条路走，应该是对费用高昂且效率低下的湘粤间陆路茶叶运输深有感触，且负有洋行交代的茶路勘探任务，在五口通商及太平军失败之后，探求一条由羊楼洞茶区输往英国最为便利且效率最高的国内水运茶叶的路线吧。如果真是这样，他确实具有先见之明。"1861 年在外商准备好在汉口营业之前，南方茶商还是将茶叶的大部分运往广州出口。1861 年广州出口的红茶达 247014 担，汉口只有 80000 担。1862 年汉口的红茶出口就达到 216351 担，广州下降到 191919 担。1863 年广州出口的红茶只有 135328 担，而汉口上升到了 272922 担。" 容闳考查之行才仅仅四年，汉口开埠以后，在短时间内，茶叶出口路线就已经发生逆转，汉口顺长江直达上海的水路成为主要出口茶路，汉口茶叶出口已经达到广州出口量的两倍，长期依靠广州一口茶叶外贸英国的情况得到根本的改变。

如上所述，通过探讨洞商、晋商、俄英商人及其买办的各方行动者参与洞茶场域的历史过程，一方面分析了行动者的各种偏好和策略的社会起

① "无锡快"，一种平底小船，当时多在南方无锡一带使用，故称。
② 容闳：《西学东渐记》，中州古籍出版社 1998 年版，第 112—113 页。
③ 同上书，第 111 页。

源，另一方面考察了这一场域的组织机制和动力过程。行为倾向也好，实践感也好，都不是普遍使用的给定之物，而是受社会和历史两方面因素构建而成的。为了避免将行动者视为既有存在的、化约的经济人，去追求货币利润最大化的狭隘思路①，事实上，我们发现所有的经济行为者都受着历史和情境的双重限制，正如洞茶场域中活跃的行动者们，那些似乎看不出明确意图的当下行为，却事实上正是合情合理的历史实践。

第二节　洞茶场域中位置分布与力量竞争

在布迪厄看来，市场就是一种社会政治的建构："在各种不同地域性的'科层场域'（按：如国家），市场都折射出各方的索求和需要的影响。各方的社会行动者和经济行动者各自有着自身的权力索求和利益需要，但他们的利益要想得到统筹安排，机会和能力却互不相同。"② 洞茶场域中，晋商凭借多年对茶叶加工运销的资本顺利建立洞茶场域，并顺理成章地成为其中的主导者；羊楼洞本地商人则依持在当地的社会优势及经商传统，联手晋商合作贸茶，得以成为场域中重要的辅助生产者。布迪厄同样认为，场域也是参与其中者集中符号竞争和个人策略的场所，而"策略是实践意义上的产物，是对游戏的感觉，是对特别的、由历史性决定了的游戏的感觉……这就预先假定了一种有关创造性的永久的能力，它对于人们适应纷纭繁复、变化多端而又永不雷同的各种处境来说，是不可或缺的"③。对于深感主辅地位悬殊，不满于主要经营利润被晋商拿走的羊楼洞茶商来说，运用策略以创造性地改变自身在场域中的处境，似乎是水到渠成的事情。洞商于道光年间主动引进以英国需求为背景的粤赣红茶商人入场，以及汉口开埠和俄国商人的到来，都为洞商的发展提供了崭新的机会。

---

① ［法］皮埃尔·布迪厄、［美］华康德：《实践与反思——反思社会学导论》，中央编译出版社1998年版，第162页。（皮埃尔·布迪厄指出，正统经济学的观点认为人类的实践活动不是受机械单板的因素的驱使，就是出于自觉的意图，来努力使自己的效用最大化，从而服从一种千古不变的经济逻辑。）

② ［法］皮埃尔·布迪厄、［美］华康德：《实践与反思——反思社会学导论》，中央编译出版社1998年版，第160页。

③ 包亚明：《文化资本与社会炼金术——布尔迪厄访谈录》，上海人民出版社1997年版，第62页。

一　晋商与洞茶场域的建立

按照布迪厄的观点，茶贸是一个自主性比较强的"限定的生产场域"，只有通过对这个现实的、具体的经验世界进行研究，"你才会估量出他们具体是如何构成的，效用限度在哪里，哪些人卷入了这些世界，哪些人则没有，以及他们到底是否形成了一个场域"①。依照这个观点及上节所述，晋商无疑是最早卷入茶贸场域，并在这个场域中起到支配作用的一些人。

在清朝初年，由于自明朝以来对于北方蒙古贸易的严密封锁和控制，许多下层牧民缺乏基本的生活物资。康熙二十七年（1688）法国传教士张诚（汉名，原译名热比雍）随清廷使团赴尼布楚与俄国谈判，在途中见到蒙古民众这样的生活情景："他们的孩子一丝不挂，父母穿的则是内衬羊毛的破布衣服。许多人除披一件羊皮外，没有其他的衣服。"沿途路上，有许多迫切希望得到内地货物的蒙古人民来到使团驻地，要求进行以物易物的交换。② 漠北喀尔喀蒙古三音诺颜汗部盟长那彦宝等蒙古王公也在其奏折中说："凡粮、烟、茶、布，为蒙古养命之源，一经断绝，益形坐困，自系实在情形。"③ 这与另外的使团在出使途中对于蒙古民族的所见所闻是一致的："风俗随水草畜牧而转移，无城郭常居耕田之业，以肉为饭，以酪为浆，无五谷菜蔬之属，衣皮革，处毡庐，见中国茶叶则宝之，而金银非其好也。"一路上，常常有蒙古人来到他们的营帐，"用他们的牲畜交换布、烟草以及茶叶……"④ 康熙帝取消马市，开通中原内地与蒙古草原的交易，使得内地货物与蒙古出产得以相对自由的交换，极大地丰富了蒙古草原人民的物质需求。

在大约两个世纪以前，一户蒙古牧民的生活往往是这样开始的。一位蒙古主妇黎明即起，点燃牛粪火炉，用刀从一块"川"字茶砖上切下一小块干茶，用锤棍捣碎茶叶特别是夹在茶砖的里茶中间的当年生茶梗，让其中的香气和营养更容易渗出来，放在陶制的茶壶中加水煮开，再加进牛

---

① ［法］皮埃尔·布迪厄、［美］华康德：《实践与反思——反思社会学导论》，中央编译出版社1998年版，第138页。

② 《张诚日记》（1688—1690年），《清史资料》第五辑，中华书局1984年版，第172页。

③ 《那彦宝奏折》，《军机处录副档·民族类》（宗卷号2371），中国第一历史档案馆藏。

④ 张鹏翮：《奉使俄罗斯日记》，《小方壶斋舆地丛抄》第三轶。

奶，煮沸两三次，一壶香气四溢的奶茶就煮成了。一家老少团团围坐在蒙古包里，每人捧着一碗热腾腾的茶汁，加点盐巴和黄油，就着干粮奶酪，津津有味地开始了新的一天。由于爱惜物产，牧民家并不是每天宰杀牲畜，平日里饮食多以更容易再生产的奶制品为主，而日常生活中茶对于补充边地很少出产的营养素不可或缺，"宁可三日无肉，不可一日无茶"①，古老的谚语，道出了边民对于茶的深深喜爱。

远在千里以外的湖北生长和制造的茶叶，却与草原牧民每天的生活息息相关，仔细想来这的确是一件很奇妙的事情。而让这件奇妙的事情成为事实，离不开像"大盛魁"那样的晋商长期默默的努力。

清朝康熙年间，一位身材高大、孔武有力的青年，离开他的家乡山西太谷县，来到北边长城的杀虎口，去为驻扎在那里的清军当伙夫，他的名字叫作王相卿。在军营里，他认识了同乡张杰和史大学，他们一起为驻防军做饭、打杂役，有空时还用扁担挑着针头线脑、烟草、茶叶、食品和军队生活所需要的各色杂货在军营各帐篷里向军人出售。有时还采购一些土产、山货去往归化城出卖。由于开始时生意不是很如意，张杰和史大学回到家乡，而王相卿却以格外的顽强坚持下来，建立了自己的人脉，等来了军队的信任和商机。生意好转后，王相卿立即找回史大学和张杰，他们共同约定成立三人合股的商业团体，不久，他们联合另外几个小贩组成一个名为"吉盛堂"的商团，之后又在此基础上组建了后来叫作"大盛魁"的著名晋商商号。

在康熙帝进攻噶尔丹时，王相卿和他的商业团队紧随着清朝大军前进，为军队提供各种货品，这些货物由他们负责采购，向军队同时也向军队所到之处的边地人民出售。这种以边民为销售对象的经营方式叫作"出拨子"，将蒙民所需要的货物装在牛车或驼背上，三四个人或十多个人一起，到王府或寺庙附近，支帐挂牌，陈列商品吸引牧民前去购买，货卖完后，又将与牧民交换所获牛马牲畜和畜产品赶回出售。这时他也学会了蒙古语，熟悉了当地各种民族习惯和交际礼节。他向当地牧民出售茶叶、烟草和杂货，同时向当地牧民采购牲畜和肉类再转卖给军队。开始时，他们虽然资本少，业务量不大，但买卖公道，能够根据客户的要求积极组织货

---

① 《羊楼洞砖茶生产运输合作社三十六年度业务计划书》，鄂藏档 LS31—16—819，第 49 页。

源，严格把好质量关，尽可能满足蒙古族牧民的要求。例如，他们针对蒙民不长于算账的特点，就把衣料和绸缎裁成不同尺寸的蒙古袍料，任蒙古人选购。蒙医治病习惯用72味、48味、36味、24味四种药包，"大盛魁"就将中药按此分包，用蒙、汉、藏文字注明药名和功效，以便蒙民购买。了解到蒙古人手中缺乏现银，就采取赊销办法，到期以牧民的畜产品折价偿还。"大盛魁"的经营理念取得了巨大成功，它旗下的商人也以不辞辛苦、崇尚节俭、注重信誉而获得声誉，生意日渐扩大。

在这个过程中，王相卿结识了蒙古族上层统治者，在草原上建立了牢固的边疆商贸基础。他又借着康熙帝消灭噶尔丹后取消明代以来"马市"官营、边疆民间商业得以扩大的机会，建立起纵贯南北的茶叶民间贸易路线，以及以茶易牲畜、以牲畜换白银、再以白银购茶叶的循环商业盈利模式。他们借款给蒙古各旗的统治者，为蒙古王爷们进京朝贡垫付资金，打理一切旅途和礼尚往来所需，并且从贷款和垫支的还款中获得利息。由于"大盛魁"战时曾为清军后勤服务，为中原与蒙古关系的良好互动做出过贡献，清朝政府不禁止而且支持这个汉人商号的经营和发展，但是必要的约束是，不允许商号在边疆牧区建造房屋和固定销售点，不准携带家眷，不准与蒙古妇女通婚，出塞经商的商人"务于一年内勒限催回"，等等。这种情况下"大盛魁"和与之类似的商人只能将他们的商货和帐篷装在骆驼背上，拉在牛马大车里，随着游牧的牧民所在而四处迁徙，所以他们在当时也被称为"旅蒙商"，这种商业模式被证明是有利可图的。商号不断扩展，旗下最多时有7000名员工，在草原上游走的商队也在同一时期达到数十乃至数百支。这个商号的不断扩展，显示了王相卿精明过人的商业金融头脑、坚忍不拔的努力，以及对于财富孜孜不倦的追求。他们的后代继承了这种典型晋商的特质，商号跨越清朝和民国，持续发展二百多年，在最昌盛时曾拥有数千万两白银资产，在广大的内蒙古和蒙古取得了垄断地位。

"大盛魁"被称为在蒙古地区无所不经营的商号，有所谓"大盛魁，上自绸缎，下至葱蒜，无所不走"的说法，但是它的利润还是有其主要的来源。"王相卿的商号位于满洲人统治的中国北部的前沿地带，是北方草原游牧部落和内陆汉人农民间的主要中介，并得以从双边的贸易中获利。

大盛魁的主要贸易有以下三种：银票信贷、牲畜买卖和茶叶贸易。"① 这个看法是符合历史事实的。"大盛魁"的总部（总柜）设在归化城——今天的呼和浩特，前进基地在乌里雅苏台和科布多，它的旗下陆续开有多家子商号，各有分工侧重，独立核算。在湖北羊楼洞经营茶叶的"三玉川"和"巨盛川"，就是属于"大盛魁"之下的、专门经营茶叶的小号。"大盛魁"向蒙古草原运进的货物，当时以"房子"作为单位。它每年大约贩运 16 顶房子货物，一般每顶房子包括 14 "把子"骆驼，每一"把子"一般有14 峰骆驼。② 也就是说，它拥有 3000 多峰骆驼。在北方，在沙漠，在草原，在蓝天与碧草之间，在无边的漫漫黄沙里，经常可见"大盛魁"数百峰骆驼组成的商队迤逦而行，"驿声琅琅，声闻十里"③。骆驼背上驮着从内地向蒙古地区贩运的货物，这些货物的主体就是茶叶。

茶叶是有厚利的大宗商品。据后来民国时期金陵大学农学院经济系的统计，民国时期在羊楼洞产地收购一市担毛茶（100 斤）大约需要银元 8 元多到 9 元多，而由于垄断的商业地位，"大盛魁"运到边地出售的茶叶价格却可以定得很高。茶砖在蒙古地区被当作硬通货使用，"例如二四茶砖，每块重五斤半，即能代二元之货币"④。两地相比，中间有四到五倍的差价。该统计中边地茶叶的价格，与清代《丹噶尔厅志》所记载的大体一致，该志记载："茶自兰州运来，每年约万余封，大半售予蒙番，每封现价二两，共银二万两。此外如黄茶（竹筐所盛）、砖茶（川字号无纸封者），虽例禁吥严，而番僧蒙番私相交易于境内者，亦不少。"⑤ 按照清代惯例，官茶每封大约五斤，值银二两，价格略高于后来金陵大学统计的民国时期一块五斤半茶砖价值二元的茶价，但是考虑到民国时期平汉铁路通车之后运输极大便利的情况，在更早的清代，在只能以独轮车、木船、马匹和骆驼长途转运的情况下，其价格略高无疑是正常的。清代《丹噶尔厅志》所统计的仅为丹噶尔一地的年销量，就已经达到每年二万两银子，整个蒙古一带茶叶的销售更是一个十分惊人的巨大数字。据统计，"大盛魁"

---

① ［美］艾梅霞：《茶叶之路》，五海传播出版社 2007 年版，第 58 页。
② （清）姚明辉：《蒙古志》卷三，光绪十三年铅印本，内蒙古图书馆藏。
③ （清）徐珂：《清稗类钞·农商类·赴蒙商队》。
④ 金陵大学农学院经济系：《湖北羊楼洞老青茶之生产制造及运销》，第 33 页。
⑤ （光绪）《丹噶尔厅志》卷五。

每年销出的茶叶多则三四万箱，少也有四五千箱，按时价估算，每年茶叶的销售额多则上百万两白银，少则数十万两白银，所得除去制作和运输费用，估计每年利润最少在 15 万—20 万两，这个估计也是相当保守的。据载，当时在归化城，一块三九茶砖值银三钱多；在乌里雅苏台，值银四钱多；而"大盛魁"赊给王府的茶，则以五钱起价，并为了预防在议定价格内涨价，事先提高为每块茶砖八钱银子。一块茶砖除去运费，至少有四钱银子的纯利润，四千箱三九茶共计六万四千两白银的利润①，这当然是一个十分巨大的数字。

"大盛魁"利润产生的另一个途径是茶叶与牲畜及其产品的差价。由于边地缺少现银，贸易的主要形式为以货易货。而处于垄断地位的"大盛魁"在这种交易之中拥有定价权。在归化城，砖茶与绵羊的比价：每只绵羊相当于七块三九砖茶的所值；每只好绵羊为十二块三九砖茶的所值。砖茶与羊肉的比价：每块砖茶相当于三斤羊肉的所值。砖茶与羊皮的比价：每张绵羊皮相当于十四块三九砖茶的所值。砖茶与羊毛的比价：每块砖茶相当于二斤半绵羊毛。砖茶与马的比价：每匹中等马相当于四十六块三九砖茶的所值；每匹较好的马相当于八十六块三九砖茶的所值。② 这是在今天呼和浩特市所在的地方。更往北，在乌里雅苏台，砖茶与绵羊的比价：两块三九砖茶换一只绵羊；每只好绵羊换两块三九砖茶另加一包针或几盒火柴。砖茶与羊肉的比价：每块三九砖茶可换十五斤绵羊肉。砖茶与羊皮的比价：每块三九砖茶可换两张绵羊皮。砖茶与羊毛的比价：每块三九砖茶可换七斤绵羊毛。砖茶与马的比价：每匹中等马换七只绵羊，等于每匹马换十四块三九砖茶；每匹较好的马换十四块三九砖茶另加两三斤糖或两三包生烟。在科布多，砖茶与绵羊的比价：两块三九砖茶换一只重约四十斤的绵羊；每只重约五十斤的绵羊换两块三九砖茶另加一壶烧酒或一包针。砖茶与羊肉的比价：每块三九砖茶可换二十斤绵羊肉。砖茶与羊皮的比价：每块三九砖茶换羊皮三张。砖茶与羊毛的比价：每块三九砖茶换八九斤绵羊毛。砖茶与马的比价：每匹中等马换七只绵羊，等于每匹马换十

---

① 内蒙古自治区政协文史资料研究委员会：《旅蒙商大盛魁》，《内蒙古文史资料》第 12 辑，第 98 页。

② 同上书，第 152 页。

四块三九砖茶；每匹较好的马换十四块三九砖茶另加两三斤糖或两三包生烟。[①] 越往北，距离越远，茶价越高，畜产品越便宜。这是以"大盛魁"为中心的价格轴距，反映了"大盛魁"垄断的定价权所起的巨大作用。而在畜产区收购畜产品之后，运回长城口内，马匹运往江苏、广东，羊群运往北京、河南、山西。仅仅在归化城本地，"大盛魁"每年购买和消费的羊不下 20 万只，牛近 4 万头。[②] 牲畜贩运到内地后又产生巨大价差。这是"大盛魁"利润的又一个重要来源。

茶叶贸易产生巨大利润。但是在交通不便的清代，边茶贸易也是需要巨大资本支撑的生意。这是因为茶叶利润的产生要经过一个很长的过程。从产地开始，收购毛茶需要垫付大量资金，精加工为茶砖也需要投入大量人力物力，茶砖的贩运需要经过人力车、小船、大船、大车，最后是骆驼，反复转运，在每一个环节都需要付出力资。在经年历时的运输，付出各项费用之后到达牧区，又由于牧区现银缺乏，经交易换回的大多是牲畜和畜产品；多数活畜转运，进入长城口内，还需要圈养添膘之后才能出售；出售之后资金回笼，才算实现利润过程的完成和一次资金周转。这一过程是利润增殖的过程，也是一个不断垫付资金的过程。这一过程十分漫长，往往需要经过两年才能最终完成。由于周转过程漫长，资金回笼缓慢，所以要求垫付资本的规模巨大。蒙古地区借贷赊销，借贷利息是产生利润的一种重要方式，但这种利润产生方式对于资金的需求也十分巨大。茶叶在一个巨大区域调运，路途遥远，盗匪常有，险情四伏，行商不可能随身携带大量现银，发行银票和跨区域结账十分必要，这也就是洞茶经营需要"大盛魁"这样资本雄厚的金融商主导的一个原因。"开设茶庄一般需要三付本钱：山里采茶一付；路上运输和茶点堆栈一付；卖出茶去，对年收款又一付。所以茶庄离不开票庄。"[③] 这是对于茶庄巨大开销及与票庄关系的很好概括。

"大盛魁"旗下的"三玉川"和"巨盛川"当然并不是活跃在羊楼洞

---

① 内蒙古自治区政协文史资料研究委员会：《旅蒙商大盛魁》，《内蒙古文史资料》第 12 辑，第 152 页。

②《清圣祖实录》卷一一二（康熙二十二年九月癸未），中华书局 1986 年版。

③ 内蒙古自治区政协文史资料研究委员会：《旅蒙商大盛魁》，《内蒙古文史资料》第 12 期，第 40 页。

茶区的唯一晋商茶庄。前面已经述及，根据《蒲圻志》统计，清道光年间，羊楼洞已有山西茶商天顺长、天一香（后更名"义兴"）、大德常等40多家①。其中的"长裕川"茶庄，其前身叫"长顺川"，比"大盛魁"旗下的"三玉川"等开设时间更早。② 在晋商的大规模参与下，羊楼洞茶区的经济迅速发展，周围湖北蒲圻、崇阳、通山、湖南临湘四县农民，看到种茶收获倍于种粮，特别是晋商对于老青茶那种来多少收多少的气魄，确实深受震动，于是将大片土地改种茶叶。在羊楼洞及其临近的湖南羊楼司、聂市等处，晋商常设茶叶收购站点，四乡茶农肩挑背扛，辐辏而来，将茶货送到收购点，再由收购点将毛茶集中到羊楼洞加工压砖后用独轮车运出。"茶商每于茶季，在羊楼洞设庄收购茶户之毛茶。凡茶庄规模较大者，须用原料较多，往往在邻近市镇，设立分庄，以广采购。东自通山百余里，南自通城九十里，西自临湘八十里，北自咸宁百里，均有毛茶集中于羊楼洞制造。"③

由于制茶是典型的劳动密集型手工业，进入加工程序后，工序繁多，需要大量熟练劳动力。咸丰年间在羊楼洞从事茶业的工人数量缺少统计，可作参考的，是后来民国九年（1920）对当时羊楼洞茶区总计29家制茶工厂所做的统计④。

天聚和茶砖厂：273名工人；长盛川茶砖厂：226名工人；大德生茶砖厂：198名工人；兴茂隆茶砖厂：256名工人；宝聚兴茶砖厂：172名工人；三玉川茶砖厂：249名工人；天顺长茶砖厂：301名工人；巨贞和茶砖厂：427名工人；巨盛川茶砖厂：398名工人；长裕川茶砖厂：198名工人；长盛川茶砖厂：157名工人；顺丰茶厂：95名工人；兴商茶厂：90名工人；天聚和茶厂：48名工人；宏益裕茶厂：90名工人；复兴和茶厂：454名工人；永泰源茶厂：544名工人；义吕祥茶厂：536名工人；永茂祥红茶厂：669名工人；祝盛谦红茶厂：532名工人；大德兴红茶厂：478名工人；祥兴红茶厂：398名工人；兰斯馨红茶厂：514名工人；福泰祥红茶

① 湖北省蒲圻市地方志编纂委员会：《蒲圻志》，海天出版社1995年版，第147、284页。
② 山西省地方志编纂委员会：《山西通志·对外贸易志》，中华书局1999年版。
③《湖北民生茶叶公司鄂南砖茶厂关于员工米津函》，鄂档藏LS45—2—877，第32页。
④ 胡焕宗编：《湖北全省实业志》卷三，湖北实业厅民国九年，湖北省图书馆藏，第86—89页。

厂：526 名工人；新泰茶包厂：489 名工人；阜昌茶包厂：526 名工人；顺丰茶包厂：539 名工人；新商茶包厂：516 名工人；和记茶包厂：530 名工人。

按照以上统计数据，工作在以上各类制茶厂的工人总共有 1 万多名，总付工资为 165.899 万元银洋。但这已是羊楼洞区茶业开始走下坡路之后的情形。由成茶产量推算，当时这 29 家工厂总共出产 68060 箱茶砖和红茶，154180 包包茶，12400 担散茶，折合为茶叶，总共约 2340 万斤，相对于此，高峰时期，例如光绪年间年产各类茶约 5000 万斤，在茶厂从事加工制造的工人，就应该远远高于上述统计，达到 2 万多人。而光绪二十七年（1901）和民国元年（1912），蒙古砖茶缺乏，"大盛魁"当年仅往科布多就走过一万多箱砖茶①，按照每箱三九茶重 133.55 斤计，折合约 13000 万斤，则需要工人 4 万多人。清咸丰、同治、光绪年间，加工厂的工人，加上植茶、制毛茶以及附属于或服务于茶业的其他行业，有统计认为总共应有五十万人。② 每年采摘茶叶时节，通城、崇阳、湖南临湘等县剩余劳动力多涌至羊楼洞，受雇于各茶庄，或打零工做短工，或肩挑贩运。羊楼洞镇上居民（包括流动人口）多达四五万人，有茶庄二百余家。京广杂货，绸缎布匹，各业铺面数百家，各货俱全，仅街道就有十多条，高门大宅鳞次栉比，"蒲圻乡市，向分六镇……而羊楼峒无与焉。今则峒市商业骎骎焉，驾各镇之上"③，被称为小汉口。羊楼洞因茶叶而蜚声海外，以至于当时在国外绘制的中国地图上，没有蒲圻倒有羊楼洞镇④。

晋商不断改进制茶的技术。许多茶庄都引入了锅炉，替代旧式蒸茶的蒸锅，燃料也由单纯燃烧木柴到木柴与热量更高的煤炭并用。茶庄在羊楼洞最早的压茶砖机本章第一节已经述及，是使用两块一丈多长的粗硬木杠杆上下挤压。这种技术，笨重且费力，废品率高，出砖效率和质量都较低，由于结构不够紧密，长途运输容易破损。在咸丰年再次进入羊楼洞茶区之后，晋商引入了较为先进的螺旋式攀盘压榨机。这种压榨机借用了湖

---

① 内蒙古自治区政协文史资料研究委员会：《旅蒙商大盛魁》，《内蒙古文史资料》第 12 辑，第 92 页。

② 宋衍锦：《蒲圻乡土志》，蒲圻县教育局民国十二年铅印本（1923），第 90 页。

③ 同上书，第 79 页。

④ 程光、李绳庆：《晋商茶路》，山西经济出版社 2008 年版，第 65 页。

南捆牛皮工具的原理，俗称"牛皮架"，用螺旋加压，将蒸热的茶叶装入模具后，用人力推动螺旋，压茶成砖。这种机械与杠杆式压茶砖机相比，成品率高，出砖率高，茶砖更为紧致，所以很快就取代杠杆式压茶砖机而成为羊楼洞地区制作茶砖的主要机械。[①]

晋商也将精细的分工管理带入制茶工厂。据民国年间金陵大学农学院农业经济系的调查，1933 年晋商聚义顺茶庄中压砖工人分为两班，每班 36 人，自午 12 时至夜 12 时为一班，夜 12 时至第二天午 12 时为第二班，轮流工作，每班 12 小时。每班之工人，计有攀盘 6 人，装匣 4 人，装箱 4 人，搬斗 4 人，掌架 3 人，提包 2 人，出砖 2 人，架火 1 人，底吊、二面吊 2 人，洒面吊 1 人，挑底子 1 人，挑洒二面 1 人，登揭箕 1 人，拈袋子 1 人，撬底板 1 人，挑炭 1 人，绞水 1 人，共 36 人。为了稳定核心人才，对于这些工人中从上述攀盘到二面吊这 28 名工人的工资，实行按股分账制，28 人折成 27 股（底吊 0.8 股，二面吊 0.2 股，其余工人每人一股），每制成一箱茶砖，每股账可分红 16 文钱，该茶庄当年两班 72 名工人共制茶砖 4180 箱，共计工资、酒钱 775 元多，以及伙食费 675 元，共计 1450 余元，每人的工资、酒钱及伙食费每月能够得到 20 元。这部分工人是工厂的核心。他们的岗位技术性强，劳动强度大，且高温作业，体力消耗大，其工作效率和技术态度，直接关系茶砖的质和量，所以茶庄非常看重这部分工人。分账制结合了工人自身利益，可以提高其责任心和薪酬待遇。除这 28 人，上述自洒面吊以下至绞水 8 人的工资，则按日数计算，每人每天工资 1500—2200 文，至于酒钱多少，则视各人工作轻重发给，如果工作特别优异，还可得额外赏钱一二千文。[②]

在当时羊楼洞地区的茶厂中，计件制主要对拣茶工实行。拣茶工人多为女工，负责拣去茶中黄叶、茶梗、茶果等，使茶叶规格一致，外观整齐。1933 年，一名女工每拣一箩，约重 21 斤，得工钱 600 文，每人每天可拣两箩，可得钱 1200 文。[③] 这看来似乎较男工为少，但是对于让妇女走出一家一户的小农经济，参与社会化大生产，却有着非常进步的意义。

晋商对于工厂的管理，设有专门的人员。在羊楼洞的茶庄中，主要的

---

① 雷振声：《茶乡话茶香四溢》，《雷氏宗谱》（1995 年重修），第 198 页。
② 金陵大学农学院农业经济系调查编纂：《湖北羊楼洞老青砖之生产制造及运销》，第 22 页。
③ 《湖北民生茶叶公司鄂南砖茶厂关于员工米津函》，鄂档藏 LS45—2—877，第 32 页。

管理人员有管庄（经理）、司秤、司账等，制砖厂还另有照拣、照筛、照压、看砖等。晋商非常注重发挥羊楼洞本地人的才智，多数重要管理岗位，甚至账房先生（司账），都可让本地人担任，但是每当管庄去汉口或外出，必由山西籍"管事"把关，从不让从羊楼洞雇请的先生全面负责。晋商注意借重羊楼洞人才在本地的人缘优势，但也对本地人徇私舞弊的行为严加防范。也许他们太了解人情社会的弊病，而事实上，前来交茶的茶农和行贩之中，掺灰掺次掺假、以劣充优等行径也确实不少，曾在义兴茶厂担任过"毛票"和"正票"的雷启汉回忆："有一年，我在横冲的叔伯兄弟挑一担茶叶来厂出售。他将次叶压在筐底，上面盖了一层优质茶叶。我按甲级茶开了毛票，茶叶倒出归堆后，次叶翻到上面来了，我仍按甲级付了款。正好（老板）王致中走过，除了疾言厉色地申斥我一顿外（他从来很少申斥人），还通知账房扣了我 8 元 9 角的工资，正好是我弟弟全部茶叶售数。"① 为了保证质量和茶庄的根本利益，在场域中居于统治地位的晋商需要以非常认真的态度排除一切可能的干扰。

二　早期洞茶场域中的洞商

最初作为在羊楼洞"主家"的洞商以非常认真的态度向山西客商学习一切与茶贸有关的知识。晋商不怕他们学走自己的本事，因为远在千万里之外的末端市场掌握在晋商手里；由羊楼洞附近新店蟠河经黄盖湖下长江，再经汉口上汉水抵襄樊老河口，再转陆路车载马驮过太行山出长城，最后转骆驼队直抵"外蒙古"和中俄边境恰克图的漫长转运之路，也由晋商严密组织，外人很难插足其间。所以对于早期洞商来说，茶贸界是一个非常具有限定性的场域，洞商周围虽然活动着茶农、制茶工人和各色辅助工匠，但他们所做的一切都只是为了晋商这唯一一个客户。而洞商也仅仅只是晋商茶货生产的辅助者、行屋的提供者、地方生产秩序的维护者。由于主辅地位悬殊，主要经营利润也就理所当然地被晋商拿走，洞商所得如按比例计算，不到十分之一②，确如同当时一直关注着羊楼洞茶贸状况的

---

① 雷启汉：《蒲圻羊楼洞义兴茶砖厂》，《湖北文史集粹》第 3 辑，第 839 页。
② 内蒙古自治区政协文史资料研究委员会：《旅蒙商大盛魁》，《内蒙古文史资料》第 12 辑。（每箱三九洞茶装三十九块茶砖，每块茶砖有利润约白银四钱。而洞商所得以箱计，每箱所得"行佣"约为八钱。）

湖广总督张之洞所言："所分者坐贾之余，如刮毛龟背，虽得不多。"①

　　大多数利润被晋商拿走这一点，身在其中的洞商当然也心知肚明。但在开始时他们表现得似乎并不在意且十分满足。这种满足，大约来自于早年外出贸易四川一带时的痛苦记忆。在羊楼洞众商族谱中，早年外出经商而不归的例子不绝于书。例如游天岚之父，因"家素贫，事畜惟艰……远托异域，辛苦拮据，冀有丰阜之日。奈何事与愿违，不久而客死于谷城"②。再如雷魁万，"二十三，外艺南充，身故"。其妻饶氏"闻信恸绝数次，随欲奔赴异梓，众劝以路远，乃止"③。特别突出的是雷允繁妻邱氏传记中记载的洞商连续失踪的事例："（邱）氏舅群表，外艺成都不归，氏劝夫往寻，亦不归。时长子正庆、次子顺庆俱幼，茹苦俟其成人。又令子正庆往寻伊祖与父，而正庆又不归。后惟恃其次子以终。生平略无怨言。"④ 雷允繁、雷正庆等人的失踪是否就是死亡并不肯定，但这些死亡与失踪的消息对于洞商心灵的震撼无疑是巨大且持续的，这种持续影响造成不少洞商知足常乐、小富即安的自我满足。例如游廷孝（字位上），"甫弱冠，贸易陕西，亦获微利，而不忘梓里，曰：'吾先人邱墓在焉，敢久离乎？'遂束装归。自食其力，终不敢以在陕之甘，易在梓之苦。每待有膝，即嘱滨兄弟曰：'甘守本分，勿干意外事，为子孙留福田'"⑤ 仅获微利即束装归里，还乡后虽然生活苦，却自觉满足，以儿孙绕膝、无意外发生为福。又如洞商游廷传（字习贤），"嘉庆季年，贸易滇蜀，不数月辄思故土，潸然泣下，侣公者皆笑公之有童心也。道遇风雨，稍受惊。归而告诸子侄曰：'船行水上，半蹈危机，尔等务农为本，无容远贸。'于是终身不复出"⑥。应该说，游廷传这种"船行水上，半蹈危机"的认识在商路维艰的当时并非危言耸听，这种宁愿乐贱安贫也不蹈危远贸的想法在洞商中亦很有代表性，使得感到未曾出门涉险就有收益的洞商在经商业茶之初对于自己少拿而晋商多得的现状并无太多的不满表露出来。相反，在更多的场合，洞商努力想要对生意伙伴表现出来的，是他们以诚信为标榜的忠

---

① 张之洞：《劝学篇·外篇·农工商学第九》，两湖书院光绪戊戌刊本。
② 贺黄：《天岚公传》，《游氏族谱》，民国九言堂本。
③ 雷茂棠：《饶氏魁万妻传》，《雷氏宗谱》，民国甲子崇义堂本。
④ 雷茂棠：《邱氏允繁妻传》，《雷氏宗谱》，民国甲子崇义堂本。
⑤ 周汝文：《游位上公传》，《游氏族谱》，民国九言堂本。
⑥ 游达殷：《习贤公传》，《游氏族谱》，民国九言堂本。

诚。例如洞商雷茂棠为人"性朴诚，貌仅中人，外温而内肃，行事多不令俗人测。日用服食，务从省啬，人谓惜财也。然有晋商袁某主其家，事毕会计，与羡金五十，追诸途却之"①。前文曾述及，雷茂棠在分家时仅继承其父两千两白银的欠债，晋商与他年度结账，将算账余额五十两白银算在他的名下，他当然非常想收下，但是从与晋商长期合作考虑，他还是一直追到半路将这五十两白银还给了袁姓晋商。

再如洞商雷豫远，"能与人以诚。有晋商董某主于家，意气相得甚。一日，述家难，云须治宅第者如干，备子婚娶者如干，非五百金不办。明日，府君即如其数贷之。董惊，以为府君靳我邪？安望有此？又固予之，感激至泣下。事闻于奉政公（按即雷豫远之父），诃谓：'彼远者来不可必，于何取偿乎？'后董竟不果来。人方议府君疏略，亦坦然如不闻者。又数年，遭奉政公丧，耗糜殆罄，贸以不振。春且暮，犹濡滞汉上，不自决。欻有扣舍馆阗然入者，目府君诧曰：'君固在是！主人候先生久矣。'趣行，则董已新管票庄事矣。慰问毕，出八千金，嘱即首途应茶市期，不给者，仍予取求也。其年，果以获倍利，赢万金。又续与董同贸数年，皆有得。人以是服府君之交朋挚，而又知人审也"②。雷豫远在董姓晋商述说现金周转暂困难时，不假思索地拿出五百两银子借给他，将董感动得哭出来，而这冒失的行动甚至遭到同为茶商出身的老父亲的质疑："这董姓晋商是遥远的外乡人，你无法确定他一定还会再来，到那时你找谁讨银子去？"后来，董姓晋商果然有段时间没有再来羊楼洞。然而就在雷豫远家产耗尽、生意困难的时候，已经新任钱庄管事的董某适时出现并出手相救，当年获利并长久合作，生意获得了发展。这件事似乎可以为前文雷茂棠奉还羡金的事作注解——雷茂棠又何尝不担心开罪于他的生意伙伴晋商袁某呢！

但是即使如此，也还是会有洞商在积极寻找与晋商合作之外的机会。例如饶盛元："高升公讳盛元，祖居临湘之黄金桥，其为人语言朴诚，与人毫无欺，人皆称之为长者。其先辈以农世其家，中年乃学作贾，贩山茶，往来于临沔之间，岁以为常。众以其有利，临蒲两邑之业此者益多，

---

① 游恺：《苕亭公传》，《雷氏宗谱》。
② 雷兆绂：《重亭公传》，《雷氏宗谱》。

大值故也。人之货至往往久不售，长者之货无不一到则售，而长者悉计本之若干，稍有获利则已，无多求。尝谓人曰："吾之为此，所谓负贩以代耕者，得足以偿耕之数，斯已耳。若习为伪而价又必取盈焉，是奚为者？"呜呼！何存心之厚耶！久之，家渐裕。而心专以济人为，凡力之所能为者，莫不为之。"① 饶盛元自贩山茶，往来于监利、沔阳之间以获利，其经商模式，已略微突破了坐地与晋商合作的旧有范式。由于近地销售，他的经营规模与远贸蒙古、俄国的晋商相比不可相提并论，但是自贩自销，还是不失为一种创新。

虽然饶盛元一辈的长者谆谆教导，但是年青一代还是会渐有与老辈薄利即可不同的想法。这除了因为年轻一辈有较少失败的教训，有更多的精力，他们更多着眼于未来，还由于他们与老辈有更加不同的参照系。老辈多与过去相比，即与晋商未曾到来时相比，晋商为羊楼洞带来了不出家门就有收益的机会。而年轻一辈与晋商本身相比，洞商较之拿得很少。由于不同辈分的人用于比较的参照系有所不同，年轻一辈也就会逐渐产生不平，这种不平在相当长的时间中潜滋默长，于是在茶贸这个场域中也就蕴藏了逐渐激烈的斗争，这种积累在等待着合适的时机，而时局变动和其他客商的到来恰恰提供了这种时机。

三　中期洞茶场域中力量位置的变化

布迪厄认为，场域也是参与其中者集中符号竞争和个人策略的场所，而"策略是实践意义上的产物，是对游戏的感觉，是对特别的、由历史性决定了的游戏的感觉……这就预先假定了一种有关创造性的永久的能力，它对于人们适应纷纭繁复、变化多端而又永不雷同的各种处境来说，是不可或缺的"②。对于深感主辅地位悬殊，不满于主要经营利润被晋商拿走的羊楼洞茶商群体来说，运用策略以创造性地改变自身在场域中的处境，似乎是水到渠成的事情。洞商于道光年间主动引进以英国需求为背景的粤赣红茶商人入场，以及汉口开埠和俄国商人的到来，都为洞商的发展提供了崭新的机会。

---

① 饶青乔：《高升公暨何孺人合传》，《饶氏宗谱》。
② 包亚明：《文化资本与社会炼金术》，上海人民出版社1997年版，第62页。

羊楼洞红茶制作肇始时间为"道光季年"，这应当是大体可信的。《游氏族谱·家敬铭先生传》记述了红茶进入的过程，与游姓茶商游澄的祖父有莫大关系："公策名澄，字敬铭……因公王父业茶有平年，命继志，遂弃儒而学贾焉。先是，红茶庄赁吴地者居多。道光丙午岁，公王父单骑入吴，导客来羊楼洞。谓洞茶质秀而味厚，较他商埠尤佳。至今洞市为中外车马辐辏之名区，每岁所入不下数百万金，虽由公父创厥始，亦赖公继起力也。"① 道光丙午为道光二十六年（1846），这个记载有相当的可信度，因为游澄祖父的引导非常符合当时英国茶市急于开辟内地新茶供应地的需要，而游澄祖父关于"洞茶质秀而味厚，较他商埠尤佳"的推荐，亦对需要大规模高质量茶产基地的英商有极大吸引力。游澄祖父的引荐，无异于将在晋商产多少收多少的收购刺激下蓬勃发展起来的成规模的鄂南茶产基地拱手送上。如果真如此，则羊楼洞输英红茶的肇始，可确定在清道光二十六年，即 1846 年。

与羊楼洞黑茶肇始时间争议较大不同，对于羊楼洞红茶的开始时间，地方文献有较为一致的记载。同治《崇阳县志》在记载羊楼洞土商与晋商合作制售黑茶的同时，也记述了其制作红茶的发端："道光季年，粤商买茶，其制，采细茶，暴日中揉之，不用火炒，雨天用炭烘干，收者碎成末，贮以枫柳木箱，内包锡皮，往外洋卖之，名红茶。"② 叶瑞廷《莼蒲随笔》的记载大致类似："红茶起自道光季年，江西估客收茶义宁州，因进峒，教以红茶做法。"③ 这些记载，都将羊楼洞红茶制作肇始之时确定为"道光季年"，只是同治《崇阳县志》将中介商认定为粤商，而叶氏归之于江西茶商。

红茶的采摘略晚于绿茶嫩毛尖，一般四五月采摘，当然，高级的红茶原料也使用春天最早萌生的茶树嫩芽，这类红茶称为"头茶"，第一季茶叶的意思，价格相对昂贵。与绿茶和老青茶制作不同。红茶采摘后，不急于入热锅杀青，而先要在阳光下暴晒（雨天采摘则需用炭火干燥）使之凋萎，在气温与空气的作用下失去水分。烘晒时定时翻动，当叶片失去脆性，且叶片上出现红色斑点，叶色变暗，叶片变软时，微炒或不炒，反复

---

① 游凤墀：《家敬铭先生传》，《游氏族谱》，民国九言堂本。
② （同治）《崇阳县志》卷四《物产》。
③ （清）叶瑞廷：《莼蒲随笔》卷四。

揉制数次使茶叶出汁，然后铺堆使茶叶在酶和氧化的作用下发热发酵变红，失去青涩之气和部分单宁，最后日晒或烘焙使干即成。① 湖北民间制作，似更加粗放，"做红茶，雨前摘取茶叶，用晒簟铺晒，晒软合成一堆，用脚揉踩，去其苦水，踩而又晒。至于捻不粘，再加布袋盛贮筑紧，需三时之久，待其发烧变色，则谓之上汗，汗后仍晒，以干为度"②。脚踹日晒，不炒不烘，但揉制发热程序大体一致。红茶一般装箱外运，也有一些红茶压制成茶砖，其程序蒸而后压，晾干后包装运输，除原料毛茶使用的是红茶之外，制茶砖过程基本与老青茶砖制作过程相同。红茶茶砖也被称为"米砖"，这大约是因为早期红茶砖唯出口英国，包装纸上印制有英国米字旗的缘故。1850 年，羊楼洞年制红茶已达 30 万箱，约 1500 万斤，全部是为外商制作。

红茶作为一种新的符号商品的出现，以及以英国需求为背景的粤商的入场，为洞商的发展提供了崭新的机会。一些先进的商人不再满足于坐地贸易的旧有模式，开始尝试着走出去，作为行商经营茶货。这是因为有了英国贸易的需求，茶货不再只有运往北方一个出路，而即使是在太平军阻滞于江苏、安徽一带的情况下，容闳所描述的经湘潭、过南风岭然后再于广东放洋的南行茶道仍然存在着，这就打破了过去由晋商对于俄国和蒙古的传统茶叶客户市场的垄断，也不再依赖于仅由晋商经营和使用的北向茶道。布迪厄指出："场域同时也是一个争夺的空间，这些争夺旨在维续或变更场域中这些力量的构型。"③ 洞商用自己的谋略和行动变更了茶域中原有力量的构型，于是获得了一个产运销一体的完整经营的可能。

洞商最初的红茶经营带有尝试的性质，例如黄于孝（字廷顺）兄弟，他们经营红茶是因为"家务甚寒，日用之赀，恒苦不能接济，先生（案指黄于孝）与二兄谋，每岁办茶若干篓，运往湘潭出售，颇沾蝇利。除用度外，积铢累寸，数年之顷，囊底见充，造居室，增田地，家运蒸蒸日上矣"④。他们并未直接将红茶运到广东，而仅仅运到湘潭，经营的数量也十

---

① ［美］威廉·乌克斯：《茶叶全书》，东方出版社 2011 年版，第 307—308 页。

② （同治）《襄阳县志》卷三。

③ ［法］皮埃尔·布迪厄、［美］华康德：《实践与反思——反思社会学导引》，中央编译出版社 1998 年版，第 139 页。

④ 黄于钊：《族兄廷顺先生传》，《黄氏宗谱》，民国仁孝堂本。

分有限，仅为若干篓，但这种直接销售一定比将茶货在家乡销给晋商来得利润丰厚。仅数年间，他们就已能够完成在家乡需更大规模经营才可能办到的建屋买地，完全改变往日"甚寒"的家境。与黄氏兄弟较为相似的是游履安、游谦安兄弟。"其父中年入蜀，遂家焉，以侧室生子永发。尔时家无厚产，履以年少负重任，上事王父暨生母王孺人，极得欢心。稍长远走南楚，经营缔造，不愧为主器。不数年，谦弟亦渐成人，协力共济，伯仲之间，诉诉如也。由是日积月累，自始有以至少有，无越位之思，亦无悭吝态，创广厦于新安，置良田数十亩于故里，令子侄耕作其中，以无忘祖宗邱垄之所在。"① 两兄弟经历了父亲业丝留蜀不归这一古老故事的再演绎，自强不息，远走楚南即湖南等地业茶，于徽州著名茶市新安购置大屋安家，将茶贸事业做到了家乡之外。

　　与黄氏兄弟、游氏兄弟相比，洞商雷光藻要走得更远一些。雷光藻是前所述洞商业茶的开基者雷兴传的重孙、雷振祚的孙子。他受父亲之托弃儒经商，最开始只在羊楼洞做些小买卖："含泪辍读，于是权子母，计赢绌，于近市设小肆以逐鱼盐布粟之利，暇复裹重赀，远贾于湖南、粤东之省，皆得当而归。"② 准备充分，有余暇扩大经营的时候，雷光藻于是就带着大量资金远贸于湖南、广东，南下业茶获利。他"远贾于湖南、粤东"的业茶之路，应该正是容闳所描述的由产地经湖南过南风岭到广东的陆路。与雷光藻大体同时稍后经营红茶的还有雷立南（号受山），雷立南特别艰难地辞别儒学，"决意贸茶为业，往来粤东，颇获蝇头"，后逢太平天国战乱，他于是"遍历上海、福建、湘潭诸市镇，以外贸为避乱计"③，也是洞茶输洋的先行者。再如雷舒青，他在"屡试见遗"之后，感叹"所志不遂，功名念淡。适西洋各国与华通商，君采办红茶，客游东粤，而所亿多中，获利甚厚"④，也是直销广东的洞商。他的"获利甚厚"，当是相对于晋商在羊楼洞的主家所谓"如刮毛龟背"的薄利而言。经营红茶的还有洞商游徽五，传记明确地记载他"常以茗客粤东及中州胜地"，即因为业

① 游翘亭：《履安谦安兄弟合传》，《游氏族谱》，民国九言堂本。
② 游恺：《清庵公传》，民国甲子续修重订《雷氏宗谱》，卷首姻篇。
③ 游冯熙林：《受山公传》，民国甲子续修重订《雷氏宗谱》，卷首姻篇。
④ 雷以箴：《舒青府君传》，《雷氏宗谱》，民国甲子年合修初续崇义堂本。

茶而客居广东等地，所营当为红茶无疑。① 从事红茶生意经商致富的洞商，还有黄锡富（字奇珍）。他"壮年贸易江湖，所历之处，人皆钦其品，更信其直。每岁自春徂冬，捆载而归，二十余年来，所赚不下数千金，晚年收拾行装，不复作远游计"②。黄锡富从事茶务并致富的时间，在太平军到达鄂南之前，而其贸易江湖、捆载而归、收拾行装不复远游等，都说明他所从事的茶业为行商而非坐商模式。同为黄氏而在这一时期走出去经营茶业的，还有黄昇基（字盛阳）："家素清贫，累以婚嫁，析爨之时，公（案即黄昇基）仅受破屋半间，釜箸数具而已。人皆以公少不经事，益无余粮，架无余衣，其败可立待矣。公遂发愤自励，弃儒就贾，戚里饶于财者，皆重其品信其直，不责质券，贷以多金，公由是往返德安，称茶商者数十年，日积月累，竟起家万金，创华屋数十间，良田数百顷，可谓富矣。"③ 黄昇基贷款起家，作为行商，他往返的贸易之地主要为江西德安一带，业茶数十年而致富，传记作者称其为"有过人之才"，或为的论。再如饶维，他"弃读而商，时年仅十九。秉性诚恳，远近咸信服，乐为资助，岁集万金，服贾岭南，获大利归，为父母寿"④。饶维的经营红茶也与黄昇基一样，属于贷款集资，风险更大，而所获也更多，这种"获大利归"的结果，在羊楼洞当地无疑也是一种无形的广告，促使更多的洞商舍弃传统的坐贾经营方式，大胆地走出去闯天下。

这一时期作为红茶先行者的，还有雷霖卿，他经营红茶较早，"咸丰年间，吾乡茶庄旺盛，每届春仲，西广商各挟数万金交行主采办红茶。雷姓世业茶行，春翁（雷霖卿之父）晚年亦寄迹于兹。不幸冢君早逝，事务纷披，独力难支，遂废霖卿举子业。……弱冠理家计及茶庄事，进出动以数万计，不动声色而部署裕如"⑤。他和其父"春翁"经营红茶都是在太平天国军兴之前，大约在游澄祖父引入红茶茶商之后，羊楼洞本帮茶商也开始了红茶经营。他们属于早期的红茶经营者，虽然每茶季动用大量资金，规模显然已非往日业黑茶时可比，而他们经营红茶的方式，显然还带

---

① 沈兆龙：《游徽五先生传》，《游氏族谱》，民国九言堂本。
② 黄笔山：《奇珍公传》，《黄氏宗谱》，民国仁孝堂本。
③ 谢伊祖：《盛阳公传》，《黄氏宗谱》，民国仁孝堂本。
④ 饶青乔：《祖考宗城公暨祖妣邱宜人合传》，《饶氏族谱》。
⑤ 贺寿慈：《霖卿公传》，《雷氏宗谱》，民国甲子年合修初续崇义堂本。

有传统坐商的痕迹。

走广东贩红茶最为著名的洞商，还应当是雷元善（号让溪，1814—1886），《雷氏宗谱》记载他经商的年代："当咸丰初元，欧舶东渐，麇及海疆，内地画域自封，无通商足迹。公于此慷慨兴远游志，兄弟合资，倡为红茶。业居者任采购制作，公任运输粤东，出售洋商，先后留粤六年，获利钜万。是即吾华茶出洋之始。首其事者，公以外无几人矣。后以洪氏之变（按即太平天国运动），蔓延遍天下，公归途遇劫掠几尽，不可复往，遂以余资起造茶屋，阅数年成，遗以为世业。后人赖之。时羊楼洞初辟为商场，漫无端绪，百事梦如，远来商客多惮之。公慨然曰：'法不立不足以治事也。'日求乡缙绅父老，旁诹博采，手草规章，试行无忤，传布永久。今遵行者皆是也。"[1] 雷元善倡为红茶，与兄弟分工合作，兄弟们居家制作，雷元善自任运输广东，直接与英商贸易。他前后在广东六年，在太平天国运动时回到羊楼洞，修建茶屋，建章立制，对于洞茶输出颇有贡献，传文中"时羊楼洞初辟为商场，漫无端绪，百事梦如，远来商客多惮之。公慨然曰：'法不立不足以治事也。'日求乡缙绅父老，旁诹博采，手草规章，试行无忤，传布永久"一段，非常重要，记述了洞商由场域中的从动者转而主动制订规则、整顿秩序的变化。难怪传记的撰写者、民国二十年代任湖北省实业厅长的谢石钦称赞雷元善"当闭关时代，挟赀航海，作万里游，可谓商人中有特识者矣"[2]。文中所谓"闭关时代"，亦即上文所谓"画域自封，无通商足迹"，指的也就是早期洞商自己将自己局限在羊楼洞当地、足不出户的旧式坐贾业茶方式。与他们相比，雷元善的"慷慨兴远游志"，"挟赀航海，作万时游"，既需要魄力，也需要毅力。远贸红茶的结果，不仅获得了大利，而且开阔了眼界，积累了经验。重新回到羊楼洞后，他整顿"漫无端绪，百事梦如，远来商客多惮之"的混乱局面，亲手草拟规章制度，使羊楼洞市场的运作有法可依。至今仍保存的羊楼洞《合帮公议碑》，留有当年针对"往来货物车工推运紊乱"和"近来人心不古，渐至忘章"而加以整顿，以及额定"行费""取用"的文字，该碑内容如下：

---

① 谢石钦：《让溪公传》，《雷氏宗谱》，民国甲子续修重订。
② 同上。

合帮公议

盖闻通商惠工，国家所以阜财用；而胪规定矩，地方所以安客商。缘我羊楼洞□□□□，往来货物，车工推运紊乱，幸有前任恩宪谕行客二帮，议立车局，整顿行规，□□□□头天地元黄，宇宙洪荒，日月盈昃辰，十三字轮转给筹，红黑茶箱出山脚力，照□□□□行费照客家箱名取用，各□有成规，数无异言。近来人心不古，渐至忘章，兹□□□□整旧规，即乡内乡外之□车，额例恪遵，切勿恃强，越规蹈矩，客箱发运之□□□□□，乞客家宽宥，祈客念在□□□□□，不可苛取，□警后犯，从此各遵章□□□□□。

所议旧规开列于后。

计开：

一议：红茶二五箱发张家嘴每□□□、红茶口箱发牛形嘴每□□□，红茶发夜珠桥力钱□□

一议：黑茶西箱发张家嘴每车□□，黑茶东箱发牛形嘴每车□□

行用条规：

红茶取用，二五箱每只六文。红茶口箱每只十二文。

黑茶取用，西箱每只五□。东箱每只四□。二四箱属西口取用。二七、□箱□□□□□□。斛箱每只取用三文。

一议：远来采办花包、箱包，未来公□。

光绪十三年二月吉日①

据碑刻所记，羊楼洞曾有"前任恩宪谕行客二帮，议立车局，整顿行规……行费照客家箱名取用，各□有成规，数无异言"。而重新整顿，是由于近期"人心不古，渐至忘章"，因此有必要重新额定各类各项茶叶行佣（即碑文中所提及的"行用"）及运输车费力资，并刻石备忘，要求所有有关人等"额例恪遵，切勿恃强越规蹈矩"。这一通立于光绪时的石碑所记载的在此前曾经颁布过的"成规"，应该就是雷元善所主持的经营秩序整顿。从所记可见，雷元善当时的举措有议立车局、整顿行规等内容，并且借助政府的权威将整顿措施颁布。它间接反映了雷远善当时对于羊楼

---

① 《合帮公议碑》，光绪十三年二月。

洞"漫无端绪"的诸事深刻的忧虑和整顿经营秩序大致情形。谢石钦称雷元善为"商人中有特识者"，确实并非溢美。

四　英俄汉口竞买与洞商的发展

容闳于1859年到达汉口时，汉口尚未开埠，但他在《西学东渐记》中很有远见地指出了汉口即将开埠及其重要的商业地位："故在今日中国之有汉口，殆如美国之有芝加哥及圣路易二城。予知不久汉口之商业发达，居民繁盛，必将驾芝加哥圣路易而上之。"这一点很快得到证实。《天津条约》签订后，汉口于1861年正式开埠，很快就成为中国内陆最重要的商业中心。英、俄先后在汉口建立租界，俄商在汉口市场先后开设洋行，其中较著名的有新泰、百昌、源太、阜昌、顺丰、忠信昌、顺安栈、新隆泰、源隆、永福隆、洪昌隆、熙泰昌、森盛昌、公昌祥等，其中最著名如绍昌等，还附设新式工厂。英、美、德、法等国的公司也在不同时期在汉口分设支店，作为购货处或经纪公司。[1]

在五口通商的最初一段时间里，在欧洲和俄国时兴起了对于头茶的嗜好。"在中国茶叶中最珍贵的就是那些在春季采茶季节刚开始的时候采摘的茶叶。人们相信茶叶的质量会随着时间的流逝而变差。如果茶叶被暴露在潮湿的环境中的话，情况的确如此。但是在密封良好的容器中它们可以保存很长时间。尽管如此，还是产生了迷信新茶尤其是刚采摘的'初次绽出'的茶叶的风气。这与如今英国人竞相品尝第一次酿造的薄若莱葡萄酒的风气类似。"[2] 当时苏伊士运河尚未开通，运茶船将茶叶从产地中国运往当时世界茶叶交易的中心伦敦，需要绕道非洲好望角，费时很久，在迷信新茶的情况下，最早运到伦敦市场的茶叶，会获得一个很高的价钱，而运输的船队彼此竞赛，也能够得到丰厚的运费和奖励。所以，船队之间，开展了非常激烈的竞争。为了最早获得最新头茶，英国商船到中国后都溯江而上一直抵达距离大批头茶产地羊楼洞最近的汉口。因为一般产量最为丰富的两湖茶区的头茶运到汉口后，五月即可上市开盘；而如果运到上海，则一般到六月才可开盘出售。如果直接从汉口购买头茶，然后直接从汉口

---

① ［美］威廉·乌克斯：《茶叶全书》，东方出版社2011年版，第743页。
② ［英］罗伊·莫克塞姆：《茶：嗜好、开拓与帝国》，毕小青译，生活·读书·新知三联书店2010年版，第80页。

起运，无疑能够大大节省时间，获得更好的利润回报。在中国内陆，为适应这种对于头茶的需要，两湖、江西甚至安徽的产茶地区，也都将最好的头茶运到刚刚开埠的汉口集中，只将二茶三茶运到上海。在这种情况下，甚至上海的洋行都会在头茶开盘前来到汉口采买头茶以直接输出。1863年，英国茶叶快剪船"挑战者号"从汉口直接装载第一批茶叶运往伦敦，成为汉口至欧洲航线的开辟者①。

汉口茶市由于英、俄两国商人的竞买而紧张激烈。俄国商人很早就已来到汉口。1865年，"有九个俄国人在这个口岸，他们可以读写汉语，每年春季到这里来，目的是购买茶叶"②。他们为购买最好的茶叶开出高价，1870年，"两件宁州乌龙茶（按为红茶的一种）卖到每担34两到35两白银的价钱……俄国购买者非常喜欢这些茶，以至于九江的茶贩们都把茶运到这里而不是上海"③。俄国人阔绰的出手，使得很多英国商人为之却步，常常不得不等到俄国人买好最初的好茶之后，再开价以较低的价钱购买，一旦成交，就迅速装船发运。即便这样，茶价仍然逐年攀升，从统计可以看出，在汉口茶市上最受欢迎的是宁州红茶和祁门红茶，这是因为俄国人的喜好，"汉口市场一开市就出现了实际上是中国前所未有的过高的买价，如一笔为俄国人付的买价为每担46两白银。早期的发货大部分从汉口直接运去英国"④。而顶级的茶可以卖到60两白银。湖南安化和湖北羊楼洞的茶叶也十分受欢迎。1876—1887年，羊楼洞上等茶的最高价为57两/担，最低价为42两/担，均价为42两/担；普通茶最高价18.5两/担，最低价为12两/担，均价为14.3两/担。⑤俄、英茶商的竞买，使得茶商将汉口视为比上海更能卖出好价钱的头茶市场，四面八方的顶级茶都汇集到汉口同台竞技，这也促进了汉口作为内地主要商业城市的发展。

在这一段时间中，中国茶叶和中国商人在市场上占有卖方优势。"英

---

① B. Lubbdck：*Opium Clippers*，转引自《武汉港史》，人民交通出版社1994年版，第193页。

② Commercial Reports：Embassy and Consular Commercial Reports 1867—1869，Shannon，Irish Umiversity Press，1972，pp. 190—192.

③ Ibid.，p. 559.

④《领事文极斯脱关于1866年度上海贸易的商务意见摘要》，《上海近代贸易经济发展概况（1854—1898年英国驻上海领事报告汇编）》，李必樟编译，上海社会科学院出版社1993年版，第130—131页。

⑤ 姚贤镐：《中国现代贸易史资料选》，中华书局1962年版。

国伦敦各茶业行所久怨者，每逢新茶开出，辄见驻中国各茶师不酌情不量势，惟一味争买，以致一月之内出口到英国者有三四月可销之茶，各业主意，谓英茶师如斯争前恐后，半由前赴汉口所致，或二三人，或三四人，同寓一行内，见同居之人大为办买，不免我亦效之，以多买为荣。"① 但这种抱怨是无法避免的。"由于商人们对清帝国内地各省的实际情况几乎毫无所知，这就排除了他们在茶季开始时能对大致的收成量做出任何估计。初期的大批到货未必表明就有较大的收成，而且由于第一批到货总是最好的茶叶，这就迫使希望运出优质茶的商人们，要么立即购入他们中意的那类茶叶，否则就要冒完全买不到的风险，从而使整个茶季没有生意可做；同样不足为奇的是，怀有希望的人们会轻易相信中国人非常懂得怎样使它传播开来的有关歉收或只有中等收成的传说。定货必须履行，海船必须装满，当收成不足的传闻变成大量到货的事实时，再要退缩就嫌晚了。"② 这种对于采购不到合适茶叶的担忧更加激发了抢购的热情，"茶季在 5 月 27 号晚上十点开始，到凌晨两点，所有到达的茶都被定购了（大约 50 份），价格每个小时都在攀升，那些等着早晨买茶的人往往一无所获。这样的热切和竞争，不在乎质量也几乎不在乎价格了。这些极大地刺激了茶商，根本就不在乎茶叶制造和包装的质量"③。在这种情况下，洋商并"不能决定茶叶的价格"，茶叶的价格"由中国商人决定，被决定的茶叶价格是以茶叶的市场价格为基础"④。在出口贸易非常有利的形势刺激下，羊楼洞茶业也进入了鼎盛时期，据日本人正川正一的调查，到同治、光绪年间，羊楼洞从事茶业"绝对的、相对的与附属的商行及劳动者，凡五十一万人"，每年由晋商购置的砖茶为 1700 余万斤，由洋商（粤帮）运汉的黑茶生货（原料茶）为 2600 余万斤，红茶和粉红茶约 630 余万斤，青茶为 19 万斤，共计 4949 万斤。羊楼洞茶厘专局的厘税由咸丰五年（1855）的 18.38 万两，钱 11.49 万串，上升到 98 万两，还有学捐 1 万余串。⑤ 众多的从业人

---

① 《申报》1877 年 6 月 11 日。

② 《领事麦华陀 1868 年度上海港贸易报告》，《上海近代贸易经济发展概况（1854—1898 年英国驻上海领事报告汇编）》，李必樟编译，上海社会科学院出版社 1993 年版，第 173 页。

③ Commercial Reports: Embassy and Consular Commercial Reports 1867—1869, Shannon, Irish University Press, 1972, pp. 206—207.

④ 王艺：《羊楼洞青砖茶》，《湖北省志资料选编》第 1 期，第 110 页。

⑤ 宋衍锦：《蒲圻乡土志》，蒲圻县教育局民国十二年（1923）铅印本，第 90 页。

员、茶货数字和专局厘税，说明整个洞茶茶区都因为景气而赚得盆满钵溢。

这一时期经营红茶并建有具名茶行的是洞商黄凤歧，他“别开生面，奋身商战，购办红茶，牌名‘祥泰和’……果尔运与时合，每岁赚入，不下数千金”①。同样开有红茶庄的，还有雷兰亭，他“弃农归商，于附近冲要之处，另构铺屋一所，生意发达，堪与阛阓相颉颃。晚年扩充营业，在洞中独成字号，采办红茶，握算持筹，近日商务专家不及也”。从他们的身上，我们可以看到同治、光绪间及后来羊楼洞众多商人利用红茶奋发致富的开拓精神。因较大规模经营茶业而在黄氏族谱中有所记载的，有黄才扬（字天瑞），他是一位有经商天赋的商人，“练达事故，对于簿书钱谷，罔不精通，所以家运蒸蒸日上也。先生年二十余，鉴于世界潮流日趋商战，遂离垅亩，以授佃农，入市廛而亲阛阓。岁乙巳，萱堂告殒，严父昏卧，家务之负担，倍于往昔。先生益事进取，锐意商场，设红茶庄，素为群英领袖；营老青茶业，亦握优胜利权。虽其中时运有迁移，不无挫折，而先生能擘画精详，恢复旧物。田之硗瘠者，且转而为膏腴焉。故二十年间，信用之昭彰，生意之发达，根基之巩固，兰桂之腾芳，胥基于此。则其阅历之深宏，岂仅高人一筹哉！”② 黄才扬是在清光绪、宣统间及民国初年经营茶业的，如传所记切实，则他既经营红茶，也经营老青茶，且是一时的洞商领袖。作传者提及了日趋商战的世界潮流，并称赞黄才扬“天性之狷介，远胜儒林，岂龌龊贾所能望其项背！”认为他经商的贡献大大超过业儒的士人，反映了作传者较开明的思想，亦可见作传者生活的时期其社会舆论已经发生了巨大的变化。

在汉口开埠之后，继承传统，参与开辟并与外商交易颇有声色的，还有雷豫远（字重亭）。雷豫远是雷立南的儿子，“其居市曰羊楼洞，以产茶闻于世。远来商无不主雷氏。行业之盛甲一乡。而先大父奉政公尤以自运粤，通中外商起家。嗣之者，惟府君（案指雷豫远）。卓有声闻于江汉沪渎间。……穷研极究，殚心与力为之。岁或营一庄，多至二三庄者不等。遴能者数辈，策厉竞作，俯焉孳孳，人无晷旷。不数日且茶箱出口矣，又

① 黄于钊：《刘老宜人行状》，《黄氏宗谱》，民国仁孝堂本。
② 黄于勤：《天瑞先生传》，《黄氏宗谱》，民国仁孝堂本。

不数日且估直喧闻矣。府君则先期走沪汉，坐与论直，必蕲有以异人者。曰：'外人宁无眼力邪？'久之，洋商亦翕然诚信，时时殊视之"①。雷豫远继承父业，采取亲走沪汉的方式，直接与洋商交易。每年或者经营一个茶庄，或者经营两三个茶庄。他选用有能力的人帮他做具体的事，自己则先到上海汉口，与洋商讨价还价，结果往往是捷报频传。雷豫远在经营中也不是没有遇到过挫折。他的妻子王氏是上海人，平素与丈夫一起在汉口居住，她非常节俭，"身不御绮纨。稍贵重物，笥置而锢局之。十数年犹出示如新也。……其从府君汉寓，知书习权算，能佐治商事。一日，府君外归，颜额额不展，踯躅庭前以百通。孺人查有异，默念其时在月杪，货层压不售，必市交往无厝者，即询以'诚月比窘邪？妾请任之'。府君曰：'唯唯。'然固以为谩也。有顷，则启笥出金珠累累然，易钜资俟来者矣"②。能在丈夫最需要的时候拿出首饰置换现银帮助丈夫渡过经营难关，这是因为她平时"佐治商事"，深谙茶务的缘故；而在困难时需要妻妾变卖首饰以渡过难关，则反映了雷豫远在商战中曾经遭遇困境。

雷豫远也是极有性格的茶商。"其或居间人之故，为影射摧抑，则厉声怒骂，至尽挞发其奸。不得当，则阁置年余，不稍贬就。一时闻者称快。诸狯气詟。至相戒无欺雷三爹。盖俗称老年人有德望为爹，又府君行次居三也。"③雷三爹即雷豫远。当时一些作为洋商买办的广州人在收茶时常与外商勾结作弊，已是商场常事。一位被派往汉口考察茶叶交易的英国通讯员曾注意并记录了这些作弊细节。他写道：

> 中国货主把茶叶运至汉口，他们委托广州经纪人出售茶叶，经纪人便把样品送到各家洋行，此时茶叶还在船上，外商洋行争购新茶的竞争总是很剧烈的，交易谈妥以后，广州经纪人便告知他的老板们，这些人对外国人的品格甚至姓名都不清楚。成交以后，茶叶便立即运往购茶人的仓库，进行验收、过秤等等。大概按市价多给了一二两银子的狡猾的购茶人，这时便乘机为难，说茶叶与样品不符，因此必须

---

① 雷兆绂：《重亭公传》，《雷氏宗谱》。
② 雷兆绂：《先考重亭府君妣贺孺人述（生妣附）》，《雷氏宗谱》，民国甲子年合修初续崇义堂本。
③ 雷兆绂：《重亭公传》，《雷氏宗谱》。

扣除一两银子，茶贩反对，但无法可施，因为，如果他把茶叶运走，他的茶叶也不会有人购买。先前急于争购茶叶的外商现在却像工会会员一样坚定，他们对别人不要的茶叶决不过问，这是对他们每个人都有帮助的一种制度。这位中国商人不得不依从扣价，然后是过秤，通过巧妙的手法，可以取得5%、8%、10%，乃至更高的秤扣。汉口海关承认3%的秤耗，其他扣头还不在其内。因此，一个购茶商可以通过这样或那样的方式得到10%—15%的扣头。汉口没有代表中国茶贩的行会，茶贩急欲售茶回家，而他所雇用的广州经纪人则更偏向外国人，而不向着他。①

中国官员也注意到这类情形，1895年户部奏上员外郎陈炽《振兴商务条陈》中就指出：

> 中国皆散商，洋商抑勒太甚，小商资本无多，只求速卖，于是掺杂伪质，跌价争售。洋商欺其愚懦，故意挑剔，低盘割磅，每以一人掣动全局。今年茶叶不能留到明年，洋商不买即无销路，遂相率以至贱之价卖出，而折阅难堪矣。②

陈炽的记述，反映了汉口茶市在经历极盛之后，开始走下坡路，市场由卖方主导，逐渐已转为英、俄买方主导。雷豫远对狡猾经纪人厉声怒骂，尽情揭发，得不到应有价格宁肯搁置逾年，不卖也不肯屈为降价，使外商也对他另眼看待。外商在与之交易时是否也真的展现"翕然诚信"，值得研究，但雷豫远若确如传所述，即使在茶叶行情开始滑坡的情况下仍然有开拓，有个性，使闻者称快，诸猾气奢，则无可置疑。

再如洞商雷豫堨（1845—1903），"少不屑为举子业，让两弟者读，而自请学贸。时中外通商约成矣，公承茶行世业，以故有宅第葺而新之，拓而崇宏之，主粤商之揽有欧洲人之运华茶出口者，其业日发展，而租入亦岁有增坤。既又纠同志，组为坐贾者二，一货业，一钱业，规模具矣。始绌于财力不可支，公复罄已有且称贷富室，盖厚资本为之基，人固信仰公

① "London and China Express"，转引自《中国近代对外贸易史资料》第2册，第973—974页。
② 《清朝续文献通考》卷42《征榷四》。

一言者，故事易集也。由是岁无不倍利，事无不亿中，范围之所推及，而荆沙，而武汉，而长岳，皆驻置支部，便交通焉。其附近之羊楼司、聂市、沙坪、黄沙堰诸茶埠，则所在有茶庄，或独资，或合业，岁不止一埠，埠不止一庄，每茶市期，出入动以百万计。公于此宏酬肆应，圆听兼视，举遐迩钜细，剧易纷纭万机，无不操纵于一人之心与手，而措施裕如，盖材力过人者远矣。方公之初起也，田不十亩，屋仅容茶商者一，逮其暮年，则腴田倍增，新拓巨宅四五，能主粤晋大商不一户，且它埠亦时有购人者……"① 雷豫堠改变了洞商一直以来汲汲于科举业的执着，少时即自请经商，在传统坐商茶行的基础上，利用中外通商缔约的时机，开辟事业，兴办货业乃至于钱庄，将事业由羊楼洞周边拓展至武汉、荆沙、长沙、岳阳，每年茶市出入动辄上百万两白银的规模，为当年创业者做梦都难以想见的巨大生意。雷豫堠的确为洞商中不可多见的大手笔。传记称之为"材力过人"，实为的论。

再如雷辅丞（字倬溪），他不为坐贾而为行商，"往来江汉上海等处，获利无算，家益饶裕"②，"一时之采办红茶者，挈亿万赀购货至汉上，与夷人交易，恒倚公为经理。夷商亦服公信义，不敢欺……"③ 从这段记载看，雷辅丞在自己业茶的同时，似乎还充当其他茶商与外国茶商交易的涉外捐客，这反映了洞商在与洋商交易中已经有了属于自己的更加专业的人才。

输英茶路的开辟，英商代理人粤商的到来，特别是中外通商缔约，彻底打破了茶贸的旧有格局，改变了茶贸场域中的游戏规则，为羊楼洞商人提供了一个反向走出去的大好商机。也许是由于中外通商草创，粤商的组织尚不如晋商严密，其商业行为较易模仿，羊楼洞与广州的距离和气候相对较近等原因，再加上太平天国平定之后，羊楼洞到汉口、上海水路的开通，又为红茶贸易的快速发展提供了极好的条件。我们至今仍可以从羊楼洞《雷氏宗谱》《饶氏宗谱》《游氏族谱》《黄氏宗谱》等记载中，发现较多更具开拓性的洞商，上述种种可能都是原因。但无论如何，输英茶贸，为洞商提供了一个行商而不仅仅坐商的机遇，在行商过程中，洞商作为一个"本帮"群体臻于成熟，更加展示了他们的商业才华和更加开放的商业视野。

---

① 雷兆绂：《霁轩公家传》，《雷氏宗谱》。
② 周宗道：《雷母余宜人暨媳周孺人合传》，《雷氏宗谱》，民国甲子年合修初续崇义堂本。
③ 王礼仪：《雷辅丞公传》，《雷氏宗谱》，民国甲子年合修初续崇义堂本。

第三节　洞茶场域中资本力量的变迁

所谓羊楼洞"茶域"社会实际上是洞商置身其中进行活动，并与各种场内力量共同参与构建的一个活动空间。英商后来的退场与俄商以汉口为基地进行垄断前后发生，导致茶贸利权外移，晋商场域位置下降，洞商生存也日益艰难。而更后来俄国革命所导致俄商的退场，则使洞茶场域再次发生质的变化。

一　资本竞争与英商退出

前文曾引述布迪厄关于资本的著名定义："在场域中活跃的力量是那些用来定义各种'资本'的东西。"[①] 他所谓的资本并非传统单纯经济意义的资本，而是包括经济资本、社会资本、文化资本等内容的多种形式的资本。资本与一定的场域联系在一起发挥作用，而资本又不仅是场域活动的竞争目标，也是用以进行场域活动竞争的手段。布迪厄还指出："资本是积累的（以物质化的形式或'具体化'的、'肉身化'的形式）劳动，当这种劳动在私人性，即排他性的基础上被行动者或行动者小团体占有时，这种劳动就使得他们以物化的或活的劳动的形式占有社会资源。"[②] 于是前文在解释洞商兴建行屋这一特殊行为时，指出这是洞商积累和扩大经济资本的举措；在解释洞商孜孜不倦地追求科举这一行为时，指出这是他们在追求文化资本。而在茶贸这一场域中，我们还可以很清晰地观察到他们追求和利用社会资本的状况。

按照布迪厄的说法，社会资本则是指"某个个人或是群体，凭借拥有一个比较稳定又在一定程度上制度化的相互交往、彼此熟识的关系网，从而积累起来的资源的总和，不管这种资源是实际存在的还是虚有其表的"[③]。社会资本可以带来经济资本，这一点从晋商来到羊楼洞为洞商带来财富已经可以得到证明。对于早期洞商来说，没有晋商这一社会关系，他

---

① P. Bourdieu, L. D. Wacquant. *An Invitation to Reflexive Sociology*. The University of Chicaco Press 1992, p. 98.

② ［法］皮埃尔·布迪厄、［美］华康德：《实践与反思——反思社会学导论》，中央编译出版社1998年版，第189页。

③ 同上书，第162页。

们就仅仅是"洞人"而非洞商，他们就无由赚取第一桶金，所以，是作为社会关系来到羊楼洞的晋商将早期洞商带入了茶贸的场域，他们为洞商带来了经济的资本。当然，按照布迪厄的观点，不同形态的资本之间在一定条件下可以互相置换。晋商最初来到羊楼洞选择雷兴传作为"停居主人"，一方面是因为雷兴传业儒，在当时乃羊楼洞地方最具有书香气质之家，与业儒传统浓厚的晋商气味相投，这是说他拥有合适的文化资本；另一方面还因为雷家拥有"高大之宅"，即拥有合适的经济资本（高大行屋为早期洞商业茶所必需的经济资本，前文已经论及）。洞商对于这后一点的认识可谓洞若观火，所谓"无屋则无客，无客则无财"，道出了洞商心目中最为质朴的真理。可见具备上述两种资本的雷兴传获得当时最为重要的社会资本即晋商的青眼相看，从而得以进入茶贸这一场域，并非是没有原因的。

洞商发展到一定时期，又获得了他们迫切需要的社会资本即以洋商为背景的粤赣红茶商人的进场。这当然应该是他们主动努力的结果。游澄祖父的"单骑入吴"，他对于吴地红茶商关于"洞茶质秀而味厚，较他商埠尤佳"的游说，经他成功游说之后的"导客来羊楼洞"，都说明在当时洞商自身的发展遇到瓶颈的情况下，迫切希望引入新的社会资本关系来突破传统的单纯与晋商交易的格局。

新的社会资本的进场，成功地突破了晋商对于商路和终端市场的垄断，洞商利用这一新的机遇成功地走出去成为与晋商平起平坐的行商，将更大份额的商业利润揽入怀中，并逐渐成长为真正独立经营的商人集团。从这一个层面上说，他们比此前福建下梅村那些晋商在福建的停居主人更加幸运。在客观方面，由于晋商在福建下梅村营茶时自己投入大量资金买山建屋，植茶造货，并没有留给下梅当地乡绅士民们多少能够深度参与茶务的空间；但晋商来到羊楼洞之后，因为在下梅村大量损失不动产的惨痛教训，他们不再投资土地和行屋，而只是争取本地绅商以不动产投资合作，这就给了洞商深度参与茶务的机会。主观上，因为洞商的坚持和自身的不懈努力，他们在与晋商合作时学到了业茶的知识和经验，而在新的对外开放的形势下，他们的坚持和主观努力又等来了新的发展机遇，于是他们主动引入新的社会资本进场，利用粤赣茶商这些新的社会关系，得以走出去，走广东，到汉口，下上海，直接面对客商和洋商，在新的舞台上，上演了一出出生动的商业剧。其中一些特别有能力的洞商，利用走出去经商之后变得更加开阔的眼界和胸怀，重新整顿羊楼洞当地市场秩序，也像当年的晋商一样，将茶庄和分号开到各地，建立自己的钱庄，无限扩大自己的经营规模，达到早期洞商所无法想象的每茶季百万两白银的经营规模。

而后来洞茶出现颓势，我们也可以从资本竞争角度来加以考查。在汉口茶市上，英国人面对着俄商的激烈竞争。1861 年汉口根据商约开埠之后，俄国人就属于最先成批抵达汉口并积极开展茶叶收购活动的商家，在汉口刚刚开埠的头茶竞卖时期，以阔绰的出手震惊茶市，压过英国商人的风头。在逐渐站稳脚跟之后，俄国人逐渐在汉口茶市对英国人采取了更加咄咄逼人的态势。以采购花香（红茶的一种）为例，1877 年，当花香刚刚上市时，英商即以每担六两的价格买进，而俄商通过其买办代理人得知市场花香存货较多，于是联合全体俄商冻结市场，逼迫茶农降价，最后竟以每担 3.6—3.8 两的低价买到了大量所需要的花香茶。① 1878 年，在英国人以 6.5—9 两的价格购买了 200 万磅花香之后，俄商仍用上述方法，利用下半年茶农低价抛售时机，仅用 3—6.5 两的价格大量购进。1880 年，英国的买价为 8.5—9.25 两，而俄国人仅为 4.35—6 两。② 俄国政府大力支持俄商与英商的竞争，并于 1862 年通过降低陆路运往俄国茶叶的关税，强行降低了自伦敦市场上采购的华茶比重。新的进口税规定："绿花茶每俄磅40 戈比，红茶 15 戈比。而经海路运来的绿花茶每俄磅课税 55 戈比，红茶、砖茶 38.5 戈比。"③ 由于海路运往俄国的茶叶税收大大高于由陆路运往俄国的茶税，这就保证了经恰克图输往俄国的茶叶长期保持很高的数额并不断发展。而陆路运输的茶叶有很大一部分属于俄商自购或自制茶。俄国人通过这种方法，挤压了英国人所购茶叶的利润空间，并使过去需要在伦敦转购英国采入的华茶以满足需求的庞大而稳定的那部分俄国国内市场转由俄商自己占有，于是利润成倍增长。1878 年英国从中国进口的茶叶总体亏损，而就在英国人"因进口货物遭受重大损失时，几乎所有的俄国人

---

① ［俄］斯卡利科夫斯基：《俄国在太平洋的贸易》，第 273 页。
② 同上书，第 276 页。
③ ［俄］斯拉德科夫斯基：《俄中经济贸易关系史（1817 年前）》，第 268 页。

都发了财，在汉口过着与英国人一样的奢侈生活。每个俄国商行都有独立房舍，均从英国商人手中以原价 1/3 的价钱买来的。房舍旁边有石砌的仓库，用来储存茶叶，还有制造砖茶的工厂"[①]。

为了与英国人竞争，自 18 世纪 70 年代初，俄商加入汉口英商俱乐部，购买其股票，不断扩充自己的实力。经过多年努力，到 70 年代末，俄国人已经占据汉口英商俱乐部三分之一的股份，而在俱乐部领导层常务理事中，俄国人已经占据了一半位置，其余一半则由英国人、德国人、法国人、美国人和葡萄牙人担任。[②] 俄国人在英国人创办的贸易组织中占据了领导权。

受到俄国人激烈竞争的英国商人在强大的压力下采取了另辟茶源的策略。几乎与早年跟俄商在汉口大规模竞购茶叶的同时，在印度和锡兰，由英国商人的大力倡导，以公司的形式，开展了大规模的茶园建设。印度和锡兰是英属殖民地，土地和人力便宜，这些地区植茶条件得天独厚，锡兰的采茶季几乎全年持续，印度阿萨姆也可持续 9 个月以上。英国以公司方式组织社会化大生产，到 19 世纪，印度和锡兰茶的产量越来越高，质量控制也越来越稳定，输往英国的量也越来越大，在与中国茶的竞争中，印、锡茶越来越显示出规模生产的优势。自 18 世纪 80 年代以后，英国逐渐退出华茶市场。至 1910 年，羊楼洞红茶出口自高峰时的每年数千万斤，降至 19258 箱，96.29 万斤。[③]

二　俄商垄断与羊楼洞包茶庄

英商退场也导致俄商的行为方式和羊楼洞茶业结构发生改变。

在英、俄商人在汉口竞购的时期，俄国并不满足于仅仅花大银子抢购头茶和花香茶。就在汉口开埠不久，1863 年，为了减少环节、降低成本，俄商李凡诺夫（S. W. Litvinoff）的顺丰洋行就以招人包办的方式在羊楼洞兴办顺丰茶庄，并建厂制造茶砖，生产的茶砖全部运往俄国西伯利亚地区。这在当时属于违反中国政府规定的行为，但是俄国人以"华人采茶，每有掺和之弊"为借口，开始是自行深入洞茶产区直接从茶农手中收购茶

---

① ［俄］斯卡利科夫斯基：《俄国在太平洋的贸易》，第 251 页。
② 同上书，第 255 页。
③《最近汉口工商业一斑》，《汉口茶业公所报告》1911 年 8 月，第 11—19 页。

叶，继之以中国买办的名义租房设厂，这种行为最终被清政府默许。过了两年，巴提耶夫带人从汉口出发，深入羊楼洞茶产区调查，接着又如法炮制，兴办了新泰砖茶厂（1866），1871 年，又开办了规模更大的阜昌砖茶厂。① 这种情况在当时英国人的贸易报告中也被提到："茶砖的制造几乎全部是为了俄国市场，直到最近几年以前，它是在汉口附近内地产茶地区在俄国商人的监督下制作的，地点是崇阳、羊楼洞和羊楼司。"② 由于当时在羊楼洞茶区设厂制造茶砖的仍多为晋商，使用的机械虽然已由最初粗笨的巨木压榨机改为俗称牛皮架的螺旋攀盘压制机，压制技术有所提高，但仍然只能算得上是手工作坊。而李凡诺夫和巴提耶夫希望所办的工厂采用蒸汽机械压制，所以不久之后，1873—1876 年，他们就陆续将工厂搬到汉口。"茶砖以往是在产茶地区加工生产的，但是俄国商人现在把它们转移到汉口了。在汉口他们有为蒸汽机配套使用的更大设备，这比用手工生产更合适也更经济：在这里他们可以保护财产免遭火灾，而如果在远离外国人定居的地方就做不到。"③ 工厂搬到汉口后生产设备大为改观，"这些工厂装备有先进的砖茶制作机器和发电设备，并负责向成千上万的当地居民提供照明用电。砖茶所用原料是普通的茶末……四个工厂共有砖茶压榨机15 台，每天最多能够生产砖茶 120 篓。这种茶主要销往西伯利亚"④。由于机器的使用使效率和质量都大为提高，每天生产得更多，机器压制的茶砖更加紧致，外观更好，售卖时也可以获得比手工压制的茶砖更高的价格。资金雄厚，技术先进，原料和劳动力价格低廉，再加上有辽阔的俄国国内市场需求，销路通畅，所以俄商开办的这些茶砖厂发展极快，获利甚丰。顺丰、新泰两厂各雇用工人 800—900 人，资本金各 100 万两，年产茶砖 10 万箱以上，合 200 万磅。而阜昌茶厂雇工达 2000 人，资本金两百万两，规模在当时绝无仅有。表 3 - 1 为 1863—1881 年俄商从汉口输入的茶砖量与 1871—1880 年俄商砖茶厂所产茶砖数量的比较。⑤

---

① 王艺：《羊楼洞青砖茶》，《湖北省志资料选辑》，第 148—152 页。

② "Trade Reports"（1876 年），转引自《湖北近代经济贸易史料选辑（1840—1949）》（1984 年内部版）第一辑，第 24 页。

③ Commercial Reports：Embassy and Consular Commercial Reports 1874—1877, Shannon, Irish Uriversity Press, 1972, p. 36.

④ "Hankow Decennial Report 1892—1901"，《中国旧海关史料》，京华出版社 2001 年版。

⑤ ［俄］斯卡利科夫斯基：《俄国在太平洋的贸易》，第 271 页。

表 3 - 1　　　　1863—1881 年俄输入茶砖量与 1871—1880 年俄

砖茶厂产量之比较　　　　（单位：箱）

年度	从汉口输入茶砖量	年度	俄砖茶厂产量
1863	10500		
1864	14700		
1865	15700		
1866	42963		
1867	53007		
1868	58150		
1869	77003		
1870	58744		
1871	84120	1871	84120
1872	161055	1872	101155
1873	107664	1873	107664
1874	93386	1874	39386①
1875	103322	1875	105953
1876	69626	1876	70136
1877	58115	1877	57331
1878	76292	1878	76292
1879	103669	1879	103669
1880	79923	1880	89588
1881	92891		

---

① 注：或当为"93386"，原文如此。

从可比较的数据可知，到 19 世纪 70 年代，俄国从汉口输入的茶砖量已大致与俄商设在这一地区的砖茶厂产量一致，输俄茶砖基本上已由俄商设在这一地区的砖茶厂自产自销。

经过俄商及其买办的努力，到 20 世纪初，俄国已经占据了绝大多数两湖地区的茶叶深加工生产。"实力雄厚的俄国商行左右着汉口茶市。1893 年，仅莫尔恰科夫—佩恰特诺夫商行、波波夫兄弟公司、托尔马克夫公司和奇尔利夫—巴提耶夫公司四家，就由汉口发往俄国 3500 万俄磅以上茶叶。"① 表 3 - 2 是 1901—1905 年汉口地区的俄国砖茶厂逐年生产的茶砖数②。

表 3 - 2 　　　　　1901—1905 年汉口地区俄砖茶厂产量 　　　（单位：箱）

年度 洋行名	1901	1902	1903	1904	1905
新泰	54788	57172	11054	78364	106378
阜昌	122110	76135	96200	108731	97760
顺丰	98449	85979	69505	73889	80322
百昌	5220	51507	52279	57839	16483
源泰	8188	15064	20474	15810	3504
天裕	26700	35129	34381	33196	21916
宝顺慎昌	45398	36793	37907	37303	20204
昌泰	6300	7681	40864	57110	12126
怡和	14290	19504	13815	29661	10676
祥泰	7522	8412	8955	5323	5358
美昌	—	—	—	—	3815
巨昌	14424	18270	10495	—	—
合计	403390	411686	495416	497226	377552

注：表 3 - 2 根据武汉市档案馆藏《武汉市工商业联合会·工商改造类》第 117 宗 130 目 1183 页整理。

---

① ［俄］托尔加舍夫：《中国是俄国茶叶的供应者》，《满洲公报》1925 年第 5—7 期。
② 转引自郭蕴深《中俄茶叶贸易史》，黑龙江出版社 1995 年版，第 151 页。（表中原数据如此，似有误——笔者注）本书在此原文引用。

中国出口的砖茶 90% 以上销往俄国，其中 19 世纪最后十年运往俄国的砖茶占中国出口砖茶的 95.9%。1901—1917 年占 94.8%。① 而俄国进口的砖茶约 40%（最高年份约 50%）已由俄商自己生产。这种生产格局也对羊楼洞茶区的生产方式产生了重大影响，原来由晋商开办的多数砖茶厂因无法与俄国机器竞争而停业。在顺丰、新泰、阜昌三家俄商茶厂搬迁到汉口之后，留在羊楼洞茶区的俄商旧茶厂则专门为其新厂购制原料，这种原料被称为"包茶"，即将从茶农处收购来的毛茶进行最简单加工之后装包外运的原料茶。许多羊楼洞本地人亦经营起了包茶。"包茶庄专制散茶，运销汉口洋行，以供茶砖厂压制茶砖之原料；因所制之茶装袋成包，故称'茶包'。"② "羊楼洞之包茶庄，多系本地人经营，收购山户毛茶，制成包茶，经由汉口忠信昌茶栈之介绍，售与俄商，压制茶砖。……民国二十三年羊楼洞共有包茶庄 11 家，据清查统计，共购入毛茶 26502.14 担（旧秤），制成包茶 21668.50 担，平均毛茶 100 斤，可制包茶 81.76 斤。"③ 以下包茶成本列表可资参考，见表 3 - 3。

表 3 - 3　　　　　　　　　　　　包茶成本

项目	各项总用费（元）	每市担用费（元）	占总用费百分比（%）
毛茶价	35000.00	5.13	63.9
资本利息	4410.00	0.64	7.9
运费	2988.00	0.44	5.4
雇员	2880.00	0.42	5.2
售茶佣金	1680.00	0.25	3.0
捐税	1669.00	0.24	3.0
制茶人工	1245.00	0.18	2.2
堆栈保险及茶楼磅费	1095.60	0.16	2.0

① 刘廷冕：《近五十年来华茶出洋之指数及百分比》，《统计月报》，第 30—31 页。
② 金陵大学农学院农业经济系调查编纂：《湖北羊楼洞老青茶之生产制造及运销》，第 11 页。
③ 同上书，第 12 页。

续表

项目	各项总用费（元）	每市担用费（元）	占总用费百分比（%）
包装	990.00	0.15	1.8
房屋	700.00	0.10	1.3
器具	638.08	0.09	1.2
拣工	562.00	0.08	1.0
交际费	400.00	0.06	0.7
旅费	400.00	0.06	0.7
灯火	300.00	0.04	0.5
杂支	120.00	0.02	0.2
总计	55077.68	8.11	100.00

注：表 3 - 3 引自金陵大学农学院农业经济系调查编纂的《湖北羊楼洞老青茶之生产制造及运销》第 13 页。

　　包茶的毛茶为老青茶，包茶庄要对其毛茶进行切、筛之后，分为洒面、二面、里茶三种，然后分类装入布制大茶包，用草绳捆紧后运往汉口。红茶庄也将收购的红茶进行初步的烘焙、除湿后装包，运往汉口。而在汉口，由于英商退场，俄商垄断经营，他们也得以为所欲为。例如，当时新泰洋行规模较大，茶栈安装有通风设备，茶叶因此不易受潮发霉，一般运销商在大宗茶货运到后都送入新泰洋行茶栈库房堆存。而每到货物进栈，主持收购的俄商买办就指使经办人翻堆拆包，挑剔品质干湿，克扣过秤斤两，剔除破损的茶包，拒不过磅，对所有翻拆抛落地上的茶叶，一律视作仓余。用这种方法，克扣存栈商人的茶货。

　　19 世纪末及以后，不少原来生产红茶或后来新设的本地茶庄也开始生产包茶，售往汉口俄商机器砖茶厂。在极盛时期，羊楼洞每年运到汉口的包茶量约为 2600 万斤，包茶数量开始超过砖茶产量。引文是地方文献中记述的羊楼洞邱姓洞商经营的包茶庄：

　　邱家大屋坐落在羊楼洞古镇土地咀，坐北朝南……祖父邱春芳以商人的慧眼于1916年，建造了"春生利"茶庄落址于此。茶庄占地6000平方米，具有独特建筑流派，既是民族文化的孑遗，又引申出20世纪30年代古镇茶叶发展的兴荣。既有设计建成居家归宿之地舒适宽敞，以静为韵律；又以它的装点豪华铺张，也是商人为顾客显露独有之傲。同时更具有茶叶制作和贮藏转运站的功能。大屋场前一口鱼塘。远眺湘山连绵，真是"一水护田将绿绕，两山排闼送青来"。石大门上方双狮俯迎，拱形石座悍立泰然。上下两层。前后三重，一重一重伸进，居家仪礼如在目前。上重堂屋，对柱直径二尺有余，双抱有盈，其势俨然。弓楹浮雕，隶书厚重庄严，"圣德覆群生鸿庥普佑，神威震华夏正气钟灵"，横额"乾坤正气"。南墙上沈昌五题诗云"结屋清凉景，全家画图中"，正是此屋写照。正堂屋左右为内宅，上正房为客厅，夏躺广藤椅，冬垫虎皮毯，红木炕床配小几，上墙烤漆仕女图，白瓷银托茶具，景德镇薄胎朱砂洒金瓷器，景泰蓝酒具，青铜盆、盂，折射出洞镇当日文化时尚。正屋天井两侧为厢房，间间门棂精镂，有吉祥花卉、传说故事、戏曲小说人物，均栩栩如生。天井石阶墙墩，工艺高超，如一部雕刻美学。中堂屋北侧为账房，高高柜台，严严实实门窗。下重堂屋，为几十名茶工住宅。全部建筑呈纵深到推进状。上堂屋西侧双扇精雕隔门通往附营糟房，一米直径人高木桶，排排溢香，侧门径通石板巷口，与下堂屋南出"春生利"附酒店铺门平行。天井有五，各屋既具独立之功能，又与"春生利"融为一体。①

　　文章少见地描述了洞商当年大屋的内外环境与装修，以"豪华铺张"加以概括，并说明这种展现豪华的主要目的是要向茶庄的顾客显摆自己商业实力。但门前石狮、三重二层的堂构、雕梁画栋、正堂虎皮藤椅、红木炕床，精细且富有文化意味的摆设和楹联，则确实让人叹为观止。该文的后半部分主要叙写茶庄：

---

　　① 百岁老人邱正瑞、游慰先口述，邱令英整理：《"春生利"茶庄》，《洞天福地——鄂南古镇羊楼洞》，香港华文出版社2008年版，第74页。

"春生利"主要经营散茶，是谓包茶商，祖父与崇阳巨富巴祖赐共同收购茶叶制成原茶，供汉口兰陵路俄商制茶砖外销出口，返镇时与各匹头铺杂货店带回汉货，双向盈利。大屋楼上深长硕大，为跑马楼，可晾储茶八万余斤，可供两部线架打线。春茶收购旺季，门口车水马龙，茶农肩挑车推，茶袋长队时里余诗（待）售，楼上楼下堆茶如丘，排排焙笼列阵以烘，两百余拣茶工仙女散花般挥手扬茶挑选，几十个做茶工舞动着茶筛、撮箕。茶在飞舞，茶在旋转，做好的茶一包包一箱箱运往赵李桥，及时装上火车，赶趟儿似的运向汉口。茶的海洋，茶的芳香，那时整个小铺沸腾了，"春生利"茶行先生喊票声，卖茶人相坐酒铺长条桌上对饮碰杯声，江西茶工原生态高亢声，线车吱吱声……汇成一组浩大的古镇茶市交响乐，而"春生利"则是乐章里一个音符。①

"春生利"为羊楼洞邱氏与崇阳人巴祖赐合营，"是谓包茶庄"，且主要"供汉口兰陵路俄商制茶砖外销出口"，是俄商新泰砖茶厂的供货商。从文章的描述中，我们可以窥见当年本帮茶商家居及其茶庄的富丽以及收购和制作茶货时的喧闹情景。再如刘氏包茶庄：

刘氏茶庄约建于 1840 年，地址在现在的观音街，北邻雷祖庆祖父所办茶厂及兴隆茂茶厂，南邻鞏八爹的茶厂，前起港边马路（从北山过原石桥，经庙场石桥沿港上至观音口前的义兴茶厂），两座石大门并开六间。后（东）抵池塘畈上的雷氏祠堂，共九重八个天井。楼下为青砖，楼上为四六九泥砖横做成墙（即筷子砖）。楼下为收茶和堆放原茶的地方，楼上为女工拣茶和成品茶的仓库，堂屋为薄方砖地，房屋为离地尺许的洞板。同其他茶厂一样，楼铺厚木枞树板，贯通可以跑马。当时由刘秩臣（彬臣之弟）当老板。该茶庄主要出租收茶，曾先后出租给陈、邱、廖各氏收茶。如廖祖法（廖家畈茶商）收茶运往武汉。民国九年"阜昌茶包厂"，职工达 589 人，茶 3 万箱包，值洋 12 万元（大洋），仅次于永茂祥红茶厂，可见规模之大。还设过福

① 百岁老人邱正瑞、游慰先口述，邱令英整理：《"春生利"茶庄》，《洞天福地——鄂南古镇羊楼洞》，香港华文出版社 2008 年版，第 74 页。

兴阜昌茶厂、小昌茶厂等不一。①

由"该茶庄主要出租收茶"看来，上述刘氏所谓"茶庄"应为"茶行"性质。租用刘氏大屋所开设的福兴阜昌茶厂和后来的小昌茶厂，即为俄商阜昌洋行在羊楼洞所开设的砖茶厂。阜昌洋行后来将砖茶厂搬到汉口并扩大规模，在羊楼洞仅留下为其收购原茶的包茶庄，这就是后来的阜昌茶包厂。

由上文看，茶包厂职工近 600 人，年产值达 12 万银洋，应该算是具有相当规模，但这仅仅是表象。当年受政府委托在羊楼洞进行茶业调查的金陵大学专家的评价对此可是很不乐观："包茶庄之资本大都薄弱，除一二家自有充分资本，不须借用外资外，余皆向汉口茶栈或银行借款，以资周转。俟茶叶脱售后，本利归还。"② 民国时期专业的调查报告所描述的这种情况，是由于最能产生利润的关键生产环节被俄商掌握，所以在繁荣表象下的实质，既是产地利润的减少，应该也是原本属于中国商人的利权的部分丧失。"俄商直接深入内地产茶区从中国茶农手中收购茶叶，也使原属于华人茶商的利润流入了俄国商人之手。"③ 利权的丧失，当然反映了当时中国社会的半殖民地化加深。而从布迪厄资本观点来看，这种经济资本的损失，与重要的社会资本——英商的退场亦有莫大的关系。

三　晋商在茶叶场域中位置的下降

早在 20 世纪初，由于场域内权力和游戏规则的改变，晋商的经营环境显得十分不利。俄国官员鲍戈亚夫连斯基曾对这一改变给俄国商人带来的好处直言不讳："一直到目前，我国商人经营茶叶的条件都很不错，因为中国当局怕引起俄国领事的误会，不敢对俄商太严，所以，俄国臣民在这方面有较多的自由，他们既可以在中国西部地区就地做茶叶生意，也可以把茶叶运到俄国境内。除了这一宗可称为非法的贸易之外，我国的商人还可以在其它一些地方，例如在塔城，完全合法地做茶叶生意。为此，他们

① 刘子政：《刘氏茶庄》，《洞天福地——鄂南古镇羊楼洞》，香港华文出版社 2008 年版，第 68 页。
② 金陵大学农学院农业经济系调查编纂：《湖北羊楼洞老青茶之生产制造及运销》，第 12 页。
③ 郭蕴深：《中俄茶叶贸易史》，黑龙江教育出版社 1995 年版，第 98 页。

经常在政府没有实行专营的科布多，甚至在张家口收购茶叶，然后经蒙古运到离边界五十俄里以内地带的塔城和其它地方。"① 由于缺乏政府的保护，以及运费和税率过高，晋商无法与俄商竞争。1910 年，芦汉铁路通车，晋商唯一依凭的汉口—樊城—张家口—恰克图陆路运茶线失去意义，于 1911 年停止运茶。1911 年辛亥革命，不少蒙古王公和上层喇嘛乘机拒偿所负晋商债务；1917 年十月革命，不少晋商在俄资产被大批没收；1921 年"外蒙古"宣布独立，1924 年正式宣布建国，许多旅蒙晋商被杀，大量财产被没收，大多晋商从此一蹶不振。1925 年，苏联实行茶叶专卖，成立茶业托拉斯（Tea Trust），并将内蒙古和蒙古纳入其经营范围，晋商无法再到达北部边疆，传统市场进一步受到挤压。1929 年，"大盛魁"宣布歇业。

20 世纪 30 年代，晋商在羊楼洞的茶庄还有长裕川、大德生、兴隆茂、宝聚川、天顺长、天聚和、义兴、大德钰、瑞兴、大昌玉、德巨生、巨贞和、巨盛川、复泰谦等 14 家，较全盛时大幅减少，其中有制茶厂的茶庄数量下降，在羊楼洞茶号中所占比例更为减少。而且，那些最早来到羊楼洞，曾经让人一望而生敬意的老字号，如三玉川、慎独玉等，再也没有在名单中出现。② 即便如此，晋商仍然努力维持局面，就在羊楼洞兵荒马乱，地方迎来送往，经费拮据，几无力维持之时，"山西黑茶帮曾以全体名义侈仪用享"③，捐款维持。无奈时移势异，仍旧式微。

老牌晋商的衰微固然是因为时代天翻地覆的变化，但是也有其自身的原因。依靠落后的生产运输手段和经营方式，就是原因之一。晋商长期以来持"以末聚财，以本固之"的落后经营理念，对于生产环节投入不足，在羊楼洞长期依靠手工压机制茶，在机器突飞猛进的时代仍然依靠人力、畜力运输，由此使其失去曾经拥有的优势和先机。与老牌晋商相比，20 世纪后起的一些晋商显然意识到了传统晋商自身的弊病，力求跟上时代，例如长盛川、义兴、宏源川等茶厂在使用机器方面做出了改进。但是最后的打击来自于外敌入侵。20 世纪 30 年代末到 40 年代中期抗日战争爆发，自此以后，晋商的足迹就再也没有真正出现在羊楼洞的土地上。

---

① ［俄］鲍戈亚夫连斯基：《长城外的中国西部地区》，商务印书馆 1980 年版，第 194 页。
② 三玉川茶号于 1930 年宣布停业。
③ 雷玮章：《作人先生传》，《饶氏宗谱》，民国双峰堂本。

四　俄商退出与洞茶业的嬗变

1891 年 4 月 20 日，春光明媚，湖广总督张之洞在武汉长江边名楼晴川阁设宴招待俄国皇太子尼古拉·亚历山大罗维奇·罗曼诺夫。酒过三巡，张之洞举杯"贺俄皇康泰，祝太子一路福星"；俄皇太子亦起立致辞："贺中华大皇帝福寿，祝贵大臣康宁！"张之洞即席赋诗赠俄皇太子和这次与之同行的伴侣希腊王储格尔基，诗中有"日丽晴川开绮席，花明汉水迓霓旌。壮游雄览三洲胜，嘉会欢联两国情"之句①，祝愿伟大的俄罗斯帝国与大清帝国共同友好繁荣，前景无限。次日，这位 22 岁的俄皇太子就和希腊王储及其他随员一起，来到位于汉口列尔宾路口（今兰陵路口）的俄资新泰茶业公司，参加他这次到汉口的主要节目——出席新泰砖茶厂建厂 25 周年庆典。

汉口俄商头面人物李凡诺夫、莫尔恰科夫、佩恰特诺夫、波波夫、托尔马克夫、奇尔利夫，以及皇太子的表兄巴提耶夫，② 个个兴奋异常、兴高采烈地参加这次百年难遇的觐见盛典。

尼古拉皇太子回国后不久就即位成为沙皇尼古拉二世，而汉口的俄商已经确定在茶叶商战中击败了强大的英国对手和生产方式落后的中国山西商人，前景似乎注定灿烂无比。但是命运弄人，1917 年俄国爆发布尔什维克革命，尼古拉二世被枪毙，列强干涉，俄罗斯局势持续动荡，食品短缺，艰难生存的苏维埃政权宣布茶叶为奢侈品，不予进口，华茶输俄之路骤然中断。阜昌、顺丰两大茶厂歇业，新泰由英国商人收购，更名为太平

---

① 张之洞即席作诗两首，其一《俄国太子来游汉口，飨燕晴川阁，索诗索书，即席奉赠》："海西飞轺历重瀛，储贰祥钟比德城。日丽晴川开绮席，花明汉水迓霓旌。壮游雄览三洲胜，嘉会欢联两国情。从此敦槃传盛事，江天万里喜澄清。"其二为《希腊世子（俄太子之戚，来同游者，年甚少）》："乘兴来搴楚畹芳，海天旌旆远飞扬。偶吟鹦鹉临春水，同泛蒲桃对夜光。玉树两邦联肺腑，瑶华十部富缣绌。汉南司马惭衰老，多感停车问七襄。"

② 根据郭蕴深《中俄茶叶贸易初探》，"从 1863 年到第一次世界大战前夕，先后有下列俄国商行在汉口垄断着茶叶市场：1. C.B. 里特维诺夫股份公司，附设有分选各类茶叶的工厂；2. 莫尔恰诺夫、别恰特诺夫股份公司，附设有分选各类茶叶的工厂；3. B. 威索茨基公司，在莫斯科、切列亚宾斯克和敖得萨有其分支机构；4. A. 古波金、A. 库茨列佐夫股份公司，一年中交易额高达 3800 万卢布以上，不仅有装备很好的工厂，而且在世界各地有自己的办事处；5. 沃高股份公司；6. 波波夫兄弟茶叶贸易和贮运公司；7. B.И. 纳科瓦辛股份公司；8. 道科马克夫、巴诺夫股份公司；9. 乞尔阔夫、巴诺夫股份公司；等等"。里特维诺夫又译作李凡诺夫，别恰特诺夫又译作佩特恰诺夫，乞尔阔夫又译作奇尔利夫，巴诺夫又译作巴提耶夫。

洋行砖茶厂。1921年，巴提耶夫黯然离开中国；1927年，俄商买办刘子敬因多项生意失败破产并于次年在庐山去世，年仅44岁；1929年，李凡诺夫离华赴美。曾经兴盛无比的俄茶王国在转眼之间就衰微了。

俄商的退出为中国茶商提供了一个短暂的机遇。

还在俄国革命之前，晋商由于失去与俄商在恰克图竞争的能力，不得不将经营重点放在蒙古等中国边疆地区。反映在茶产区羊楼洞上，是输往俄国的红茶式微，而主销地为内外蒙古及新疆地区的老青茶上升。"故民初以后之数年间，为羊楼洞老茶贸易之鼎盛时期，当时该镇茶庄全为山西帮所经营，资本雄厚，每茶庄之资本，常有数十万至百余万元者。"① 晋商使用传统方法压造老青茶砖，再使用更为传统的方法来运输它们。"大量的茶叶由陆路运往西伯利亚和蒙古……这种极为发达、极为巨大的茶叶贸易，是由山西商人经营的。大部分的茶叶经由恰克图运往俄国市场，这些输俄茶叶由汉水运往距汉口350英里的一个大市镇樊城，由樊城起岸后，装大车运往张家口。运往归化厅供蒙古销售的茶叶，是经汉水运至樊城以上约50英里的另一名为老河口的大市镇。从老河口以骡子和大车运往山西省靠长城口外一个重要城市归化厅，然后由归化厅分销于蒙古全境。"②

俄国革命堵塞了输俄之路，而适逢1918年粤汉铁路通车，在距离羊楼洞8华里外的赵李桥设立火车站。该站原本计划建于羊楼洞，但由于修铁路会破坏风水的观念影响，当地居民从中阻挠，于是火车站改建赵李桥。如今，洞茶可以由推工用独轮车推至赵李桥上火车，北运至武昌徐家棚，然后过轮渡到汉口。洞茶到汉口后，由晋商交其驻汉办事处运往蒙古。由于平汉铁路和平绥铁路通车，经过这两条铁路联运，茶叶可直达丰镇，再用汽车或骆驼从丰镇运往库伦。分销大站除库伦外，还有张家口和绥远等地。

其时从事茶商的帮口力量也有所变化。光绪年间由于西北茶政的变化，湖南商人的势力得到扩张。西北边茶，"向由晋商承办，谓之东商，口岸略同盐法。回乱后，东商逃散。左相求之不得，遂饬湖南商人承办，谓之南商。所销运皆湖南茶。及晋商归，复向南商承拨分销。至今东商仅

---

① 金陵大学农学院农业经济系调查编纂：《湖北羊楼洞老青茶之生产制造及运销》，第25页。
② Commercial Reports 1872（part 1）p. 24.

十之三，南商十之七。另有湖北羊楼洞茶，谓之散茶。偶有贩运，只可于东南口岸不到之地销售，其余各地，均由官商私带，查禁甚严，究不能止"①。左宗棠平定西北之乱以后，在西北扶持故乡湖南商人，而到20世纪20年代，湖南商人在汉口的实力也有所增强，"汉口茶业公会之中，以湖南帮实力最为雄厚，会员最多，经营最大"②。

如果说湖南商人是在左宗棠支持下扩大对于西北市场的占领，那么作为产茶基地的湖北羊楼洞茶商则是在张之洞的倡导下艰难地开展了机器制茶的探索。19世纪末20世纪初，由于英、俄先后垄断华茶市场，华茶利权尽失，洋行及其买办"任意挑剔，拨弄茶商"，致使茶商"连年亏损累"，"汉口茶市，弊窦丛生"，于是六帮茶商联合向督府请愿，列举汉口茶市十弊，谋求抵制整顿。张之洞自1889年督鄂，注重洋务。他目睹洋行俄商因机器制茶而占尽先机，阜昌、顺丰、新泰三家俄商制茶公司占据大半汉口茶市产量，而洞茶利权外流，百弊丛生。于是对汉口六帮请愿书批示："所陈十弊，自系实在情形"，"所开章程八条，大致尚属平允"，应该"及时整顿，以维商务"，"厚积商力以换取此种外溢之利源"③。张之洞倡导兴办机器制茶，令江汉关税务司穆和德筹新茶务，准许富商筹集资本制办制茶机器，如商本不足，筹集官股相助，"官办商倡"，"招商助官"。在张之洞的支持下，1898年，商办机器焙茶公司成立，集资6万两，董事有江汉关税务司莫尔海、汇丰银行买办席正甫、唐翘卿，阜昌茶砖厂买办唐瑞芝，招商局总办陈辉庭等，并于同年购入第一部茶叶压延机，在羊楼洞开工制茶。这是中国历史上羊楼洞第一部近代化制茶机器。④ 1906年，粤商投资成立兴商茶砖公司，为湖北第一家民营机器砖茶厂，所引进四部制茶机，皆为英国制造，日产砖茶265担。1909年，留日归来的羊楼洞商人万国梁拟投资50万元（后实投69万元），在羊楼洞创办振利茶砖总公司，使用机器压制砖茶。呈报省府，受到湖广总督陈夔龙批示支持。⑤ 机器制茶与传统的手工制茶相比确实有很大的进步。俄商曾对机器和手工制茶进

---

① （清）裴景福：《河海昆仑录》卷二"甘茶新政"。
② 侯厚培：《武汉之工商业》，实业部国际贸易局，1932年。
③ 《批六帮茶商禀恳整顿商务积弊》，《张文襄公全集》116卷（公牍，三十一），第17页。
④ 湖北省志编纂委员会：《湖北省志·大事记》，湖北人民出版社1990年版，第80页。
⑤ 《申报》1909年3月15日（第四版）。

行过比较，结论是："手压机每日出产 60 篓，有 25% 的废品，而蒸汽压机每日出产 80 篓，只有 5% 的废品。并且因使机器而节约的费用，每篓计银一两，按照以上产量计，每日即达银 80 两或英金 20 镑。"① 质量和效益均有所提高。机器在华商制茶厂的使用虽然也还存在若干问题，如管理欠佳，成本过高，因操作不熟练而引起的损耗过大，等等，但使用机器的尝试代表了中国茶商顺应潮流而做出的可贵努力，也为后来的国茶工业化发展方向奠定了基础。

① Trade Report 1878, Hankou, p. 43.

第四章　洞商与羊楼洞茶叶社会

商贸茶的进入和洞商日渐成长为一个更具独立性的商帮，从根本上改变了羊楼洞传统的以农业为主体的乡村社会。商业气息混杂沁脾的茶香，一起渗入羊楼洞社会生活的每一个角落，于是各种与商业有关的新事物诞生，许多因茶而起的行业涌现，价值标准与风气渐新，社会结构与阶层状况也发生了深刻的改变。

第一节　社会阶层

贺天子，雷公子，饶老子，邱痞子，邓婊子。

以上俗谚，源自我在羊楼洞实地调研时数度闻几位老者的口述。问其含义，一老者曰：贺、雷、饶、邱、邓，为羊楼洞世居大姓。贺氏注重科举，其族为官者较众，少壮入仕，老大回乡，多官气而少接地气，故以天子喻之。茶贸以来，茶客来洞乡必投雷氏，以雷氏儒商，诚信声闻，有平原、信陵名公子风，雷氏亦由此而家道殷实。饶氏钜族无畏，世为洞乡长老主事，抛头露面，暗恶叱咤，排难解纷，乡里有争执，得饶氏一言则干戈玉帛，如家中有老父在而子弟唯唯然。邱氏之说，盖以其先为军户也，俗称军爷或谓兵痞，盖亦戏称，而其经营车帮，谓其好食而懒做，为一事而纠缠也。邓氏之说，盖詈语也，俗语也，玩笑语也。因民间传语，时过境迁，难明就里，或与其所经营有涉耶？或谓其无正业无诚信耶？一曰当时其居里多卖笑者赁屋开业，未审其详。其实，洞镇之民，五姓之外，犹有游氏、刘氏、黄氏等，亦代出才人，颇有名望，唯此上辈传言之民谚耳，或就其大体而言之矣。

从实际情形看，近代羊楼洞贺氏的确为官者较多，清末还出过高官如工部尚书贺寿慈，在当地颇受尊重。而茶贸以来，雷氏多办行屋，与外来商合作或自己经营，贸迁以殷富。饶氏多为商会会长，如饶云山、饶作人等，数次战争或军队过境，努力维持，使市面免遭涂炭；车工因公路汽车开通与资方抗争，亦饶绍皋任商会长负责调停平息。① 再如饶德逊，"承先世遗赀，丰于财。……居乡泯讼端，戚里有争角，一言排解则冰释"②。又如饶盛员，"性刚直，人多惮之。人有纷难则排解，不遗余力。乡党赖之。……后凡遇此莫不惟先生是倚赖者，以先生刚直素著于众而信之深焉故也"③。无论贺氏、雷氏、饶氏，他们中的头面人物都是羊楼洞地方民众中的上层。所谓本帮商人或乡绅，洞茶贸易的本地组织者或当地秩序的维持者。晋帮、粤（洋）帮商人，既依靠他们维持地方秩序，又在商业上或与之协作，或与之竞争，共同从业茶中获取利润。这些乡绅和本外帮茶商是社会的上层，他们有生产资料，如行屋、资金、茶砖压机等，他们追求利润的目的十分明晰。由于脱胎于旧式商人，他们有较浓厚的陈旧经商观念，更愿意向行屋、收茶等风险不大的方向投资，但在相当长时间中将就旧技术。他们中后起的商人比较愿意使用和吸收先进机器技术，开通道路，采用汽车等先进运输工具，是生产力发展的推动者。由于茶贸繁荣，"茶农茶工收入绝大部分在洞消费，四乡经济活跃，市场货物充足"④，故亦有不少商人经营杂货、客栈、餐馆等服务性商业，虽然他们也是商人，但资本和地位均较本地茶商尤其晋粤茶商略逊一筹。

依据族姓来分析阶层有一定道理，因为如本书前面所言，近代羊楼洞茶叶社会从本质上说仍然是一种以宗族自治为主要形式的礼俗社会，宗族在社会构成中占有不可忽视的地位，但宗族不等于阶层，并不能够当作阶层分析的科学依据。如前述黄姓茶商黄尚基，"乡先辈谈及乡之富翁，辄首于公屈一指，曰公之栋宇，则云连也；公之田园，则雾列也；公之菽粟，则陈陈相因；钱钞，则累累如贯也"。更为洞乡茶商首富，则黄姓茶

---

① 余伯勋：《羊楼洞砖茶运输的变迁史话》，《蒲圻文史》1989 年第 5 辑，第 128、132 页。
② 宋孟元：《德逊公序赞》，《饶氏宗谱》。
③ 黄锡魁：《景维公序》，《饶氏宗谱》。
④ 陈古恩：《昔日洞茶散记》，《赤壁茶与茶马古道》附录。

商亦有并不在雷、饶等姓之后者，老者口述之有关族姓的俗谚，只能是"就其大体而言之"，不是科学论断。而且，以族姓作为分析阶层的依据，往往为阶级蒙上一层基于血缘的温情脉脉的面纱，如前所述，家族中的上层人物往往具有资财、知识能力和德行三个方面，其中德行一项，包括修桥补路、赈灾济贫、行善施药等，再加上亲缘的关系，使得一些研究乡村阶层的学者，如梁漱溟等，认为以传统伦理为本位的中国社会缺乏私有观念，根本不存在所谓阶级对立，这当然有失偏颇。分析阶级和阶层，马克思关于经济地位的观点仍然是基础。但是作为商业性乡镇的羊楼洞，主流的关于农村问题分析的"土地制度决定论"的中国农村阶级分析方法显然也并不适用。如前所述，羊楼洞本地有实力的商人经商之道中一个重要的特点，就是"广建行屋"，商人将大量的资金投向建造茶行所用房屋，还有茶商投资钱庄、当行，不能以土地作为单一财富衡量标准一概而论。

马克斯·韦伯的阶层指的是市场机遇相同的人，以财产多少、收入机会和生活处境作为主要标志，比较注重的也是经济范畴。根据韦伯这种在经济地位基础之上更全面地考虑市场机会的办法，我们可以比较准确地计量羊楼洞这个商业氛围特别浓厚地区各阶层的实际阶层地位。我们可以将羊楼洞各类人的所有财富和收入集中计算，减去其生产、生活支出所得的差额，这样，可以按这种差额大小分出大茶商大地主，普通茶商和地主，茶行职员、小商贩和自耕农，本地工人和贫雇农，外来工人等不同层级。

大茶商如雷绥成（字乐斋）、游龙（字天池）、黄尚基（字光远）、雷豫堞（号雾轩）等，他们每年动辄以钜万两白银经营茶贸，家资雄厚，有行屋数以百计，良田连区，富甲一乡。

多数茶商为普通茶商，家资在数千两白银以上，有行屋，生活富裕，但受茶叶市场行情影响很大。

茶行职员包括账房先生、专司收茶的高级职员等，他们和从事杂货、客栈、餐饮等业的小商人及自耕农一样，每年生活收入和支出可以持平并有节余，在茶乡社会属于中间阶层。

大批工人，如制茶工人、独轮车夫、码头搬运工等，是因茶而产生的劳力者。他们仅有简单的生产工具或除劳力之外一无所有，茶贸为他们带来了工作机会。据回忆，当时茶厂工人有两万多，每年仅工资一项即发放一百多万银元。① 工作使工人们得到了维持自身和家人生活的收入，当地小车推工一人靠一辆独轮车即可养活一家子人。工人与工人之间，也有些许差别。例如推车工，基本由羊楼洞本地人把控，每年茶季，外地如湖南、江西前来赶茶的有大批工人，他们在羊楼洞多从事繁重且较脏的活路，如翻动发酵中的茶堆、粗茶打筛等，这些工作灰尘非常大，工作起来尘土迷眼，对面不见人，汗水与尘土相混，一般本地人是不干的。② 推车工作出力流汗，但收入高，带垄断性，属工人中的上层，而外地来的工人从事的工作灰尘大、强度高、收入相对低，属工人中的下层。工人除以劳力挣工资外一无所有，故近代技术进步对其工作机会形成威胁时易成为技术进步的阻力，洞区小车工阻公路砸汽车即为此。

在前文中，我们曾指出知识、能力和道德也是构成阶层地位的重要方面。在知识能力之中，最重要的当为对儒家经典和文化的掌握能力，因为在旧时宗族礼治乡村社会中，没有政治，只有教化。因此，在经由多年的寒窗苦读之后，通过参加各级科举考试获取功名就得以直接加入绅士行列，获得社会上层的身份，如羊楼洞一些贺姓为官者；一些没有获得功名或者获取较低功名的读书人，也在羊楼洞非常合逻辑地受人尊重；一些家产并不甚丰裕但从教多年的塾师们很受尊重，如雷寿春（字季彭），毕生业儒未获功名而为塾师，但非常受当地社会尊重，"不肖子弟闻风惮之"③，这是因为在传统礼俗社会中，他们所熟悉并掌握的诗书礼教，是社会是非善恶和地方治理的衡量标准，而且这些乡村知识分子在许多时候都能起到维持乡村传统的作用，他们热心参与公益事业，以自身良好的道德素养来赢得乡民的尊重。需要指出的是，随着羊楼洞茶叶社会的形成和成长，商业所带来的拜金主义也更加深入地渗入当地社会。特别是进入民国之后，科举停考，传统功名失色，绅士不再是具有功名身份的人士，社会由纯粹的礼治社会逐渐更具有商业社会性质，地方治理也由以宗族为核心的地方自治逐渐带有法理社会的色彩，于是财富作为衡量阶层的标准更增加了比重。正如梁漱溟所指出的，进入民国之后，中国社会"其千年来沿袭之社会组织构造既已崩溃，而新者未立"，人们抛弃了传统，"以自己为重，以

---

① 陈古愚：《昔日洞茶散记》，《赤壁茶与茶马古道》附录，"两万工人工资也有百万之多"。
② 摘自笔者采访羊楼洞老人饶楚义的口述笔记。
③ 游家师：《岳父雷公季彭老先生传》，《雷氏宗谱》，民国甲子年合修初续崇义堂本。

伦理关系为轻；权力心重，义务观念轻，从情谊的连锁变为各自离立，谦逊变为打倒，对于亲族不再讲什么和厚，尊敬师长的意味完全变了，父子、兄弟、朋友之间，都处不合适"①。传统的知识和道德优势崩溃了，它们作为阶级构成的一极虽未完全丧失功能，但羊楼洞地方的阶层构成更加商业化、更加纯经济化却已是事实。随着晋商等传统客商的式微，本帮商人越来越多地以邱春芳"春生利"包茶庄方式直接与俄商等外商交易，本帮商人对于市场的实际份额增加了，经济实力也有所壮大，更加外向，更出现雷豫堦这样商铺遍及武汉、荆沙、长沙、岳阳等地，每茶季出入以百万两白银计的大商巨富，以及雷豫远这样长驻上海、汉口进行茶贸的外向型茶商。但由于外商掌握行情，羊楼洞本帮茶商受行情影响更大，利润更薄，盈亏起伏也更剧烈。随着民国时期军阀战争频仍，对于地方的勒索更重。一些乡绅挺身而出，与过往军队及上级政府应付周旋，如担任地方保卫公所董事和商会会长等的雷泽钧、饶云山、饶作人、饶绍皋等。这些商会会长与地方弹压局的局董成为实际上的地方基层官吏。属于这些地方官吏职责范围的社会交际也必然带来一定社会权力，如摊派军饷和招待费等；或许也能够带来一定财富，如通过与官方交往庇护属于自己的财产等，于是官方赋予的权力与传统宗族自治建立在血亲基础之上的权力结盟，基层官吏权力因政权向传统乡村施加的挤压而在经济资本之外日渐成为构成社会地位的一个部分。

粤商等洋帮茶商也随着洋商直接深入茶叶产地而式微。洞商作为典型的民族资本商业集团，在与洋商的茶叶贸易中获得利益，但又受洋商及其买办的挤压，在压迫太甚时，洞商如雷豫远也拍案而起，厉声怒骂，"至尽挞发其奸"，而这仅仅是个别的抗争，到头来也只能将自己的茶货搁置年余，多数承受不起这种损失的洞商也只能忍气吞声，亏本销售。洞商对洋商存在幻想，即使抗争最烈的雷豫远，也以为作恶的只是作为洋商买办的居间人，而寄望于"'外人宁无眼力邪？'久之，洋商亦翕然诚信"②，这种幻想亦使其具有摇摆性，斗争亦缺乏坚定性。

茶区千百万茶农是茶叶的生产者，也是本帮和客帮茶商的剥削对象。

---

① 梁漱溟：《乡村建设理论》，《梁漱溟全集》（二），山东人民出版社 1990 年版，第 162、211 页。

② 雷兆绂：《重亭公传》，《雷氏宗谱》，民国甲子续修重订。

他们也因茶贸繁荣而增收受益。按亲历者陈古愚回忆，羊楼洞茶区当时"年产茶叶三四千万斤，青茶每斤八角左右，红茶略低，老茶每斤一角七八分，估计约有银元五百万元"①。这应该算是中等年成。据另一亲历者回忆，当时每年茶庄收茶4000万—5000万斤，最差年成也收茶3000万斤。②与陈古愚所说三四千万斤大体一致。每年五百万银元收入对于茶区农村是一个非常可观的数目，种茶面积的扩大也客观地说明了茶贸的确于农民有利。羊楼洞茶区植茶方式是典型的旧中国半封建小农方式，分散、粗加工在农户家中完成，造成初期投入不够，科技含量不高，质量参差不齐，且有掺假掺杂现象。另一方面，茶市波诡云谲，国家贫弱，洋商掌握利权枢要，打压我国商家，而商家为了牟利，压价收购，向农民转嫁损失，致使农民亏损，种植更为粗放。所以茶农是居于羊楼洞阶层金字塔下层的人群。

第二节　商业组织

由于商务活动频繁，外地商人涌入，早在清代汉口开埠之初，汉口及羊楼洞茶区就出现行帮组织。汉口主要的帮口，有湖南、山西、湖北、江西、广东和江南六大帮，其中势力最大的是山西帮和广东帮。山西帮主要深入洞区购制茶货，广东帮主要在汉口驻守为洋商担任买办。这些同乡会性质的行帮，主要作用为维护团结，协调秩序，互相保护，抵抗外来竞争，同时提供联络乡土情谊的场所。随着经营活动的持续、行帮规模的扩大，行帮开始建立会馆作为会聚之所，例如康熙年间汉口山陕会馆、岭南会馆等，主要作用为维护同乡同业者的商业利益。

羊楼洞一些外出行商返乡的茶商有开阔的眼界，他们深知"通商惠工，国家所以阜财用，而胪规定矩，地方所以安客商"③的道理，例如洞商雷立南（1812—1878）曾久居广东贸茶，并于清咸丰三年（1853）首倡捐资在广东"重修湖北公所。武郡同仁，以公首出，无不唯诺。数年落

---

① 陈古愚：《昔日洞茶散记》，《茶马古道》附录。
② 雷启汉：《蒲圻羊楼洞义兴茶砖厂》，《湖北文史集粹》（第三辑），湖北人民出版社1995年版，第838—839页。
③《合帮公议碑》，光绪十三年二月。

成，公自序勒石"①。雷立南遍历上海、福建、湘潭诸市镇，广见世情，于1861 年回到羊楼洞后，建立羊楼洞同益堂公所。"先是，羊楼洞地方茶客廖廖，生意淡薄。自咸丰戊午（1858）以来，圣泽诞敷，中外一体，准外洋各路通商，入境贸易，于是植茶之户日多，行茶之途日广。我境旗枪丰美，字号云屯，然新开码头，规矩章程不归划一。辛酉（1861）冬，公束装回里，见行业日盛，茫无头绪，谓非长久计。遂约同人，合禀上宪批准，寻奉邑侯恩谕，立同益堂公所，兼修财神庙。公所定行规数十条，永远遵照无异。"② 同益堂公所，是羊楼洞本帮茶商的日常聚会之所，相当于会馆；财神庙，是本帮茶商的精神聚会之所。这两处建筑的建立和建章立制工作的进行，意味着羊楼洞商帮已经着手进行自我管理，使自身具有了较为强劲的维系力，从此行业不再茫无头绪。再如雷元善（1814—1886），"少读书有大志，倜傥不群，壮迫于家累，不竟学，改事商业起其家。……当清咸丰初元，欧舶东渐，仅及海疆，内地画域自封，无通商足迹。公于此慷慨兴远游志，兄弟合资，倡为红茶业。居者任采购制作，公任运输粤东，出售洋商。先后留粤六年，获利钜万。是即吾华茶出洋之始，首其事者，公以外无几人矣。后以洪氏之变，蔓延遍天下，公归途遇劫掠几尽，不可复往。遂以余资起造茶屋，阅数年成，遗以为世业，后人赖之。时羊楼洞初辟为商场，漫无端绪，百事梦如，远来商多惮之。公慨然曰：'法不立不足以治事也。'日求乡缙绅父老，旁诹博采，手草规章，试行无忤，传布永久。今遵行者皆是也"③。可见羊楼洞地方初建规章，是因为茶商中广见世面者如雷立南、雷元善等顺应商业需要，整顿漫无端绪、百事梦如的混乱状况的结果。

晚清外贸发展，面对西方强势竞争，传统的同乡会性质商业行帮组织越来越不能适应个体成员追逐最大化利润的需求，乡土地域自我保护主义弊端显现，不利于进出口形势下各地工商各业的联结和统一，于是商会组织应运而生。1883 年，汉口六帮茶商联合抵制西方买主，标志着汉口茶业公所作为集体登上历史舞台。1886 年，六帮茶商议定公砝规章，特制专用公砝分送各洋行，并规定以后交茶由公所派人前往，用公砝校正洋磅后方

---

① 游冯煦林：《受山公传》，《雷氏宗谱》。
② 同上。
③ 谢石钦：《让溪公传》，《雷氏宗谱》。

能称茶。公所还规定，茶叶交易，随市评货论价，协商成交。"倘茶箱轻重不匀，如连皮不足一磅者，则不算除皮，则虽半磅亦算。磅妥之后，于对账时，额外每二十五箱明除一磅，旧十五箱明除半磅，以补买家。此外，再不能索多与少，扶磅须要持平，不得偏倚，并不得在磅上缩减叫数。"① 茶业公所还发起运动，请求政府减轻税收，并于1886年成功争取到减免15%的特别防卫税。光绪末年，清政府颁布商会法。1910年，羊楼洞即成立商会，负责管理市场交易，评定茶货价格，催收税费，兴办公益，维护市场秩序，调处商务纠纷、劳资关系，特别是地方与军队的关系。"民国肇造，南北构兵，本地逼近铁路，加以附近土匪充斥，军队驻防及来往崇（阳）通（山），均以洞镇为东道主。资粮备工，稍有不周，势必冲突。……值丙辰、丁巳间，南北战争，军队上下，络绎不绝，供亿烦苛，稍不遂意，即遭蹂躏，新店、聂市皆然"，当地士绅公推饶绍雄（字云山），他"谦和待人，众望归，举为洞镇商会会长。独公朝夕奔走，聚金款待，而使本镇得无虞者"②。丙辰、丁巳，为1916—1917年，所谓南北战争即护法战争，在战争中遭军队蹂躏的新店聂市，均为当时中心茶港或茶市。饶绍雄出任商会会长，出面维护羊楼洞市面平安，的确不易，但其身后一定少不了全体洞商的鼎力支持。又如饶声述（字作人），"承地方父老推举，责以桑梓义务，勉就商会职任，时民国商会法甫下，一切将图更始，先生依法载条文，草章汇册，呈请农商部以改组立案，屡上，格，不报，委曲求所以达目的，至往复抗争，卒蒙部准，并颁发新铸钤记，于是洞商会赖以正式成立矣。认者谓非先生著挂斡旋之力，曷克有此？其平日苦心维持，对于防营，则尽力招待，虽桀骜不驯者，亦均欢声雷动；对于过境军队，即师旅之众，供应疲惫，皆以诚意相将，各军不敢妄事要求，市面得以保全，至今犹脍炙人口。丙辰、丁巳之际，历经乱离，茶业衰败，生计萧条，商会招待费及警察款无从筹措，先生喷口哓音，设法募集，庶政以举，甚至排难解纷，不惜委曲求全，山西黑茶帮曾以全体名侈仪用享，盖献芹负曝，无非感先生之功德至深也"③，民国时期羊楼洞商会的正式成立，是饶声述努力运作的结果。在兵荒马乱的军阀

① 彭泽益：《中国工商行会史料集》，中华书局1995年版，第611页。
② 贺文炳：《云山公暨德配戴孺人合传》，《饶氏宗谱》，民国双峰堂本。
③ 雷玮章：《作人先生传》，《饶氏宗谱》，民国双峰堂本。

混战条件下，传统的乡绅治理已经让位于以地方商人为代表的商会，所谓"排难解纷，不惜委曲求全"，当然已经不再是当年乡绅们所排调的商业纠纷，从叙述中看来，商会甚至动员当时在羊楼洞的客商"山西黑茶帮"资助，以"尽力招待""地方防营"和"过境军队"，致使"虽桀骜不驯者，亦均欢声雷动"，而追求的目标仅仅是"市面得以保全"。其后，在南京国民政府时期，国民党 19 师驻扎羊楼洞，由于商会全力维持和周旋，羊楼洞也没有出现新店那样遭兵放火抢劫的事件。

又如饶韵皋，他在民国初年担任津浦铁路局电务通译，"归家后在洞镇商会为主席，创办峒赵汽车路，及重修洞镇石街……他若茶务一切，书算精明，无不信仰"①。可见商会还主持修桥、补路之类公益事务。又如雷氏洞商雷纪豫（字蕙荪），他也是较早担任商会会长的人，"羊楼洞商会创立二三年，时事苦纷更。选举公为会长，公辞，绅商环恳再三，始就。事无大小，皆取决焉。人皆服其公允。……尝闻诸父老曰：'事理通达如公，真社会不可少之人也'"②。雷纪豫极其富有而且通达世事，大约在羊楼洞茶业发展和维护地方安宁中起到过不小的作用。又如雷绪章（原名雷骥章），也是曾两次被推为羊楼洞商会会长的雷姓洞商。③ 担任商会会长的，还有雷祚源（字海秋），"君平日宅心仁厚，处世和平，为商界钜公所信任，故往来交际，近而崇通湘岳，远而武汉荆沙，无不闻其名而钦仰之者。洞埠成立商会，群推为帮董。虽非君所愿意，而人之乐为推举者众，因固辞之而不获也"④，从传文看，雷祚源也很受洞商信任。

与羊楼洞大体同时稍后，羊楼洞的茶货外运码头新店也在酝酿成立商会。其时新店因货物转运集散而工商百业兴旺，新店商人中黄正大、黄宗夫、刘照青、余衡臣等一批读书人能够接受新事物，懂得团结起来、以商养商的重要性，于是成立非正式商业组织，提倡爱乡土、便人民、不投机、不倾轧、以诚信取利，以礼貌待客的以义为利的精神。兴办预防灾荒的防灾积谷仓，火灾发生时灭火的水龙救火队，收养弃婴的育婴堂，倡导

---

① 游凤雷：《石麓山人行略》，《饶氏宗谱》，民国双峰堂本。
② 雷彬章：《蕙荪公暨马恭人传》，《雷氏宗谱》，民国甲子年合修初续崇义堂本。
③ 邱法睿：《族姊丈雷公鹤云先生暨德配邱宜人合传》，《雷氏宗谱》，民国甲子年合修初续崇义堂本。
④ 雷方豫：《海秋君暨德配张夫人六十双寿序》，《雷氏宗谱》，民国甲子年合修初续崇义堂本。

新式教育的文昌会等公益机构。1913 年，新店商人集体向省总商会提交申请，并正式成立新店商会。1917 年，蒲圻县成立商民协会。①

第三节　新兴行业

羊楼洞地方自乾隆以降，特别是 18 世纪 50 年代经营红茶之后，茶业获得了极大的发展，地方也由原来一个农业村庄发展成为一个以工商业为主的市镇。由于人口的大量增加，特别是茶业各生产环节的需要，与茶业生产和民生生活有关的各种行业如雨后春笋般产生，并获得了蓬勃的成长。

由于茶商经营茶业的需要，金融业得到了很大发展。

晋商初至羊楼洞办茶，使用银元宝为通货，"曩者晋商赴峒镇办茶，系运估宝作货币，斯宝每锭重 52 两。如有零星尾数，则付以碎银或当地百枚之铜元纸票及铜钱，自海外通商以来，渐以银洋代估宝"②。无论元宝还是银洋，当然都沉重不便。在近代银行业发展之前，晋商资金的周转主要是依靠传统票号钱庄，其经营者多为山西帮，总号多设于山西平遥、太谷和祁县，湖北分号如日升昌分号等，多设于汉口。1881 年，汉口有山西票号分号 33 家。③ 票号能够适应晋商对于资金融通调度的需要，但是未能适应急速发展的外贸形势，于是钱庄业作为传统金融机构的另一种业态充当了适应近代化茶业发展的主要金融组织。"迨纸币盛行，银币亦渐少。茶商运茶往张家口及蒙古等地者，销售后，多兑换牛羊毛革，而转售与毛革贩户。其售得之款复由银行汇至汉口钱庄存储，及办茶需款之时，可随时书三联汇票与当地大商店。商店持汇票可往汉兑款，采办货物，运峒镇销售，售得货款，则付与茶号办茶。"④ 为羊楼洞当地茶业服务的钱庄也较多设在汉口等工商业重镇，羊楼洞作为产茶基地，钱业也较为发达，茶农卖茶购货，往往不需要现钱交易。由羊楼洞茶庄指定商号拨账，茶农就近兑付即可。羊楼洞茶庄的私票，经由湖北省官钱局委托殷实商户发行，流通

---

① 蒲圻市地方志编纂委员会：《蒲圻志》，海天出版社 1995 年版，第 5—8 页。
② 陈启华：《湖北羊楼洞区之茶业》，《中国实业》第二卷第一期。
③ 胡永弘：《汉口钱庄与票号》，《武汉文史资料》1997 年第 4 期，第 12—14 页。
④ 陈启华：《湖北羊楼洞区之茶业》，《中国实业》第二卷第一期。

于湘、鄂、赣三省茶庄和洪湖、嘉鱼、通城、崇阳各县，用于茶业通兑。除晋商金融系统之外，湖北官钱局也于光绪三十二年（1906）在羊楼洞设立代理处，进行官票汇兑，一时官私大量银票流通，银、铜、票并用，收付兑换浩繁。① 随着近代工商业的发展，钱庄服务对象增多，以下是亲历者的回忆："晋商除了在汉口有它的常驻办事机构——润丰厚外，还有它自己的钱庄——济生钱庄。晋商通过济生钱庄对内调剂有无，互通寸头，对羊楼洞各商号，通过开夏票（夏指夏口，即汉口）做到互利：羊楼洞各商号，将每日收入的日生交给洞庄收购茶叶，洞庄开一张'夏票'给羊楼洞商号，济生钱庄就在汉口付款，在羊楼洞交一万日生款，可在济生钱庄多支3000—5000元贷款；这样既简便安全，双方又都获利。有时羊楼洞在武汉读书的学生，也可以在济生钱庄借款，由羊楼洞归还。我弟弟在武昌读书时，就在济生钱庄借过款。"② 钱庄也不全然是晋商所办。羊楼洞饶东谷公"弃儒以贾，设号'同兴福'，悉以诚信，西广茶客争以资本相投，托为发庄款，历卅余年，赢余不下数十万"③。是亦为本帮盈利钱庄。钱庄业务范围后来逐渐超出汉口，延伸到上海、宜昌、长沙、九江、岳阳等地。钱庄除拓展分号，如上文所述洞商雷豫埙所为之外，还常常需要与外地钱庄之间产生错综复杂的关系。钱庄间交易增加汇兑成本，也使得钱庄易受外地金融状况的影响，汇率时有波动。1863年，为适应外商购茶需求，英国麦加利银行率先在汉口设立分行，主要向外商提供贷款，办理押汇业务。其首任买办为粤商唐寿勋。此后，汉口出现汇丰、德华、华俄道胜、花旗等多家外国银行，本国现代银行如华商、信成、交通、兴业等也在借鉴外国银行经营方式之后陆续出现。这也为羊楼洞的茶商提供了更多更为便利的金融选择。

羊楼洞每年制成并运出数十万担茶叶，因而也需要大量包装材料，于是出现了一些专门的行业和行家。

"红茶箱板，以枫木分板为之，工厂则以鄢发章、万春利为著着。"④

① 蒲圻市地方志编纂委员会：《蒲圻县志》（1866—1986）卷17"金融"，1987年。
② 雷启汉：《蒲圻羊楼洞义兴茶砖厂》，《湖北文史集粹》第三辑，湖北人民出版社1995年版，第838—839页。
③ 贺眉良：《东谷先生传》，《饶氏宗谱》。
④ 宋衍锦：《蒲圻乡土志》，蒲圻县教育局民国十二年（1923）铅印本，第87页。

这是红茶板箱的经营专业户。另业木料而有传记可征的还有游远昌。游远昌（1826—1886），字启譬，幼年家贫失学，"自请执一艺以成名，读无济也。于是运斤弄斧，食衣于奔走者，历有年所。……乡村中见蝇头无所获，始思变计，乃操技遍历车马辐辏之市，会年至四十归家，囊颇有余金焉，不再离乡井，就近市新溪开设料木坊"①。游远昌由做木匠而开料木坊，成为经营木料的专业户，之后"又买新溪黄家墩基址，堂构齐新，雄甲里阓，所费不下三千金"②，有如此大且费钱的新房子，则确实是"颇有余金"，相当富有。

"红茶箱内层以薄铅皮裹之，名曰铅罐……洞市彭松柏、邓永发实专其业。"③ 这是铅罐专业户。

老青茶砖装以竹箱，"岁需茶箱甚巨，其收篾自制者固多，来自柘坪及大、小港者，亦复不少"④。老青茶砖包装竹箱产区柘坪、大港、小港，都是羊楼洞周边地区。

茶庄竹簸盘"需用甚多，制造者，本洞篾行及峡山人"⑤。竹簸盘产区峡山在县志中又称夹山。

竹筛，红茶庄使用极多，分有头筛、一号、二号、三号、四号、粗雨、中雨、正小雨、正芽雨、正铁沙、副铁沙、生末、成末等不同类号，"制造者亦以峡山人为多"⑥。

茶砖包装需要使用纸张，而羊楼洞所在洪石乡很早就有造纸传统。张开东《纸棚记》记载："邑之南山之东有地曰纸棚，左有洞，右有泉，其居人曰郑氏，凡四十余户。除数耕者外，悉以造纸为业。其法取稻藁，渍而舂之，暴于日而以练水简其秽恶，复渍于水，乃去其筋络而存液，采构获浆，和而汇于石窠，延江南工人，批竹篾如丝为帘如其纸之式，置于木匣，以手纳石窠水中，水之精浮结于帘上者，皆成纸胎……"⑦ 清人戴玉华的诗也写道："飞泉触石自云间，两岸蓬庐九里湾。云碓谖崖听不断，

---

① 游凤墀：《启譬公家传》，《游氏族谱》，民国九言堂本。

② 同上。

③ 宋衍锦：《蒲圻乡土志》，蒲圻县教育局民国十二年（1923）铅印本，第87页。

④ 陈启华：《湖北羊楼洞之茶业》，《中国实业》第二卷第一期。

⑤ 同上。

⑥ 同上。

⑦ 劳光泰纂修：（道光）《蒲圻县志·乡里·洪石》，道光十六年刊本。

晴天摊晒纸如山。"① 这些生产出来如山堆积的纸就用来包装在羊楼洞生产的茶砖。

包茶庄生产需要草绳，崇阳县许多农村地区有专门为之生产包装用草绳的。②

茶箱中需要笋壳作为铺垫包裹物，于是有农民专门收集起来卖到茶庄。③ 洞乡独身妇女黄佛林就曾"自二十岁后，佣老茶笋叶工，虽无储蓄，渐免饥寒"。

上述行业为茶业运转所必需。据早年研究机构调查，每0.862担砖茶，需要一个竹箱，每个竹箱四角一分，按半年产量4849担计，需支付竹箱费用1713.8元，纸张费418元，笋壳355.3元，篾络250元，共需2737.9元，约占制茶总费用的5.5%。仅低于毛茶比例的56.4%和资本利息的6.7%。④

制茶需要煤炭，于是也有专门贩运者。清光绪二十五年（1899），年富强壮的饶恒乡就曾是专业的贩运烟煤者。"尔时茶业兴隆，营商获利，兼之种作勤劳，又增收之，积累以致充裕，不数年，家道蒸蒸日上，虽不成为巨富，亦可称为小康矣"⑤。

大批外地商人、工人涌入羊楼洞，需要大量粮食、燃料，于是"通城米销洞市者多……湘鄂向本湖广省，蒲圻与临湘尤接近，湘人商于新店羊楼洞者甚众，茶销洞市，谷米及石炭多由水路销新店"⑥。

由于茶业的发展，羊楼洞广建茶行行屋，建筑需要石灰，也需要专门业者。黄义（字顺安）就曾由农而业石灰，族谱载他"胼胝自奋，不惮艰辛。初始以稼穑为生涯，恒苦不足，后遂筑窑烧灰，夙夜匪懈，劳心苦力，始终不衰"⑦，是见于黄氏族谱的业石灰者。黄义后来又曾经营屠户和

①（清）戴玉华：《耘园杂咏》之五，《西林诗萃》卷一。

② 金陵大学农学院农业经济系调查编纂： 《湖北羊楼洞老青茶之生产、制作及运销》，第16页。

③《民生茶叶公司接收羊楼洞敌人遗存砖茶原料包装材料清册》，鄂藏档LS34—3—803，1946年。

④ 金陵大学农学院农业经济系调查编纂：《湖北羊楼洞老青茶之生产、制造及运销》，第21页。

⑤《恒乡公传》，《饶氏宗谱》卷十二，第73页。

⑥ 宋衍锦：《蒲圻乡土志》，蒲圻县教育局民国十二年（1923）铅印本，第122、123页。

⑦ 黄于勤：《族伯顺安公传》，《黄氏宗谱》，民国仁孝堂本。

杂货业，"嗣是数年之内，渐置田亩，衣食丰盈……中间赁夏家岭铺房开设屠肆……乔迁洞市，以杂货为营商之本，十余载，家道益隆"①，黄义于诸业皆能盈利，至于致富。

经营诸种业务而致富的，还有雷祚源（字海秋），他"自幼经营，商贾贸易于蒲南之羊楼洞，开始营业组织粮食生意，领帖开行，颇称得手。由斯而推广扩充之，进而中外匹头，再进而银钱交易，鸿毛遇顺，亿则屡中。十余年间，勃然兴起，买田润屋，鼎鼎隆隆，规模固已宏远矣"②。从传记看，雷祚源所经营的，有粮行、匹头行和钱庄。

为方便抵押周转，光绪初，羊楼洞还开设有远大（后改名恒大）、同福（总号在汀泗桥）两家当铺。③《雷氏宗谱》亦记述了洞商雷泽钧集资开设恒大当铺之事："洞市故无当商，急需者则谋之他埠。有之自光绪间之组设恒大质当始。首纠赀而从容董其成者，固独赖府君（案指雷泽钧）之力。"④ 除羊楼洞之外，蒲圻县还有更大当铺东利华，新店亦有恒大当行的分部。

茶业运输拉动了杂货业的繁荣，茶船满载发往汉口，返回时带大量杂货回到茶区著名水码头新店，于是新店又成为重要中转重镇，杂货发往周边各省县，至江西修水一带。业内著名大商号，有陈万兴、周恒丰、义生、生泰、刘生祥等，著名经营者有陈翰卿、贺德生、彭清臣等。⑤

茶业也促进了附属商业。羊楼洞和新店商铺林立，多为外地迁来。以新店为例，来自临湘的有陈福兴杂货号、陈选计麻行、余世隆转运行、余义生匹头行，来自巴陵的有周恒丰酱园，来自汉川的有杨全兴匹头行，来自江西的有黄怡泰、杨开泰药材号，来自汉口的有福记、正大煤油分公司，来自黄陂的有丁鸿发估衣铺。最有名的"回子街"，由沔阳回民刘氏、王氏、魏氏、马氏从米泡糖、姜糖、米酒、汤圆等各种小吃开始，经数代人经营，将沿新店河一带他们居住的原本偏僻的泥湾逐渐发展繁荣起来，

---

① 黄于勤：《族伯顺安公传》，《黄氏宗谱》，民国仁孝堂本。
② 雷方豫：《海秋君暨德配张夫人六十双寿序》，《雷氏宗谱》，民国甲子年合修初续崇义堂本。
③ 宋衍锦：《蒲圻乡土志》，蒲圻县教育局民国十二年（1923）铅印本，第86页。
④ 雷兆绂：《复旦府君传》，《雷氏宗谱》，民国甲子年合修初续崇义堂本。
⑤ 王良嘉：《抗战前夕蒲圻新店外地人杂货帮》，《蒲圻文史》1986年第2辑，第50—51、54页。

成为著名的"回子街"，他们也因此勤劳致富。① 茶楼、酒馆、客栈、药铺、杂货、面铺、点心铺、磨坊、铜匠、铁匠、裁缝、豆腐坊……各种外来商人经营的上百间店铺，无声诉说着关于茶叶创造的财富神话。

再回顾一下一篇民间文献《羊楼洞的店铺招牌文化》所历数的旧时羊楼洞镇上的那些店铺招牌，"这些店铺的名称是：郑祖昌匹头铺、徐福大匹头铺、协和祥匹头铺、熊和兴匹头铺、益大匹头铺、方茂泰匹头铺、陈恒发匹头铺、陈万兴小百货、罗义元小百货、游祥泰杂货铺、杨裕泰杂货铺、左和记杂货铺、贺福兴杂货铺、刘谦泰杂货铺、卢永泰杂货铺、游代云杂货铺、李云停杂货铺、游谦益糟坊、饶茂顺糟坊、沈福茂糟坊、彭德勋糟坊、万家训糟坊、涂家药铺、曾保和药铺、彭太和药铺、熊茂春药铺、杨振亚门诊、周聚成斋铺、杨春华斋铺、李义成肉铺、贺家乐肉铺、邓来发剃头铺、雷启发剃头铺、胡记剃头铺、胡记裁缝铺、王兴发豆腐铺、熊学保豆腐铺、饶永和豆腐铺、胡家饭铺、朱家饭铺、李同顺米行、陈炼记米行、黄驼子米行、杨裕泰米行、漆驼子餐馆、程炳生餐馆、潘家馆、卢家酱菜铺、汪家香铺、曾炳生香铺、饶明清丝烟铺、贺盛初丝烟铺、饶记丝烟铺、胡记丝烟铺、刘安光洋铁铺、周德元扎匠铺、启功水果行、吴家皮匠铺、黄记银匠铺、袁昌炳木匠铺、舒家铁匠铺、邓家铁匠铺、罗保山五金铺、宋家面铺、贺家线铺、谭家鞭铺、钟谦记小吃、三友茶社、刘氏茶庄、春生利茶行、雷敬福钟表店、吴辉记照相馆、李华记旅栈、饶记蚊香铺等"②。这些应当是民国旧时还存在于羊楼洞的店铺。它们的名称，伴随着它们的招牌形象和曾经的熙熙攘攘，至今还深深地烙印在人们的记忆中。

在社会生活繁华进步的同时，羊楼洞娼妓业也很发达。妓女众多，公开合法经营。乐户、旅栈、酒楼、游艺场所及住宅均可公开征召妓女，妓女只需向羊楼洞营业税局登记，并按照其年龄、营业状况等分等缴纳花捐即可。③

---

① 黄德楠：《新溪河明珠——新店镇》，《蒲圻文史》1986 年第 2 辑，第 87 页。（刘济甲、定光财于 2002 年 7 月回忆。）

② 游茂哲、游谟俊：《羊楼洞的店铺招牌文化》，《洞天福地——鄂南古镇羊楼洞》，香港华文出版社 2008 年版，第 192—193 页。

③《羊楼洞区营业税局经收公安花捐暂行规则》，《羊楼洞区营业税局经收公安堂条捐暂行规则》，《羊楼洞区营业税局妓女登记暂行规则》，鄂藏档 LS1—5—4393，第 12 页。

第四节　社会治安

将近一个世纪茶业的蓬勃发展，给羊楼洞茶区的社会也带来了深刻的变化。

在羊楼洞茶业兴盛以前，茶区各市镇人口多为土著，镇小人少，发展缓慢。1572年，羊楼洞茶区共有50.9万人，1711年为56万人，人口经一百多年仅增加约10%，随着茶业的兴盛，大量流动人口进入，1784年共有261.1万人，1820年增至687.3万人，① 人口密度居两湖州府第一。茶业的发展，使一个山区小镇从默默无闻而崭露头角，规模和重要性都大为提高。民国二年（1913），蒲圻县实行乡制改革，将原四乡四十四团改为六个自治区：城治区（中区）、峒自治区（南区）、新店自治区（由峒区分出）、石坑自治区（东区）、车埠自治区（西区）、神山自治区（北区）。"惟南区地广人稠，财力较裕，咸主划分，而六区遂为定制。"② 羊楼洞在这次改制中取得了与其经济相称的区划地位。

从清同治四年（1865）起，羊楼洞建立起仁里会，负责地方治安。"于同治乙丑，邀邻近各姓诸君子，结一团体，取名仁里，沿门筹捐，或百数十文，或一串文，集少成多，竭力管积，生长子金，未及十年，已拓良田数十亩矣。由是合团人等，有患则维持甚便，无事则积储日饶，数十年来，享家室平安之福，无盗匪潜滋之祸。"③ 仁里会是继三合局之后，羊楼洞成立的又一个地方治安组织。同治乙丑为同治四年（1865），太平天国运动刚刚结束不久，仁里会的建立初衷应该是为了防范匪患一时再起，但由于形成了固定资产，得以支持长期活动的经费来源，成为维持地方商业秩序和公共治安的常设性机构。从记载看，仁里会完全由本乡人士组成，说是为了平时维护治安，有事时对付盗匪，但实际上应付处理外来人口不法行为的目的应该十分明显。

光绪初年，与羊楼洞毗邻的湖南临湘地方曾有哥老会起义，而羊楼洞团练曾协助剿灭。"光绪初年，临邑哥匪起事，张劫富救贫旗帜，四境闭

---

① 龚胜生：《清代两湖农业地理》，华中师范大学出版社1996年版，第195页。
② 宋衍锦：《蒲圻乡土志》，蒲圻县教育局民国十二年（1923）铅印本，第31页。
③ 黄于钊：《族兄廷顺先生传》，《黄氏宗谱》，民国仁孝堂本。

市，大吏檄兵往剿。公办团练协助，枭首二，余就抚。公（案指雷步卿）性慈，最不嗜杀人，大吏韪之，以乱起即扑，归全功于公，奏保补用都阃府，叙官四品，赏翎枝。羊楼洞茶商大埠，向设弹压局，岁委员，系候补县职佐，以绅择贤而有德者任之。三岁一易。公连任九年，屡辞不获退。凡邑令至洞市有要事，必询公。公以一言造福闾里者屡矣。"① 在此前后羊楼洞还设立了候补副县职的弹压局，由于是重要茶埠，县长经常来此处理要事，其地位上升已显而易见。

光绪二十六年（1900），义和团运动波及羊楼洞，在地方上又扰起一阵骚动。"光绪庚子，吾乡莠民为红教匪党所扇，猱升蜂起。大吏知地关要害，札谕乡绅设局防堵，而一时村落所捕者，情辞苟有可原，辄商之同事，贯而不治。"② 这说明羊楼洞地方的义和团，多有本地子弟加入。而据另一篇传记，则以上记载所谓大吏札谕，应该为张之洞给地方乡绅告密函的复信："岁庚子，红匪扇乱，公（案指传主游包六）星夜密禀张督，即谕办团练，群匪不敢逞，地方赖以安堵。一面遣锐勇缉捕祸首解县枭示，一面解散协从者，不使党羽团结，冤累无辜，故剿数人而蒲圻平。"③ 对于这件事，羊楼洞地方文献中还有相近的记载："清光绪庚子，有匪党突起，劫掠相望。先生（案指传主雷士伊）倡办团练，招团丁数十名，设局李家铺，里人赖焉。后匪败，官军捕余党，亟里中少年稍有嫌疑犯者，复赖保全。邑宰何公与先生最相契，先生论执法治匪，宜别首从，邑宰纳之，全活甚众，如洞镇之雷豫时、新溪之但德连等，朱条已下，临执法时，改死回生，此是先生正直之风，兼有仁厚之意存耳。"④ 从谱传可以看出，分别首从，少杀人，是因为雷士伊（字赞廷）在何知县处进言的结果，而文中所提及的雷预时、但德连，则属于羊楼洞地区参加义和团的有名有姓者。

民国初年，提倡地方自治。羊楼洞成为县南区地方自治的中心。"洎民国初元，县自治萌芽矣。府君（案指雷泽钧）即被选董南区事。规模特备，构若画一，惜功不竟耳。慨自五六年以还，南北战争凡数构，不逞之

---

① 雷铨衡：《步卿公暨妣贺恭人传》，《雷氏宗谱》，民国甲子年崇义堂本。
② 贺荣骏：《候选州判游君家传》，《游氏族谱》，民国九言堂本。
③ 游凤池：《家包六先生传》，《游氏族谱》，民国九言堂本。
④ 但伯度：《赞廷世伯雷先生暨德配余太夫人合传》，《雷氏宗谱》，民国甲子年合修初续崇义堂刊本。

徒乘间窃发，萑苻啸聚，所在皆是，官吏无如何，士绅尤噤戒不敢声，大抵皆畏惮姑息之见也。时祝笏山知事檄府君董南五区保卫总公所，辞不获命。又战后猝无可罗掘，募丁购械，皆先输自私囊，竭蹶从事，始观厥成。计前后历任十年间，逋贷累累，隐耗不赀，而剿获远近剧盗至十数起。解散胁从，贳其自首者亦逾百人。威怵仁化，暴者锄而枯者嘘，以故邻近乡团驻防国军，靡不倚之如左右手，惟府君指画陈说之是听。即战争，奉壶浆前导，即挽输召丁壮百诺，里中人虽逃避无一踪迹，有于道路从趋，昧爽兴而丙夜不休者，惟府君一人。勤劳卓著，事闻，蒙前督军王上将赏给二等一级奖章，温拊谆慰，盖以酬庸也。"① 羊楼洞此时又已成为区域治安的中心之一，而上应付军阀摊派，下肃清盗匪骚扰，雷泽钧（字复旦）的所谓南五区保卫总公所确实周旋支应，出力不少。

1916 年，羊楼洞成立警察分所，负责检查、管理、禁烟、路灯等事项，② 标志着现代法理治理向传统礼俗社会的渗透。1928 年，羊楼洞又成立公安局，直属湖北省民政厅，有警官雇员 6 人，警长、警士 11 人，夫役 3 人，③ 拨给年办公经费为 2880 元，超过当时蒲圻县城的 2148 元办公经费，④ 可见它在省厅心目中的地位。

第五节　社会慈善

蒲圻民间，妇女少有礼节束缚，呼喝歌唱，看似颇有诗情画意。如清代当地诗人戴玉华《俚言八首》所记：

> 鼓吹山头乍有无，阿婆荷锸唤阿姑。随声唱和花村外，好续豳风作画图。

---

① 雷兆绂：《复旦府君传》，《雷氏族谱》，民国甲子年合修初续崇义堂本。前督军王上将：王占元（1861—1934），字子春，山东馆陶（今属河北）人。北洋直系军阀。原为北洋陆军第三镇步队第三协统领，因率军随冯国璋南下与武昌起义革命军作战有功，升任第二镇统制。1913 年参与镇压"第二次革命"，升任湖北护军使，1916 年任湖北督军兼省长，1920 年任两湖巡阅使兼湖北督军，次年被吴佩孚联合湘军驱走。

② 宋衍锦：《蒲圻乡土志》，蒲圻县教育局民国十二年（1923）铅印本，第 114 页。

③ 蒲圻市地方志编纂委员会：《蒲圻县志》卷 24 "公安司法"，1987 年。

④ 同上书，第 5—6 页。

由于参加劳动，民间妇女不专事传统女红，亦不缠足，如诗所记：

> 铜环坠耳布缠头，那得弓鞋曲似钩。少妇全抛针黹事，也操钱镈下田畴。①

乡间妇女在诗人眼中十分质朴、新奇和解放，温柔敦厚且不逾矩，与传统礼教互为补益，有诗情画意。但与妇女表面看似惬意的乡间生活不同，她们的生存应该说从一开始就相当艰难严峻。

羊楼洞所属蒲圻一带同中国许多地方一样，重男轻女，俗有溺毙女婴的恶习。清道光《蒲圻县志》引《东坡集》记载："岳鄂间田野小人，例只养二男一女，过此辄杀之。尤讳养女，以故民间少女，多鳏夫。初生女辄以水浸杀，其父母亦不忍，率常闭目背面，以手按之水盆中，咿嘤良久乃死。"② 为了纠正此类陋俗，县府和羊楼洞地方都曾设立育婴堂收养女婴。《蒲圻县志》载清道光十六年知县劳光泰《育婴堂记》称："楚俗多溺女，有育婴堂而女得不溺矣。予莅蒲，月朔望必诣堂，亲给乳资，验婴儿以优劣乳母，故婴儿鲜有死者，而所收养由是益多。然只有女婴，无男婴，故知所收之女，皆将溺之女也。惟存堂本钱仅壹千八百串，岁取息可育肆十余口，今所收至一百二十余口，若以本钱济之，后将不继，女仍溺耳。予乃捐廉为倡，随令堂长张美赋等劝捐，得钱四百余串，逾年谢上恩等，劝捐得钱三百余串，又刘海存呈捐钱一百串，曾采清捐田壹百亩，张琪美捐田十五亩，王名魁捐田十三亩，马文谷捐田十八亩，陈修荣捡盖堂宇，而刘海存等六人复捐钱二百串，取息制婴儿棉衣，婴儿既得饱暖矣。然是目前之观也，恐后仍不继焉。盖雍正间，堂初建，乏物资，故未收养，乾隆四年，知县王云翔始捐廉收养十余口，旋亦废。乾隆四十二年，知县何光晟复修堂，立堂长，设循环簿，始积乳资钱。道光六、七、八等年，知县王达复积之，陈修荣等为堂长，又积之，而所收养，未有如今之多也。予惟愿溺女者少，则收养亦少也。不然，则既收之女，旋即劝人抱

---

① （清）戴玉华：《俚言八首》之三、之五，《西林诗萃》卷一。

② （道光）《蒲圻县志》卷四《风俗》，（台湾）程文出版社 1975 年版，第 273 页。原是寄居武昌的王天麟告诉苏东坡，苏东坡在信中说给朱鄂州。（原文载苏东坡《经进东坡文集事略》卷四十六，四部丛刊本。可参见《苏轼文集》卷四十九《与朱鄂州书》，中华书局 1986 年版，第 1416 页。）

去也。"① 育婴堂建而复废，废而又建，经费艰难，四十人的设计却收养一百二十余人，劳光泰作为一县之长却也无奈之情溢于言表，说明弃杀女婴现象有多么严重。这种现象的存在，又说明地方重男轻女的观念根深蒂固。弗里德曼认为，中国严格的父系继嗣和从夫居使已婚的妇女与她们的父系宗族并不存在多少联系，宗族的父系继嗣力量通过放弃它的女性继嗣及与以婚姻形式进入宗族的妇女结合而得以体现。② 所以归根到底，对于女婴的弃杀的根本原因还应当在于中国传统的父系继嗣制度。以上是蒲圻县育婴堂的创办情况。

羊楼洞地方的育婴堂与县堂情况大致相似，自营茶早期即已开办。出面筹资的是茶商雷凌霄（号汉槎），他"醵金设育婴回春病院，送诊施药，庸人看护，今行之已数十稔。继者赓续，活人无算矣"③。早期的育婴堂是建立在募捐基础之上的慈善机构。羊楼洞育婴堂后来也是几上几下，最终恢复的，是雷凌霄之子雷泽钧（字复旦）。"先是，洞有育婴，乡人讼争权利，久撤罢矣，府君独出名遍吁诸大府，请于茶税下岁抽常款，谋所以恢复之者。辗转往复，积案牍堆尺许，终底于成。"④ 所以羊楼洞育婴堂的续办与否，与蒲圻县面临着一样的经费问题，而最终有了常费保障，与茶和茶税也很有关系。继其事者，有雷廷凤（号飞侣，1855—1912），"洞镇向有育婴一所，历办多敷衍，自先大夫董事，而后剔除旧弊，朔望检验，必躬亲之，一布一缕，务期实惠，所活不可以数计"⑤。可见有经费之后，还存在主持者是否敷衍的问题，如办事认真，是可以救活不可以数计的女婴的。无论如何，这类对于女婴的拯救由于传统父系继嗣制度的存在，作用可谓杯水车薪，这类机构的存在本身，只是在说明当时社会弃杀女婴情况的严重程度。

由于茶务需要将大量的砖茶和包茶运出，而运茶道路交通通畅是十分关键的问题，所以羊楼洞土商和乡绅对于修路都非常乐意捐资。羊楼洞大姓家谱对于茶商修桥铺路的善举记载不绝于书。例如洞商黄方成，由贸茶

① 《蒲圻县志》卷一《育婴堂》，道光十六年刊本，第82—84页。
② ［英］弗里德曼：《中国东南的宗族组织》，刘春晓译，上海人民出版社2000年版，第172页。
③ 雷兆绂：《汉槎公传》，《雷氏宗谱》，民国甲子年合修初续崇义堂本。
④ 雷兆绂：《复旦府君传》，《雷氏宗谱》，民国甲子年合修初续崇义堂本。
⑤ 雷衡章：《先大夫飞侣公传》，《雷氏宗谱》，民国甲子年合修初续崇义堂本。

而富有后于光绪三十年（1904）回乡养老，对于公益之事非常热心。"夏家岭为行人通衢，中横一堤，其路层级，几若登天，行旅苦之。民国乙卯岁（1915），先生（案指黄方成）筹费募捐，将堤掘开，砌石为隧道，来往甚便，口碑载道。"[1] 再如前文提及经营红花茶货及本帮钱庄十分成功的洞商雷豫壎，也非常热心于治理交通："其于修筑桥梁道路也，不惜财不辞瘁，必乐观其成而后已。三板桥者，圮于水，久无问者，公为恢其旧，行者便之。崇邑田家咀大桥，湘赣鄂三省往来之途也，工艰而费钜，公首倡募，仍不给，且中辍矣，乃独任其不足者，以三千缗成之。又吾洞至崇通必道出佛岭，山径崎岖，逶迤绵亘数十里，行旅畏惮。公铲险为夷，随地势砌石为升降，如坦途焉。今数十稔矣，挽者、推者、负戴者、行路者，犹咨嗟感叹，啧啧颂功德不置。"[2] 再如羊楼洞通往张家咀的运茶道路，"每当春雨不堪，车陷泥坑难行"，而乡绅饶鲁堂倡议修整，"卒成坦途"。[3] 当时《万国公报》有人撰文记其事："从来生物蓄盛，固赖天时；履道平坦，尤资人力。如鄂之羊楼洞者，乃南北楚省暨中外茶商总汇处也，每当春夏之初，航海而来，梯山而往，可怜鸟道羊肠，肩负者，深虞险阻，风摇雨滑；车载者，每苦驰驱。……邑绅雷乐斋、饶鲁堂、雷朗齐、游包六、雷汉槎、雷受山诸公，筹划费资，秉公秉正，修理石径，任劳任怨，吁以千百人之上，成之不日，数十里之地，履之如夷。"[4]

第六节　社会教育

1904 年，清政府废除科举考试，提倡新式学堂，峒校是蒲圻县首批成立的三所高等小学堂之一（另两所一为城校，在县城；另一为埠校，在车埠）。峒校借用羊楼洞原文昌阁旧址，有学额 60 名。"甲辰春，洞镇首创学校，道尹存焘聘先大夫（案指雷廷凤）充教职。尔时孙英已授读，颇聪颖。先大夫为造就后辈起见，慷慨就聘，年余，风气大开，生徒繁盛。越

---

① 黄于钊：《方成先生传略》，《黄氏宗谱》，民国仁孝堂刊本。
② 雷兆绂：《霁轩公家传》，《雷氏宗谱》。
③ 冯煦林：《三乎居士行略》，《饶氏宗谱》。
④ 目见人：《羊楼洞坦平颂》，《万国公报》第 10 年第 457 卷。

四年，英升学，辞职家居，以著作为己任。"① 这段记载，说明羊楼洞学校最初开办时曾聘本乡雷廷凤（号飞侣）为师，直至1908年。1910年，峒校学堂有两个班，学生84人。宋道乾任学堂堂长，张守度、李树属任学监，苏森甲、李义均任教员，② 1907年，蒲县劝学所设立，全县划分为五个学区，每学区配劝学员一名，羊楼洞为其中一区。1910年，蒲圻初等商业学堂在羊楼洞设立，这是茶区最早的实业学堂。③ 1910年，高等小学堂峒校的学生有7人毕业，其中邓翔海考入北京工业大学，刘树仁考入北京译学馆。④ 1913年，蒲圻县公立女子学校在羊楼洞创办。这是当时茶区最早也是唯一的一所女子学校。⑤ 女子学校设有两个班，50多名学生，教师由雷慧清、贺合影担任，开设国文、算术等课。⑥ 张之洞督鄂之后，大力倡导出国留学，到清末民初，羊楼洞已有三人留学，其中，雷金波、雷以伦留学美国学工程，雷仲元留美学电气。⑦ 雷金波、雷以伦留学事亦见于羊楼洞《雷氏宗谱·复旦府君传》。另外，雷豫睿（字哲人）之传记亦记载其留学日本："先生遂绝意科名，就县丞职，一肆力于天文、数理、格致等学，负籍东游，毕师范暨警察专科业。适生妣张太宜人弃养，奔丧返国，陈情当道，星夜匍匐归里，哀毁逾情。"⑧ 由传记看，他留学日本就读的是师范暨警察专科，当属于公派，所以回国事需要向"当道"汇报。对于洞商在新形势下送子弟出国留学，我们仍然可以用布迪厄关于文化资本的观点更深入的认识，如布迪厄认为，经济资本、社会资本和文化资本等不同形态的资本具有可置换性。雄厚的社会资本，可以获得更多的机会，从而谋取更多的经济资本，经济资本实力强者，又可以让自己的子女就读较好的学校，捞取较高的文化资本，而文化资本，当然也同样是可以转化为其他类型的资本的。教育当然是最具有代表性的文化资本。布迪厄认

---

① 雷衡章：《先大夫飞侣公传》，《雷氏宗谱》。
② 蒲圻市地方志编纂委员会：《蒲圻县志》（1866—1986）卷25"教育"，1987年。
③ 湖北省地方志编纂委员会：《湖北省志（教育）》，湖北人民出版社1993年版，第50、73页。
④ 蒲圻市地方志编纂委员会：《蒲圻县志》（1866—1986）卷25"教育"，1987年。
⑤ 蒲圻市地方志编纂委员会：《蒲圻志》，海天出版社1995年版，第5—8页。
⑥ 政协蒲圻文史委员会编：《蒲圻文史》1987年第3期。
⑦ 蒲圻市地方志编纂委员会：《蒲圻县志》（1866—1986）卷25"教育"，1987年。
⑧ 贺良朴：《哲人公传》，《雷氏宗谱》，民国甲子年合修初续崇义堂本。

为："可以肯定的是，有史以来，对于权力和特权的传递问题所提出的所有解决方案中，确实没有任何一种方式比教育系统所提供的解决办法掩藏得更好，因而也更适合那些要一再使用那些最封闭的权力和特权的世袭传递方式的社会。教育的解决方式就是在阶级关系结构的再生产中发挥重要作用，并在表面上中立的态度之下掩盖它履行这一职能的事实。"① 洞商将子弟送出国留学，反映了他们在科举停考之后新形势之下谋求文化资本优势的努力。

在追求教育金字塔顶端即子弟留学外国的同时，洞商也兼顾着最基层的普及教育。据载，由于"我县（指蒲圻县）工业发达区，工人荟萃，文盲居多，为推广社教起见"，1936 年初，蒲圻民众教育馆在羊楼洞举办工人教育实验区分馆，开办读书室、读报室、听讲室等，丰富工人学习生活。② 在发展教育的过程中，由于茶捐为县教育费大宗，羊楼洞茶业雄厚的资金起到了重要作用。

第七节　社会风气

羊楼洞地方绅商还积极禁烟禁赌。洞商有抽鸦片烟而见于传记的，例如《雷氏宗谱·赞廷世伯雷老先生暨德配余太夫人合传》就记载有："先生性嗜烟，床头上置有烟土。"吸食鸦片烟及赌博让洞商辛苦赚取的金钱付诸东流，所以洞乡有识之士痛恨鸦片之害，《游氏族谱》就载做大游氏茶业的游龙之妻就"尤痛恶鸦片，一见家人有烟具，必取出尽碎而后已"③。《饶氏宗谱·南山庄迁扇子坡记》记载有饶姓一家，"因祖父吸食鸦片，家贫如洗，山林、房屋都已变卖。父八岁靠卖柴为生，稍大与人做零工，租人房屋居住……"④ 鸦片之害，让许多有识之士痛彻于心，故清光绪年间，饶姓洞商曾公议禁烟禁赌。以下是仍存于今的《永遵无违碑》的内容：

---

① ［美］L. 华康德：《论符号权力的轨迹》，《国外社会科学》1995 年第 4 期，第 29 页。
② 《蒲圻县民教馆羊楼洞分馆民国廿五年元月开办费预算》，鄂藏档 LS19—3—3794。
③ 游凤墀：《家伹太宜人传》，《游氏族谱》，民国九言堂本。
④ 饶志华：《南山庄迁扇子坡记》，《饶氏宗谱》，2011 年十修双峰堂本。

永遵无违

立公议严禁牌赌、拟杜洋烟事。

我门居团山二百余年，均蒙祖德，子孙蕃衍，各安生业。近流有徒，伙同牌赌，拟觉肆行，难于羁束身等，目击心伤，不忍坐视，欲正后裔，以增庭辉。惟恐有不惜财货，以致倾家覆产，仰无所事，俯无所畜，后患莫测。今幸合门人等，迷途思转，甘心徒戒，此凭保甲绅耆赴县存案，祠后一概不准，齐遵碑石，倘有外来恃强刁恶，同蹈故辙，送信者赏钱二串文，一经捉获，罚酒四席，钱八串文。公同着议，还要送回惩治，无论亲疏，决不徇情。世代子孙，持守莫犯。告白

光绪乙未年六月吉日合门饶姓人等公立①

据该碑文字所载及游谟俊、游哲茂、饶邦维《闲聊光绪乙未年间杜洋烟戒牌赌的故事》叙述，碑文中所言"团山"，为光绪年间羊楼洞靠北山北边的一个村庄，"长居几百户人家，世代为茶坊运输业，因交通不便，只能靠打'鸡公车'，土话叫作'线车'，并且成立了一个大型线车帮，当时人多、车多，钱也赚得多，但经受不起洋烟馆、赌场的引诱，辛辛苦苦赚来的钱，烟馆进，赌场出，吸赌精光，莫说养家糊口，步履艰难，有的负债累累，家徒四壁，有的落荒而逃，妻离子散。为了制止吸赌行为，这时合门饶姓人提出共感，立公议严禁牌赌、拟杜洋烟之事，刻石碑一块，惩治无论亲疏，决不徇私情。从此，这村庄的人们按碑文条款之戒，子孙世代，持守不犯"。② 石碑的存在，一方面说明时代的进步和洞商朝向文明的努力，另一方面也说明鸦片战争之后，洋烟肆虐，深入中国社会基层，中国殖民地半殖民地化日渐深入。1916 年羊楼洞警察分所成立，作为其重要职责之一，禁烟进入常态化管理。

再说说社会风气表现的另一个重要方面：风水。

洞商似乎一直表现得十分迷信。依靠当地的特色物产，依靠勤劳开拓致富，洞商却似乎不相信自己的好运气，纷纷将其归于祖坟埋葬的所谓风水。追溯起来，这种崇尚风水的想法自羊楼洞商贸茶业开创者雷兴传（字

---

① 《永遵无违碑》，《洞天福地——鄂南古镇羊楼洞》，香港华文出版社 2008 年版，第 208 页。
② 同上。

中万）就已显端倪。雷兴传与晋商合作，业茶致富，"晚年好青鸟术，考妣佳城，皆其自卜"①。他自己选择葬地，且秘而不宣，这就为其子孙带来了麻烦。据其孙雷炳蔚所撰《东阳公显迹记》记载，"祖考（案指雷兴传）卒，瘗无所。忆公存日，尝于田姓山觅吉，以授良友。谋不果得，闻其事不知其处矣。房伯某与田有至戚宜，考（案指雷兴传之子雷振祚）与交莫逆，相偕诣田山，遍历不忌。千载之秘，一旦轩露，托买成，旋移葬焉。虽曰天定福善，而妥先启后，抑亦人事也"②。把一块墓地弄得这么神神秘秘，反映了洞商所谓"妥先启后"——选好葬地为后世带来长久的福祉的期望。

由于笃信风水，为先人寻觅墓地归属极受洞商的重视，例如雷畅（号易斋），"公父柳村公病故，殡宅右，公常以未获葬所为忧。于是着屦裹粮，遍历名山大泽，一遇沙水有情，辄流连久之，如是者数年。迄咸丰十一年冬，始得崇邑方山仰天堂一穴，扶枢安厝，花费千余金。尔时家无余赀，皆称贷以偿"。雷畅之父于咸丰元年病故，拖了11年，才在邻县山中找到称心如意的墓地，且在家无余财的情况下不惜借贷千两白银安葬，其勤勤兢兢的程度，实在是无以复加。

又如雷盛（号春泰），"先是，公父母卜葬园株角，俗师谓非吉穴，改葬观音山，不数年，连遭丧明，孺人且以登楼跌足成废疾，而家计益颠连不振，因仍迁父母原穴，生子女各一，孺人足亦痊愈。子即干丞也……干丞敦厚周慎，为商场所推重，廿余年间，家道蒸蒸日上，如火之然泉之达也"③。不恰当的迁葬导致疾病和生意不好，这似乎是反映所谓俗风水师的不是，而将生子与疾病痊愈及所生之子重振家道，与重新迁回原址下葬相联系，亦是传记作者风水决定观的更深层反映。

浓重的风水迷信所反映的，实际上是经营商业之后宗族族群中日益突出的分化和竞争。在同一个宗族中，个别或部分族人把握住了商机，经济地位得到显著改善，在宗族中的地位也得到明显的提高（在祠堂中，灵牌的位置并不依宗族谱系来安排，而是按照死者及后人的社会经济地位来安

---

① 程日阶：《中万雷先生传》，《雷氏宗谱》，民国甲子年合修初续崇义堂本。
② 雷炳蔚：《东阳公显迹记》，《雷氏宗谱》，民国甲子年合修初续崇义堂本。
③ 邱法睿：《春泰老先生暨德配刘孺人合传》，《雷氏宗谱》，民国甲子年合修初续崇义堂本。

排，也就是说，权力和地位即使在祭祀的仪式中也得到表达），这种宗族集体一致与个别房支地位异常提高的不平等需要获得解释，而风水迷信恰恰满足了这种解释的需要，例如饶氏族人之一的饶锡纯，在漕运过程中利用全族所有的运粮漕船返航时携带货物，赚取价差而发家：

> 其侍曾祖锡纯公漕艘北上也，往来必有居货。时其昂价出之，不数年获利甚伙。①

到后来，其后人在族谱中就是利用祖宗坟墓的风水来加以解释：

> 人咸莫喻公意，后集族人为五世祖礼公置祀田，始知公于曩时得墓侧一枯枝鬻之，今之累累然黄白者，皆由岷山滥觞，积而为江汉钜观也。噫！异哉！以为捐橐底金则固非无本，以为自居积来，则又何其速！功成不居，德至无名，古之人乎！古之人乎！②

利用公产（漕船）发家，却以过去利用出售祖宗墓旁一枯树枝的风水说加以解释，于是为如今家中无数的黄金白银找到了大江发源时最初涓涓细流的正当解释。

弗里德曼认为，祠堂中的祖先崇拜仪式是族群集体一致的仪式，但是，权力与地位也借祠堂祖先崇拜仪式得以表达，于是祠堂祖先崇拜仪式将强化集体一致与表达不平等联系在一起，祖先坟墓风水迷信更体现了族群内部的社会分化与竞争关系。③ 以上饶锡纯以祖先坟墓风水解释其致富缘由，以及上所引羊楼洞商贸茶业开创者雷兴传（字中万）"晚年好青鸟术，考妣佳城，皆其自卜"④。将墓地弄得神神秘秘，就都应该作如是观。所谓祖先的坟墓风水，其实也都体现了族群内部的社会分化和竞争。

这种风水迷信的观念随时代进步有所改观，至开明士绅雷豫咸（号心平），"当粤汉铁路议建时，公谓车栈必修本埠，商场可期发达。遂约族中

① 饶钟鏊：《祖考尚玉公妣宋宜人合传补遗》，《饶氏宗谱》，民国双峰堂本。
② 同上。
③ ［英］弗里德曼：《中国东南的宗族组织》，刘春晓译，上海人民出版社2000年版，第101、114页。《中国宗族与社会：福建与广东》（*Chinese Lineage and Society*：*Fukien and Kwangtung*，University of London The Athlone Press，1966，pp. 141，130—131.）
④ 程日阶：《中万雷先生传》，《雷氏宗谱》，民国甲子年合修初续崇义堂本。

昆仲，往省呈请，迁干就枝，引工程司踩踏路形，批准设栈，其经费一切，公皆自为垫给，从不派取地方。乃因路政中停车事尚未行，而公亦赍志以殁。良堪浩叹"①。雷豫咸引铁路在羊楼洞设站的主张因其逝世而夭折，再到后来重新提及时，因地方顽固势力以破坏风水为由反对，最终改设站赵李桥，进而导致羊楼洞茶业加速衰落。但在此前能够有雷豫咸等的争取，已可证其时代进步对于思想观念进步的带动。

时代与经济的发展必然导致新的风气进入，奢华之风亦盛。"洞中为中外茶商蔚聚之区，靡丽纷华，俱臻极点。"② 由于商人云集，羊楼洞各种娱乐业亦十分兴盛。如京剧、汉剧、楚剧、影剧等戏剧经常上演③，电影也早早就被引入羊楼洞。光绪三十三年（1907），粤商魏鉴彬、魏长于父子就曾在羊楼洞用手摇发电放映无声电影。之后，留日学生雷仲云、留美学生雷金波也都在羊楼洞放映过无声电影。④ 这些最新形态文化的引入，也促进了社会的开放和进步。

1884 年 4 月，上海至南京电报线路延伸到汉口，汉口设立电报局。⑤ 而同年，羊楼洞便出现了茶商自营的茶务电报业务。1896 年，湘鄂两省间架设电线，自长沙沿湘阴、岳州、临湘一路安设至湖北蒲圻县城，全长450 里，从此羊楼洞镇开始用电于生产和生活。⑥ 1903 年，羊楼洞邮政所设立，比蒲圻县城早了两年。1914 年，羊楼洞北山饶运皋家中开设电报局业务；1923 年，武昌至羊楼洞有线电报线路架通，同年羊楼洞电报局成立。1930 年，武羊电话线路开通，羊楼洞镇设立营业处开业。⑦ 由于茶商业务与信息关系密切，羊楼洞的通信始终紧紧追赶着时代前进的步履。

① 余泽霖：《姻家雷公心平大人暨德配王朱两孺人合传》，《雷氏宗谱》，民国甲子年合修初续崇义堂本。
② 贺锡锦：《雷制轩先生传》，《雷氏宗谱》，民国甲子年合修初续崇义堂本。
③《羊楼洞营业税局经收公安游艺捐暂行规则》，鄂藏档 LSI—5—4393，第 12 页。
④ 陈列：《我县最早用电地区——羊楼洞》，《蒲圻文史》1987 年第 3 辑。
⑤ 武汉市地方志编纂委员会：《武汉市志·大事记》，武汉大学出版社 1990 年版，第 17—18 页。
⑥ 文史资料研究委员会编：《临湘县百年大事记（1840—1949）》，1987 年。
⑦ 蒲圻市地方志编纂委员会：《蒲圻县志》（1866—1986），1987 年，第 5—6 页。

第八节 茶业改良及其社会效应

作为场域的羊楼洞茶业社会始终处于变动不居的状态，不同资本力量的出入，不同竞争策略的运用，都会引起场域内力量配置上的改变，进而影响羊楼洞茶业社会的面貌。19 世纪 30 年代的羊楼洞茶业改良，即产生了这样的社会效应。

1936 年，经调查研究，羊楼洞茶业改良场①提出：羊楼洞茶区所产砖茶，名闻中外，亦为国内唯一之砖茶生产地。在昔日旺盛时代，每年输俄有 40 余万担，近则日形减少，此固然有国际购买市场有所转移的原因，但与国内产制技术日下，成本高涨之情，大有相关，故拟对于砖茶之原料、配合之成分、压力之程度、干燥之日数、包装运输等项，均须加以切实之研究，而行种种之试验，以求优良之方法。具体为三个方面：一是辅助茶农生产；二是推广指导工作，指导产制技术；三是举办茶叶检验。② 鉴于茶业技术人才缺乏，在鄂南产茶区域之咸宁、蒲圻、通城、通山、崇阳、阳新等六县茶农子弟中招收训练人员，训练课程为茶业概论、栽茶学、制茶学、茶业经营、茶业推广、农村合作、农村社会及公民常识等，向茶农灌输茶叶栽制新技术及经营管理新知识。③

茶业合作社也获得了茶农的积极响应，例如，蒲圻县第三区十二保甲长向羊楼洞茶业改良场面呈申请，要求组织合作社："各保地处山乡，居民皆植茶维生，近因茶市日衰，茶价低落，更以存茶无人过问，茶农生活

---

① 羊楼洞茶业改良场源流甚长。1909 年，湖北劝业道在羊楼洞创办茶园讲习所，招收 40 名学生，成为全国最早创办的茶叶试验机关。民国元年（1912），奉农商部实业司命令，茶园讲习所更名为湖北茶业讲习所，先后招收学生 40 余名，民国四年（1915），讲习所因经费困难而停办。1919 年，湖北实业厅派员恢复，改名为湖北茶叶试验场并将嘉鱼农场及武昌宝积庵农校的一部分迁入，此后，又屡因时局动荡及经费困难而经六次时办时停，更换所长场长 10 余人，共持续 14 年而成绩甚微。1932 年后，专家和一些机构再次呼吁恢复，于是该场更名为湖北羊楼洞茶业改良场，直属湖北省建设厅，直到抗战前夕，设有场长一人，技士一人，技佐二人，助理员一人，公役一人，其经费开支、业务计划、所在地茶业状况都直接向湖北省建设厅汇报，其职责是负责在羊楼洞茶区、宜昌及鄂西茶区组织茶农组织，推进茶叶改良事业，承担起全省茶叶技术的宣传、推广、研究规划和指导工作。
②《湖北羊楼洞改良场改进砖茶红茶产制技术辅导及推广训练计划书》，鄂藏档 LS31—3—798，第 18—22 页。
③《湖北羊楼洞茶业改良场技术售货员训练班简章》，鄂藏档 LS31—3—801，第 6 页。

窘迫，请求准予组织茶叶生产合作社，发放茶农贷款，以利茶业，而舒民困。"① 可见，由于羊楼洞茶业改良场的努力工作，也由于这种努力符合了茶业经营实际的需要，洞茶茶业改良工作也受到了民间的欢迎。与茶业种植和管理改良几乎同时，茶叶制作的机器改良也沿继着张之洞当年开辟的方向前进。例如 1920 年，长盛川茶庄老板张仲山从汉口购回火车头（蒸汽机）一部，装在羊楼洞茶厂车间中用于压制茶砖；1923 年，张仲山又购买一台 2000 瓦发电机用于生产照明。② 1920—1935 年，羊楼洞茶区先后兴建义兴茶砖厂、聚义顺茶砖厂、宏源川茶厂、义兴公司四家机器制茶厂，其中义兴从汉口盛昌铁厂定制了压砖机、出砖机各三部；聚兴顺茶厂有压砖机、出砖机各一部，都是从汉阳周恒顺铁厂购买；其余两厂各有一台蒸汽发动机，年产值在 10 万—20 万元。③ 这些机器的使用也促进了民族机器制造业的进一步发展，例如周恒顺机器厂，原本只是汉阳一家前店后厂的小型工业作坊，以土法铸造一些炉齿、汤罐、鼎锅等家庭日用铁器。到第二代周仲宣手中，创新开拓，成为拥有 70 多台机床，用蒸汽作动力的机器厂。据周仲宣之子后来回忆，"那时我省咸宁、蒲圻一带山区盛产砖茶，行销蒙古、西藏，并出口到沙俄，但因包装不善，压制不紧，远途运输，破损严重。父亲（周仲宣）在汉口认真考察了俄商新泰、阜昌等砖茶厂，将新式压砖茶的方法介绍给羊楼洞茶厂，为他们设计试制了一套用蒸汽分层蒸制，用机械压茶砖的成套设备，得到茶商尤其山西茶商的赞赏，他们争相购用，使砖茶的运输损耗大为减少，大大提高了砖茶的出口声誉。经过多年推销，山区出口茶商大都改用机器。在那铁路未通，交通极端不便的情况下，对山区经济开发有很大的帮助"④。这些回忆出于子辈，"争相购买"等语可能有些渲染，但对于羊楼洞茶区开始机器使用的叙述基本还是事实，"对山区经济开发有很大的帮助"也并非夸张。据金陵大学科研调查，"义兴茶庄自称，机器制造茶砖，其优点在出品迅速，成品紧结，且加该庄采购原料品质较佳，从前每箱汽压茶砖，可多卖二三角"⑤。可见

---

① 《据呈蒲圻县第三区各保请求组社发放茶农贷款等情指令知照》，鄂藏档 LS31—3—796，第 10 页。

② 蒲圻市地方志编纂委员会：《蒲圻县志（1866—1986）》卷 1 "大事记"，1987 年。

③ 湖北省地方志编纂委员会：《湖北省志·贸易》，湖北人民出版社 1992 年版。

④ 周英柏、周兹柏：《周仲宣与周恒顺机器厂》，《湖北文史资料·工商专辑》1987 年第 3 辑。

⑤ 金陵大学农学院农业经济系调查编纂：《湖北羊楼洞老青茶之生产、制造及运销》，第 28 页。

使用机器与茶庄利益一致，对于其经济发展也确有帮助。

与茶叶有关的改良所引起的最大社会效应应该是茶叶运输业的改进。

前文曾经提及，羊楼洞茶区原有的茶货运输主要依靠车帮，因为所有茶货，均需用人力车运至张家咀、牛形咀，或蟠水下游的新店码头转船运出。"茶箱陆运用车，故峒有车行；水运始至新店过载，故该二处有船行。"① 新店水运在近代也出现西洋小火轮，小火轮上下三层，可坐三十多人并拖带几千箱茶叶。"其输送茶箱者，类皆外来之小蛟鸦艄及满江红等船。洋商如阜昌、新泰、顺丰各家，皆制有飞鸿、飞电等小轮，以为拖带之用；本地绅商则组普济公司，制备小轮二艘，载客商往于武汉。"② 原本茶叶运输，皆以人力独轮车经田间小路运往水边，然后用船运（较早时用木船，更近则亦有机器轮船）。后来粤汉铁路在赵李桥设火车站，于是洞茶可用独轮车从羊楼洞推至八公里外赵李桥，上火车直达武昌徐家棚转汉口后发往国内外。

在相当长一段时间里，担任独轮车运输的车夫，都是羊楼洞、赵李桥、新店本地的农民，他们结成一个庞大的行帮组织，有人回忆认为，"这支队伍，变成为繁荣的羊楼洞制茶业厂外的一支副业大军"③。但实际上，如前文所述，推车工作虽然出力流汗，但收入高，带垄断性，外地人不得涉足，是洞商依靠本地茶源兴盛的同时，对于当地同宗族但不同阶层乡民在茶叶场域中一种带有均富性质的安排。布迪厄这样定义"场域"："一个场域可以被定义为在各种位置之间存在的客观关系的一个网络（network），或一个构型（configuration）。正是在这些位置的存在和它们强加于占据特定位置的行动者或机构之上的决定性因素之中，这些位置得到了客观的界定，其根据是这些位置在不同类型的权力（或资本）——占有这些权力就意味着把持了在这一场域中利害攸关的专门利润（sepcific profit）的得益权——的分配结构中实际的和潜在的处境（situs），以及他们与其他位置之间的客观关系（支配关系、屈从关系、结构上的对应关系等）。"④ 在这个茶叶场域中，占有更加支配和主导位置的，无疑是从事茶

① 宋衍锦：《蒲圻县乡土志》，第87页。
② 同上书，第84页。
③ 余伯勋：《羊楼洞茶砖运输的变迁史话》，《蒲圻文史》1989年第5辑，第128、132页。
④ ［法］皮埃尔·布迪厄、［美］华康德：《实践与反思——反思社会学导论》，中央编译出版社1998年版，第133—134页。

叶贸易的那些洞商，他们拥有资本的主体，占有利润的主体；推车工人所拥有的，无非是一身力气和与洞商沾亲带故的宗族身份。但是，他们在茶叶场域中所占有的位置虽然属于屈从的地位，却毕竟比外来工人要优越。他们不必从事那些极其繁重和灰尘极大的工作，而只是由于占有这个垄断的位置，并不需要什么技术特长，便"一人靠一辆独轮车即可养活一家子"。随着运输规模的扩大，茶区出现了专门的茶叶转运公司，一般一家公司有几十辆甚至几百辆独轮车，较大的专业转运公司有怡和、晋安、福盛、汉通、汉昌、裕顺、信昌等①，且在不知不觉中，车帮和独轮车夫已然成为茶叶场域中的一个有一定资本，能够参与博弈的角色。

1928 年，饶润皋任羊楼洞商会会长，倡议修建羊楼洞至赵李桥之间的汽车道，茶区商人筹资修通洞赵公路，并成立"洞赵汽车股份公司"运茶运客，公司在羊楼洞和赵李桥两地各设一汽车站，有客车三辆、货车二辆，货运以茶为主，这当然是顺应时代进步的事情，但是这在茶叶场域中，也成为一种打破场域力量均衡和不成文的均富法则的举动。独轮车夫们认为，如果公路修成，汽车通车，那么原有的独轮车及车主，便有停废和失业的可能，于是车工群起反对，反对无效，便在通车以后，集体暴动，拦车、丢石，捣毁车上玻璃，殴打司机，破坏车上茶箱。后经商会会同各厂商及蒲圻建设局调停，所有车辆一律由资方照价收购，人员分别安排进茶厂，或由县收编为以后的筑路工，事件才告平息。② 这场博弈，似乎以推车工的暴力，以及洞商在暴力面前的屈从让步而结束，但实际上，所有这些以商会名义出面所做的这些调停和安排，车帮作为场域角色的基本消失，最终反映的，还是洞商在茶叶场域中更为优越的支配位置以及更为强势的权力。

之后，1933 年，崇赵公路建成，湖北省公路运输局在羊楼洞设车务分段，负责崇赵线客货运输管理，每天有定点班车往返于崇阳和赵李桥之间，更加方便了茶务和茶叶运输。③

---

① 陈启华：《湖北羊楼洞区之茶业》，《中国实业》第二卷第一期，1936 年 1 月 15 日。
② 余伯勋：《羊楼洞砖茶运输的变迁史话》，《蒲圻文史》1989 年第 5 辑。
③ 蒲圻市地方志编纂委员会：《蒲圻县志（1866—1986）》，1987 年，第 5—6 页。

结　　语

　　凭借晋商和洞商的共同努力，羊楼洞茶叶社会本将沿着自身的逻辑发展。但是，1938年日寇的占领和惨烈的破坏，给予羊楼洞致命的打击。1949年后，羊楼洞制茶业迁至有粤汉铁路之便的赵李桥，羊楼洞茶叶社会陷入沉寂。

　　然而，羊楼洞曾经有过它的辉煌，当笔者回顾它的历史，停笔而思，关于羊楼洞、茶、茶商和地方社会变迁的方方面面都在眼前一页页地掠过。

　　羊楼洞自古产茶，但其具有重要的商贸茶产地地位，是在清代罢除茶马互市、以茶治边的旧政之后。

　　羊楼洞可考实的商贸茶，始自清乾隆八年（1743）前后。当时晋商进入羊楼洞，以当地绅商雷兴传（字中万）为"停居主人"，以其高大宅屋为据点，设庄开秤，收取农民散植于畸零之地的茶叶作为原料，生产紧压茶以供北方及西北边贸，促进了羊楼洞地方种茶及茶业的发展。五口通商之后，由于福州开放通商，英国人开始在福州大量采购茶叶，山西商人在传统采购基地武夷地区受到为英国人采购茶叶的沿海地区商人的激烈竞争，清道光年间，受到生意衰微威胁的山西茶商转到湖北羊楼洞茶区组织货源，并派专人监制茶叶。咸丰时期（1851—1861），由于太平军与清军在江南和福建北部茶产区的战争活动，闽茶产量锐减，价格猛增，茶路阻隔，而清廷为筹战争经费多设关卡，实行厘金制度，晋商为缩短运茶路线，减轻成本负担，不得已而另辟茶源，于是大批转到湖北、湖南，已有良好茶业基础的羊楼洞地区遂成为晋商采购商贸茶的主要基地之一。与晋商在羊楼洞采购制茶（主要为老青茶亦称黑茶）几乎同时稍后，道光二十六年（1846），由羊楼洞游姓商人引导，以出口英国红茶为主要品种的客商亦从吴地进入羊楼洞，开始在洞茶产区采购红茶。1861年汉口开埠之后，英、俄茶商在汉口竞买，更促成了光绪年间羊楼洞茶业的加速发展，羊楼洞商人发扬其祖辈经商传统，亦借机由坐贾进而为行商，在国际茶贸这个大舞台上，全情投入地演出了一场轰轰烈烈的商贸大剧。

从前述可以看到，羊楼洞其实很早就有经商传统。除肇始羊楼洞茶业的雷氏家族之外，游氏之祖先在清初即已进入四川贸易蚕丝；饶氏之祖隶属军籍，有漕运义务在身，而竟利用漕运之船返程载货赚取地域差价，获取第一桶金。从本书所力图深描的百多位洞商经历可以看出，羊楼洞茶业的兴盛，与作为商业集团的洞商投入重金建造行屋，利用威信维持地方秩序，以及不断引资招商，倾心接纳晋粤商客，尝试外出经营，是密不可分的。掩卷而思，他们的奋斗，他们的心机，他们的喜悦和感伤，都历历如在眼前。洞商在各种不同的复杂心境中揖别科举、走下商海，但由科举所灌输的儒家理念却伴随他们终身。在商场他们是儒商，在地方他们是乡绅。他们在商战中讲求诚信，君子爱财，取之有道，善待客商，不辞辛劳，积累起日益增长的财富；在居家时，讲求富而有礼，鄙视为富不仁。由于切身利益所在，他们以儒家礼教稳定地方，在政治上支持清政府与太平天国的斗争。虽然与政府有矛盾，对政府军的恶行有怨言，有时亦有抗争，如拒缴张之洞两湖书院费，游镇海面斥驻军官长，等等。但总的说来，他们仍将自己的命运与当局捆绑在一起，不遗余力地支持政府，甚至组建自己的子弟武装，站在政府一边与太平天国及其他起义军作战。

由于在经济上居于顶层，洞商在地方上是统治势力。而由于儒家传统，他们的地方治理完全沿袭传统礼治方式，以宗族为核心自治单位，由族长老对本族族人进行约束，对子弟进行教化，而其漕运劳役等与国家政府产生的关系，也以宗族为单位组织完成。族中以正嫡长者为核心，敬宗收族；族人间以男性为核心，相互都为血亲关系，依亲疏逐层向外述及。其业茶经商以家族为单位，一家之中，一位男性主理，可有数位男性参与；兄弟析炊分家之后，财产分开，辄其经商业务也不再在一起。妇女主内，仅有极少数直接参加茶务者。

亲缘的关系掩盖阶层的差异。业茶有道的叔伯，对于初出道的子侄多有指导提携；成功者荒年筹米施粥，富家向贫者施贷，而平日修桥补路，热心公益，建祠堂修族谱，加强血缘联谊，都为阶级差异罩上温情脉脉的面纱。外出经商者捆载而归，为茶行职员者有薪水之入，务农者茶产出售后可得茶值，不足者还有宗族同乡垄断着的推独轮车出货的收入可资弥补；实在贫苦无告者还可借洞镇蒸蒸日上的茶务经济，设摊度日。羊楼洞茶叶社会似乎带有共富的性质。然实际上，不满被压抑着，如外地人来洞镇打工，待遇明显不如本地受保护的工人，外地人或者不满，而羊楼洞地方则以加强治安的高压方式加以压制。其初组仁里会，后设弹压局，对付外来人口的目的十分明显。但是阶级差异并不能以本乡、外地划界，光绪庚子，就有"吾乡莠民"参加所谓"红匪"，有名姓者，就有雷豫时、但德连等；民国时，更有本乡"不逞之徒"，乘南北战争之机，"乘间窃发，萑苻啸聚，所在皆是，官吏无如何，士绅尤噤戒不敢声"①，洞镇上层只得组织民团武装镇压。

清光绪至民国间亦是社会大变革的时代。由于英商退出，俄商垄断，茶市行情下行，利权外流，茶商亏损经营，怨声载道。当局者即如张之洞之聪明强干亦似乎仅能倡导机器生产，而于商贸大势无可如何。羊楼洞本帮茶商将主要商业收益投资于广建行屋的弊病开始显露，一些有识洞商利用晋粤等外商式微之机自主经营，力图把握住关系命脉的制造和销售渠道，于是出现了饶日阳、黄才扬、黄凤歧等自办茶庄的本帮商人，雷豫堞这样"才力过人"的大茶商，雷豫远这样往返逐利于上海、汉口的商场弄潮儿，和万国梁等投巨资引进机器的茶商。科举停考，社会多元，仅凭传统儒家礼教再难实现教化性治理。随着军阀混战，政权更深地切入地方，地方头面人物忙于应付上级政府方面和过往军队，如任南五区保卫总公所董事的雷泽均，平时组织缴纳捐税，战时"奉壶浆前导，即挽输召丁壮百诺，里中人虽逃避无一踪迹，有于道路从趋，昧爽兴而丙夜不休者，惟府君一人，勤劳卓著"；再如饶鲁堂、饶绍雄、饶云山这样担任商会会长而出面与过往军队周旋，都反映了政权向地方的深入渗透，洞镇出现警察所等治理机构，传统以宗族自治为核心的礼治体制，开始与现代法理治理实现融合。

科技的发展有力地推动了地方的进步，交通通信发展，机器制茶的引进，新式教育的引入，百业的兴盛，思想风气的开放，都预示着羊楼洞可

---

① 雷兆绂：《复旦府君传》，《雷氏族谱》，民国甲子年合修初续崇义堂本。

能拥有的更加美好的发展前景。如果不是日寇的入侵，这种前景当会日新月异地展现。日军为什么要拆除烧毁价值数千万两白银的茶行茶厂呢？笔者很难想清这个问题，一个非常不恰当的比方，这就像一个恶小子将好容易通过撒泼耍赖各种手段弄到手的物件又发狠砸碎一样。对于这个问题，据当地经历过此事的老人述说，日军方面曾给出的解释，是要避免当地抗日游击队利用这些成片相接每座都达数百间的高大行屋作为游击战争出没的依托。但从之后日军采取的经济手段看来，显示占领者淫威，震慑占领区人民，固然是侵略者凶残本性，而摧毁民族经济，彻底夺取资源，以扶持支持侵略战争的殖民经济，才是其更为深远的动机。

羊楼洞因茶繁盛的一页已经翻过，留下曾经的繁华，永远进入了历史。那么，我们今天重新翻开羊楼洞已经被历史尘封的一页，它的主要的意义是什么？笔者想到以下几点。

其一，发现洞商。

近年来，基于弘扬湖北文化传统的需要，从省官方机构到湖北学界，热衷于谈论"鄂商"与"楚商"。没有人注意过洞商，没有人注意过这一群体曾经在湖北近代经济史上，在与羊楼洞相关联的国际茶业贸易中，曾经发挥过举足轻重的作用。本书重新翻开羊楼洞已经被历史尘封的一页，其意义之一，就是在历史的深层，发现洞商，恢复他们在湖北近代经济史上的地位，让他们生动丰满地重新走上历史舞台。

洞商的发现，是历史上关于这一群体历史书写的接续。早在晚清，曾任光绪朝工部尚书高官的贺寿慈，就曾为洞商雷霦卿作传，称赞他"弱冠理家计及茶庄事，进出动以数万计，不动声色而部署裕如。且凡茶行者，屋宇即其资本。壬子初，粤贼猖獗，邑当南北冲要，兵退贼进，贼去兵来，兵与贼互相烧毁，霦卿祖遗房屋二百余间，尽成灰烬。乃贼敛戢不三四年，而颓瓦废垣已焕然一新矣。又另辟基址，修竖三百余间。所谓亿则屡中者"①。民国初年，时任湖北省实业厅厅长的谢石钦也曾为洞商雷元善作传，高度评价雷元善："当咸丰初元，欧舶东渐，廛及海疆，内地画域自封，无通商足迹。公于此慷慨兴远游志，兄弟合资，倡为红茶。业居者任采购制作，公任运输粤东，出售洋商，先后留粤六年，获利钜万。""是

---

① 贺寿慈：《霦卿公传》，《雷氏宗谱》，民国甲子年合修初续崇义堂本。

即吾华茶出洋之始，首其事者。"①然而，这些书写都淹没在族谱和地方的记忆中，更没有学者以一种整体性的眼光，从历史深处发掘这一群体，努力去复原这一群体的谋略、行动和各自所经历的喜怒哀乐。展示这一群体在历史的舞台上所演出的一场轰轰烈烈的茶贸大剧。这是湖北近代历史书写的缺失，是一个有待填补的空白。

洞商的发现，也是对"楚商""鄂商"概念的重要支撑，所谓"楚商""鄂商"，均是建构的概念。我们可以笼统地把在湖北经商的商帮称为"楚商""鄂商"，但是，"楚商""鄂商"究竟有何集体性的商业性格和商业活动，足以和"晋商""宁波商帮"并称，可能迄今尚无成熟的探索。如果依地域性概念，洞商当然属于"楚商""鄂商"的范畴，但是，这一群体是具体的，是有着自己独特的商业传统与惯习的，是可以触摸的羊楼洞本帮商人群体，因此，洞商的发现，使"楚商""鄂商"的概念不再那么抽象。笔者相信，只要湖北的历史工作者沉潜于历史，持续艰苦进行努力，"楚商""鄂商"的形象，终将丰满起来，成为真正能在中国历史舞台上立得起来的概念。

其二，发掘羊楼洞茶叶社会。

羊楼洞作为一个近代著名的茶区，早已为经济史学者所关注，但是，笔者综合文化学和历史人类学的立场和眼光，在羊楼洞看到的不仅仅是一个茶区，而是一个以茶叶贸易为中心产生的特殊社会形态。正是以茶叶贸易为中心，在羊楼洞，派生出不同的社会组织、不同的社会人群、不同的生活方式、不同的社会规则、不同的风俗习惯。这是关于羊楼洞区域社会的新观察。21世纪以来，关于区域社会的研究取得丰厚成果，人们日益清晰地认识到，对所谓"湖北"，不能做本质主义的理解，而要以社会史的"深描"方式，去发现湖北区域内社会形态的千形万状。正是运用这一眼光，笔者在羊楼洞，看到的不仅仅是茶叶贸易，还看到了它的深厚的儒家积淀和宗族传统，看到了茶商与乡绅的身份关联，看到了以乡绅为中心的地方治理的运作范式，看到了地方自治与政府治理的关系，等等。通过这种发掘和追踪，羊楼洞第一次以"茶叶社会"的样态呈现于湖北区域社会的历史书写上，对于描述逐渐为工商业所渗透的传统乡土社会，这一研究无疑具有特殊的意义。

---

① 谢石钦：《让溪公传》，《雷氏宗谱》卷首姻篇，民国甲子续修重订。

其三，发掘历史运动的关联性。

1963 年，美国气象学家爱德华·诺顿·罗伦兹（Edward Norton Lorenz）在一篇提交纽约科学院的论文中提出了"蝴蝶效应"这一概念。对于这个效应最常见的阐述是："一个蝴蝶在巴西轻拍翅膀，可以导致一个月后德克萨斯州的一场龙卷风。"历史就是这样，诸多遥远的似乎互不相涉的变化能引起连锁性的反应。历史工作者应该学会以这样的眼光，去发掘历史深层中所蕴藏的这样一种运动关联性。在羊楼洞的研究中，笔者就发现了外部世界和羊楼洞社会呼吸相通的关系：俄国特使前往蒙古对大汗的朝拜，可以导致多年后沙俄帝国政府对中国南方羊楼洞地区茶产地的觊觎；中国茶叶出口的利润，竟会导致大英帝国对华发动鸦片战争；英国对于红茶的需求挤压了在福建武夷山活动的山西茶商的传统茶产基地，太平天国在江南的活动又促使原本在下梅一带活动的山西茶商转而寻求内地茶叶，于是促成了羊楼洞的早期兴盛；清政府为对太平军作战征收"厘金"，以及殖民地化的对外商减税，导致晋商对俄商在茶叶贸易中处于劣势；清廷的开埠政策和游姓洞商向英国买办夸耀羊楼洞茶产的品质产量，导致英商因素进入洞镇和羊楼洞茶贸业再上层楼；英、俄商人在汉口的竞购，又促使羊楼洞茶业获得进一步长足的发展；蒙古国发生的革命，导致晋商的衰落，等等。这些由 A 至 B 的裂变，都让人想到罗伦兹的"蝴蝶效应"，于是本书的研究，往往不得不追溯由 B 到 A 的逆序，去探寻洞商的活动，例如因经商等足迹所至，洞商雷立南就曾在太平军占领江南期间"遍历上海、福建、湘潭诸市镇，以外贸为避乱计"[①]，并在广州领头重修湖北会馆；雷豫远等业茶，也曾在上海等地游走，"卓有声闻于江汉沪渎间"[②]；等等，这都使得羊楼洞地方研究的所谓"区域"也随之扩大和变动。因此，在区域社会的研究中，不仅仅需要"眼光向下"，还必须"由东到西""由南到北"，只有将更大范围内的历史运动纳入历史考察的视野，才会展现历史的宏大背景，拼出区域社会历史变迁的完整拼图。

历史不应该被尘封。历史工作者的职责就是拂去历史的尘埃，站在新的历史高度，清理被湮没的历史与重构历史。这正是笔者研究羊楼洞的初衷与衷心期望。

---

① 游冯煦林：《受山公传》，《雷氏宗谱》卷首姻篇，民国甲子续修重订。
② 雷兆绂：《重亭公传》，《雷氏宗谱》，民国甲子续修重订。

参 考 文 献

一 家谱、地方志、文集著作

［1］《雷氏宗谱》，1924 年。

［2］《雷氏宗谱》，1995 年。

［3］《饶氏家乘》，1948 年。

［4］《饶氏宗谱》，2011 年。

［5］《黄氏宗谱》，1929 年。

［6］《刘氏宗谱》，1983 年。

［7］《贺氏家谱》，1992 年。

［8］《邱氏族谱》，2007 年。

［9］《游氏族谱》，2011 年。

［10］张圻隆：《蒲圻县志》，康熙十二年（1673）。

［11］劳光泰：《蒲圻县志》，道光十六年（1836）。

［12］顾际熙、文元音：《蒲圻县志》，同治五年（1866）。

［13］傅燮鼎：《崇阳县志》，同治五年（1866）。

［14］宋衍锦：《蒲圻县乡土志》，蒲圻县教育局 1923 年版。

［15］蒲圻市地方志编纂委员会：《蒲圻县志》，1987 年。

［16］蒲圻市地方志编纂委员会：《蒲圻志》，海天出版社 1995 年版。

［17］裴天锡修，罗人龙纂：《湖广武昌府志》，1687 年。

［18］湖北省地方志编纂委员会：《湖北省志》（贸易），湖北人民出版社
　　　1992 年版。

［19］湖北省地方志编纂委员会：《湖北省志》（教育），湖北人民出版社
　　　1993 年版。

［20］张仲忻、杨承禧：《湖北通志》，中华书局 1923 年版。

［21］罗福惠：《湖北通史·晚清卷》，华中师范大学出版社 1999 年版。

［22］田子渝等：《湖北通史·民国卷》，华中师范大学出版社 1999 年版。

［23］武汉地方志编纂委员会：《武汉市志大事记》，武汉大学出版社 1990 年版。

［24］武汉地方志编纂委员会：《武汉市志对外经济贸易志》，武汉大学出版社 1996 年版。

［25］湖北省咸宁市地方志编纂委员会：《咸宁市志》，中国城市经济社会出版社 1992 年版。

［26］李兴铎：《湖北茶叶贸易志》，湖北省农业生产资料公司印刷厂 1985 年版。

［27］胡焕宗：《湖北全省实业志》，湖北实业厅 1920 年版。

［28］吴觉农：《中国地方志茶叶历史资料选辑》，农业出版社 1990 年版。

［29］渠绍森：《山西外贸志》，山西省地方志编纂委员会办公室印行 1984 年版。

［30］姚明辉：《蒙古志》，中国图书公司 1907 年版。

［31］内蒙古金融志编委会：《内蒙古金融志》，内蒙古人民出版社 2007 年版。

［32］徐焕斗：《汉口小志》，民国四年铅印本 1915 年版。

［33］武汉书业公会：《汉口商号名录》，武汉书业工会 1920 年版。

［34］湖北省志贸易志编辑室：《湖北省志：资料选编》，1983 年版。

［35］蒲圻市委员会：《蒲圻文史》第 1 辑，1985 年版。

［36］蒲圻市委员会：《蒲圻文史》第 2 辑，1986 年版。

［37］蒲圻市委员会：《蒲圻文史》第 3 辑，1987 年版。

［38］蒲圻市委员会：《蒲圻文史》第 5 辑，1989 年版。

［39］蒲圻市委员会：《蒲圻文史》第 6 辑，1990 年版。

［40］梁漱溟：《梁漱溟全集》，山东人民出版社 1990 年版。

［41］容闳：《西学东渐记》，中州古籍出版社 1998 年版。

［42］叶调元著，徐明庭、马昌松校注：《汉口竹枝词校注》，湖北人民出版社 1985 年版。

［43］张之洞：《劝学篇》，两湖书院光绪戊戌刊本 1893 年版。

[44] 张之洞：《张之洞全集》，河北人民出版社 1998 年版。

二 清代至民国的档案、报刊、调查报告

[1] 《蒲圻县民教馆羊楼洞分馆民国二十五年元月开办费预算》，鄂档藏 LS19—3—3794，1938 年。

[2] 《羊楼洞砖茶生产运销合作社案》，鄂档藏 LS31—16—819，1947 年。

[3] 《复兴鄂南、蒲圻、嘉鱼、崇阳、通城、咸宁、通山六县茶叶计划及办法》，鄂档藏 LS31—3—706，1947 年。

[4] 《湖北省五峰茶叶改良场工作报告书预算书及羊楼洞茶叶改良场计算书单据附属表》，鄂档藏 LS31—3—785，1939 年。

[5] 《湖北省羊楼洞茶业改良场发展鄂西茶叶生产计划》，鄂档藏 LS31—3—794，1938 年。

[6] 《湖北省羊楼洞茶业改良场派员赴宜昌区指导红茶改良事业计划书》，鄂档藏 LS31—3—795，1938 年。

[7] 《湖北省羊楼洞茶场茶业改良场呈请湖北省建设厅函农村合委会合组茶叶生产合作社》；《据呈蒲圻县第三区各保请求组社发放茶农贷款等情指令知照》，鄂档藏 LS31—3—796，1939 年。

[8] 《蒲圻羊楼司商会呈请湖北建设厅函中国茶叶公司请设法救济蒲圻羊楼司茶商》，鄂藏档 LS31—3—797，1939 年。

[9] 《湖北省羊楼洞茶叶改良场呈报鄂西鄂南茶叶危殆情形请设法救济》；《羊楼洞茶业改良场呈报鄂西鄂南茶业危殆情形恳予设法救济遵由》；《改进砖茶红茶产制技术辅导及推广训练计划书》；《蒲圻县羊楼洞镇商会呈为恳请指示维持本年新茶办法并救济金融运输等项由》，鄂档藏 LS31—3—798，1938 年。

[10] 《羊楼洞商会呈请救济砖茶意见》，鄂藏档 LS31—3—799，1938 年。

[11] 《湖北羊楼洞茶业改良场技术售货员训练班简章》；《羊楼洞茶业改良场技术训练班章程及讲习会章程》，鄂藏档 LS31—3—801，1938 年。

[12] 《民生茶叶公司接收羊楼洞制茶场案之代电呈令》；《民生茶叶公司接收羊楼洞敌人遗存砖茶原料包装材料清册》，鄂档藏 LS31—3—803，1939 年。

[13] 《恢复羊楼洞茶叶改良场计划及有关令呈》，鄂档藏 LS31—3—807，1951 年。

［14］《湖北省政府等单位有关接收羊楼洞义兴、聚兴顺两茶庄纠纷案之令代电呈》，鄂藏档 LS31—3—808，1951 年。

［15］彭先泽：《鄂南茶叶》，安化茶叶公司印行，鄂档藏 LSH2—14—3，1947 年。

［16］《武汉特别市商会武汉制茶业同业公会筹备会名册》，市档藏 LS119—64—80，1930 年。

［17］《汉口兴商茶砖股份有限公司驻厂日军抢走厂存机器锅炉汽管铁斗等》，市档藏 LS008—09—00193，1941 年。

［18］《汉口市政府蒲圻羊楼青红茶代表饶智泉等呈诉本市茶行违法病商》，市档藏 LS009—31—00038，1933 年。

［19］《商会请准许茶商携带法币往羊楼洞等处产茶区使用》，市档藏 LS009—31—00773，1941 年。

［20］《中国茶砖制造厂驻汉办事处》，市档藏 LS009—31—03312，1946 年。

［21］《伪湖北省民生茶业公司人事异动月报及简历名册》，市档藏 LS075—11—00001，1935 年。

［22］《伪湖北省实业公司茶厂人事物资移交清册》，市档藏 LS075—11—00005，1937 年。

［23］《关于汉口兴商茶砖公司要求在抗战时被敌毁坏损失财产给予赔偿和其他文件》，市档藏 LS076—02—00026，1947 年。

［24］陈启华：《湖北羊楼洞区之茶业》，《中国实业》1936 年第 2 期。

［25］戴啸洲：《汉口之茶业》，《中外经济周刊》1925 年。

［26］戴啸洲：《汉口之茶业》，《检验年刊》1933 年第 2 期。

［27］戴啸洲：《汉口之茶砖制造业》，《检验年刊》1933 年。

［28］戴啸洲：《汉口之茶业》，《国际贸易导报》1934 年第 6 期。

［29］戴啸洲：《湖北羊楼洞之茶业》，《国际贸易报告》1936 年第 5 期。

［30］目见人：《羊楼洞坦平颂》，《万国公报》第 10 年第 457 卷，1877 年 9 月 29 日。

［31］刘选民：《中俄早期贸易考》，《燕京学报》（第二十五期单行本），燕京大学哈佛燕京学社 1939 年版。

［32］金廷蔚：《中国实业要论》，商务印书馆 1925 年版。

［33］金陵大学农业经济系：《湖北羊楼洞老青茶之生产制造及运销》，南京出版社 1936 年版。

三　1949 年以后的专著及统计资料（按作者拼音排序）

[1]　[美] 艾美霞：《茶叶之路》，中信出版社 2007 年版。

[2]　[美] 罗威廉：《汉口：一个中国城市的商业和社会（1796—1889）》，中国人民大学出版社 2005 年版。

[3]　[美] 威廉·乌克斯：《茶叶全书》，东方出版社 2011 年版。

[4]　[英] 科大卫：《近代中国商业的发展》，浙江大学出版社 2010 年版。

[5]　[英] 科大卫：《皇帝和祖宗：华南的国家与宗族》，江苏人民出版社 2009 年版。

[6]　[英] 罗伊·莫克塞姆：《茶：嗜好，开拓与帝国》，生活·读书·新知三联书店 2010 年版。

[7]　[英] 莫里斯·弗里德曼：《中国东南地区的宗族组织》，上海人民出版社 2000 年版。

[8]　[法] 皮埃尔·布迪厄，[美] 华康德：《实践与反思——反思社会学导引》，中央编译出版社 1998 年版。

[9]　[俄] 鲍戈亚夫连斯基：《长城外的中国西部地区》，商务印书馆 1980 年版。

[10]　[俄] 霍赫洛夫：《十八世纪九十年代至十九世纪四十年代中国的对外贸易》，莫斯科科学出版社 1973 年版。

[11]　[俄] 库罗帕特金：《喀什噶尔》，商务印书馆 1982 年版。

[12]　[俄] 瓦西里·帕尔申：《外贝加尔边区纪行》，商务印书馆 1986 年版。

[13]　[日] 寺田隆信著，张正明、阎守诚译：《山西商人研究》，山西人民出版社 1986 年版。

[14]　包亚明：《文化资本与社会炼金术》，上海人民出版社 1997 年版。

[15]　陈锋：《明清以来长江流域社会发展史论》，武汉大学出版社 2006 年版。

[16]　陈椽：《茶业通史》，中国农业出版社 2008 年版。

[17]　陈椽：《中国茶叶外销史》，碧山岩出版社 1993 年版。

[18]　陈辉：《湖北史志文选》，武汉出版社 2007 年版。

[19]　陈文华：《长江流域茶文化》，湖北教育出版社 2004 年版。

[20] 陈文华：《中国茶文化学》，中国农业出版社 2006 年版。

[21] 陈香白：《中国茶文化》，山西人民出版社 2002 年版。

[22] 陈玉琼、倪德江等：《青砖茶主要品质成分分析及自由基清除作用研究》，中国茶叶科技创新与产业发展学术研讨会论文集，2009 年。

[23] 陈祖集、朱自振：《中国茶叶历史资料选辑》，农业出版社 1981 年版。

[24] 陈宗愚、程启坤、俞永明、王存礼：《中国茶经》，上海文化出版社 1992 年版。

[25] 程光、李绳庆：《晋商茶路》，山西经济出版社 2008 年版。

[26] 邓九刚：《茶叶之路》，新华出版社 2000 年版。

[27] 丁世良：《中国地方志民俗资料汇编》，书目文献出版社 1989 年版。

[28] 丁匙良：《中西闻见录选编》，文海出版社 1987 年版。

[29] 丁言模：《左儒右贾——安徽帮》，广东经济出版社 2001 年版。

[30] 丁以寿：《中华茶道》，安徽教育出版社 2007 年版。

[31] 额斯日格仓·包·赛吉拉夫：《蒙古族商业发展史》，辽宁民族出版社 2007 年版。

[32] 冯金平：《赤壁茶与茶马古道》，兰州大学出版社 2006 年版。

[33] 甘重民：《历代食货志今译》，江西人民出版社 1987 年版。

[34] 高旭晖、刘桂华：《茶文化学概论》，安徽美术出版社 2003 年版。

[35] 龚青山、吴尚平：《世界茶俗大观》，山东大学出版社 1992 年版。

[36] 龚胜生：《清代两湖农业地理》，华中师范大学出版社 1996 年版。

[37] 郭蕴深：《中俄茶叶贸易史》，黑龙江教育出版社 1995 年版。

[38] 黄鉴晖：《明清山西商人研究》，山西经济出版社 2002 年版。

[39] 孔祥毅：《金融贸易史论》，中国金融出版社 1998 年版。

[40] 茅家琦：《中国旧海关史料》（1859—1948），京华出版社 2001 年版。

[41] 李必樟编译：《上海近代贸易经济发展概况：1854—1898 年英国驻上海领事报告汇编》，上海社会科学院出版社 1993 年版。

[42] 李德复、陈金安：《湖北民俗志》，湖北人民出版社 2002 年版。

[43] 李文治、章有义：《中国近代农业史资料》，生活·读书·新知三联书店 1957 年版。

[44] 李希曾：《晋商史料与研究》，山西人民出版社 1996 年版。

[45] 梁太济、包伟民：《历代食货志今译》，中华书局 1987 年版。

[46] 林馥泉：《武夷茶叶之生产制造及运销》，福建省政府统计室，1943 年。

[47] 刘建生等：《晋商研究》，山西人民出版社 2002 年版。

[48] 刘建生：《明清晋商制度变迁研究》，山西经济出版社 2006 年版。

[49] 刘勤晋：《茶文化学》，中国农业出版社 2008 年版。

[50] 刘志伟：《在国家与社会之间：明清广东地区里甲赋役制度与乡村社会》，中国人民大学出版社 2010 年版。

[51] 罗望林、胡一真：《湖南省经济地理》，新华出版社 1987 年版。

[52] 孟宪章：《中苏经济贸易史》，黑龙江人民出版社 1992 年版，

[53] 穆雯瑛：《晋商史料研究》，山西人民出版社 2001 年版。

[54] 牛达兴、雷友山、黄祖生、高章林：《湖北茶文化大观》，湖北科学技术出版社 1995 年版。

[55] 彭泽益：《中国工商行会史料集》，中华书局 1995 年版。

[56] 彭泽益：《中国近代手工业史资料》（第 1—2 卷），生活·读书·新知三联书店 1957 年版。

[57] 皮明庥：《近代武汉城市史》，中国社会科学出版社 1993 年版。

[58] 陶德臣：《中国茶叶商品经济研究》，军事谊文出版社 1999 年版。

[59] 万献初、宗嵩山：《鄂南茶文化》，广西人民出版社 1993 年版。

[60] 汪敬虞：《中国近代工业史资料》，科学出版社 1957 年版。

[61] 朱自振：《中国茶叶历史资料选辑》，农业出版社 1981 年版。

[62] 王雷鸣：《历代食货志注释》，农业出版社 1989 年版。

[63] 王世华：《富甲一方的徽商》，浙江人民出版社 1997 年版。

[64] 王振忠：《明清以来徽州村落社会史研究》，上海人民出版社 2011 年版。

[65] 王忠民：《呼和浩特历史文化撷萃》，内蒙古人民出版社 2007 年版。

[66] 吴觉农、范和钧：《中国茶业问题》，商务印书馆 1937 年版。

[67] 吴觉农：《茶经述评》，中国农业出版社 2005 年版。

[68] 夏涛：《中华茶史》，安徽教育出版社 2008 年版。

[69] 徐鹏航：《湖北工业史》，湖北人民出版社 2008 年版。

[70] 杨大金：《现代中国实业志》，商务印书馆 1938 年版。

[71] 杨阳：《王权的图腾化》，浙江人民出版社 2000 年版。

［72］ 姚国坤：《茶文化概论》，浙江摄影出版社2004年版。

［73］ 姚贤镐：《中国近代对外贸易史资料》，中华书局1962年版。

［74］ 游漠俊：《洞天福地——鄂南古镇羊楼洞》，华文出版社2008年版。

［75］ 张海鹏、王廷元主编：《明清徽商资料选编》，黄山书社1985年版。

［76］ 张海鹏、王廷元编：《徽商研究》，安徽人民出版社1995年版。

［77］ 张俊峰：《水利社会的类型：明清以来洪洞水利与乡村社会变迁》，
北京大学出版社2012年版。

［78］ 张文勋：《民族审美文化》，云南大学出版社1999年版。

［79］ 张银河：《中国盐文化史》，大象出版社2009年版。

［80］ 张小也：《官、民与法：明清国家与基层社会》，中华书局2007
年版。

［81］ 张正明、薛慧林：《明清晋商资料选编》，山西人民出版社1989
年版。

［82］ 张正明：《晋商兴衰史》，山西古籍出版社2001年版。

［83］ 赵馥洁：《中国传统哲学价值论》，人民出版社2009年版。

［84］ 郑振满：《明清福建家族组织与社会变迁》，湖南教育出版社1992
年版。

［85］ 郑振满：《乡族与国家——多元视野中的闽台传统社会》，生活·读
书·新知三联书店2009年版。

［86］ 仲伟民：《茶叶与鸦片：十九世纪经济全球化中的中国》，生活·读
书·新知三联书店2010年版。

［87］ 周晓光、李琳琦：《徽商与经营文化》，世界图书出版公司1998
年版。

［88］ 周至、吴艳荣：《荆楚百项非物质文化遗产》，湖北教育出版社2007
年版。

［89］ 朱勇：《清代宗族法研究》，湖南教育出版社1987年版。

［90］ 朱自振：《茶史初探》，中国农业出版社1996年版。

［91］ 庄晚芳：《中国茶史散论》，北京科学出版社1988年版。

［92］ 安徽省博物馆编：《明清徽州社会经济资料从编》，中国社会科学出
版社1988年版。

［93］ 汉口商业一览编辑处编：《汉口商业一览》，中华书局1926年版。

[94] 华中师范学院历史系：《洞茶今昔》，湖北人民出版社 1980 年版。

[95] 嘉鱼县民间文学集成领导小组编：《中国民间歌谣集成湖北卷嘉鱼县歌谣集》，中国民间文艺出版社 1989 年版。

[96] 湖北省志贸易志编辑室编：《湖北近代经济贸易史料选辑》第 1、2 辑，1984 年版。

[97] 湖北省志贸易志编辑室编：《湖北近代经济贸易史料选辑》第 4 辑，1986 年版。

[98] 武汉市政协文史资料研究委员会编：《武汉文史资料》第 4 辑（总 70 辑），1997 年版。

[99] 咸宁地区群众艺术馆编：《鄂南民间故事传说集》，1982 年版。

[100] 咸宁市民间文学集成领导小组编：《中国民间歌谣集成湖北卷咸宁地区歌谣集》，中国民间文艺出版社 1990 年版。

[101] 中国人民政治协商会议湖北省委员会文史资料研究委员会编：《湖北文史资料》（工商专辑）第 3 辑，湖北人民出版社 1987 年版。

[102] 中国人民政治协商会议内蒙古自治区委员会文史资料研究委员会编：《内蒙古文史资料》（第 12 辑），内蒙古人民出版社 1984 年版。

[103] 中国人民政治协商会议武汉市委员会文史资料研究委员会编：《武汉工商经济史料》（第 1、2、3、4 辑），1983 年、1984 年、1987 年、1997 年版。

[104] 中国第一历史档案馆：《清代中俄关系档案史料选编》，中华书局 1981 年版。

[105] 中国第二历史档案馆：《档案资料汇编》第 3 辑《北洋政府》(1912—1927 年)，江苏古籍出版社 1991 年版。

[106] 政协河北省张家口市委员会文史资料研究委员会编：《张家口文史资料》（第 21 辑），1992 年版。

[107] 政协湖南省临湘县委员会文史资料研究委员会编：《临湘县百年大事记（1840—1949)》，1987 年版。

[108] 政协山西省委员会文史资料研究委员会编：《山西文史资料》第 10 卷（第 109—120 辑），2000 年版。

[109] K. N. Ahaudhuri, *The Trading World of Asian and the English*, Cambridge：East India Company, 1978.

［110］ Maurice Freedman, *Chinese Lineage and Society*：*Fukien and Kwangtung*, London：Athlone Press, 1966.

［111］ P. Bourdieu, L. D. Wacquant, *An Invitation to Reflexive Sociology*, The University of Chicago Press, 1992.

［112］ Helen Siu, *Down to Earth*：*The Territorial Bond in South China*, Stanford University Press, 1995.

［113］ Great Britain. Parliament. House of Commons：Embassy and Consular Commercial Reports 1854—1866, Irish University Press, 1972.

［114］ Great Britain. Parliament. House of Commons：Embassy and Consular Commercial Reports 1867—1869, Irish University Press, 1972.

四 1949 年以后的论文（按作者拼音排序）

［1］［美］L. 华康德：《论符号权力的轨迹》，《国外社会科学》1995 年第 4 期。

［2］［日］吉田金一：《关于俄清贸易》，《东洋学报》卷四十五第 4 号。

［3］［英］科大卫、刘志伟：《宗族与地方社会的国家认同——明清华南地区宗族发展的意识形态基础》，《历史研究》2000 年第 3 期。

［4］［俄］托尔加舍夫：《中国是俄国茶叶的供应者》，《满洲公报》1925 年第 5—7 期。

［5］茶人：《两湖茶的过去和现在》，《中国茶讯》1957 年第 3 期。

［6］蔡鸿生：《商队茶考释》，《历史研究》1982 年第 6 期。

［7］陈春生：《历史的内在脉络与区域社会经济史研究》，《史学月刊》2004 年第 8 期。

［8］陈旺林：《鄂南婚茶》，《文化月刊》1998 年第 11 期。

［9］陈玉琼、张伟等：《湖北青砖茶减肥作用研究》，《茶叶科学》2008 年第 28 期。

［10］成艳萍：《资源禀赋与晋商的茶叶贸易》，《山西大学学报》2007 年第 4 期。

［11］杜七红：《清代两湖茶业研究的回顾与展望》，《江汉论坛》2006 年第 4 期。

［12］甘满堂：《以茶制夷》，《农业考古》1996 年第 2 期。

[13] 高春平：《晋商与北部市场开发》，《晋阳学刊》2002 年第 4 期。

[14] 高春平：《张库商道之兴衰》，《中国名城》2009 年第 5 期。

[15] 郭蕴深：《论中俄恰克图茶叶贸易》，《历史档案》1989 年第 2 期。

[16] 胡永弘：《汉口的行帮与会馆、公所》，《武汉文史资料》1997 年第 4 期。

[17] 胡永弘：《汉口的钱庄与票号》，《武汉文史资料》1997 年第 4 期。

[18] 胡永弘：《武汉的酒楼与饮食文化》，《武汉文史资料》1997 年第 4 期。

[19] 李三谋、张卫：《晚清晋商与茶文化》，《清史研究》2001 年第 1 期。

[20] 李三谋：《近代晋商与茶文化》，《史志研究》2001 年第 2 期。

[21] 李泽兴：《湖北茶叶》，《湖北方志通讯》1985 年第 10 期。

[22] 林齐模：《近代中国茶叶国际贸易的衰减——以对英国出口为中心》，《历史研究》2003 年第 6 期。

[23] 刘建生、吴丽敏：《试析清代晋帮茶商经营方式、利润和绩效》，《中国经济史研究》2004 年第 3 期。

[24] 刘晓航：《中俄茶路与汉口》，《农业考古》2002 年第 2 期。

[25] 吕一群：《晚清汉口贸易的发展及其效应》，《华中师范大学》2009 年版。

[26] 宁书贤：《晋商与湘茶》，《文史月刊》1996 年第 4 期。

[27] 宁书贤：《对〈晋商与湘茶〉一文的补白》，《文史月刊》1997 年第 2 期。

[28] 秦宗财：《明清徽商与茶叶市场》，《安徽师范大学学报》（人文社会科学版）2006 年第 7 期。

[29] 苏宁：《早期中美茶叶贸易的启示》，《福建茶叶》2002 年第 2 期。

[30] 苏全有：《论清代中俄茶叶贸易》，《北京商学院学报》1997 年第 1 期。

[31] 苏全有：《论十九世纪后半期华茶出口贸易》，《北京商学院学报》1998 年第 2 期。

[32] 陶德臣：《近代中国外销茶流通环节考察》，《中国经济史研究》1995 年第 1 期。

[33] 陶德臣：《英属印度茶业经济的崛起及其影响》，《安徽史学》2007 年第 3 期。

［34］陶德臣：《中国近代外销茶的生产和流通环节》，《中国茶叶》1995年第16期。

［35］汪敬虞：《中国近代茶叶的对外贸易和茶业的现代化问题》，《近代史研究》1987年第6期。

［36］王国健：《论五口通商后徽州茶商贸易重心的转移》，《安徽史学》1998年第3期。

［37］王璐：《明清晋商对俄茶叶贸易行为的经济分析》，《中国流通经济》2010年第1期。

［38］王增盛、施兆鹏、刘仲华：《论黑茶品质及风味形成机理》，《茶叶科学》1991年第11期。

［39］吴孟雪：《中俄恰克图茶叶贸易》，《农业考古》1992年第4期。

［40］吴仁安、唐力行：《明清徽州茶商述论》，《安徽史学》1985年第3期。

［41］萧致治、徐方平：《中英早期茶叶贸易》，《历史研究》1994年第3期。

［42］谢天祯：《有关近代中国茶叶贸易兴衰的统计资料》，《福建茶叶》1984年第4期。

［43］杨力、王庆华：《晋商在明清时期茶叶贸易中的杰出贡献》，《农业考古》1997年第4期。

［44］杨仁飞：《清前期广州的中英茶叶贸易》，《学术研究》1997年第5期。

［45］袁欣：《1868—1936年中国茶叶贸易衰弱的数量分析》，《中国社会经济史研究》2005年第1期。

［46］张应龙：《鸦片战争前中荷茶叶贸易初探》，《暨南学报》1998年第3期。

［47］张正明：《清代的茶叶商路》，《光明日报》1985年3月6日。

［48］张正明：《清代晋商的对俄茶叶贸易》，《农业考古》1997年第4期。

［49］仲伟民：《近代中国茶叶国际贸易由盛转衰解疑》，《学术月刊》2007年第4期。

［50］庄国土：《18世纪中国与西方的茶叶贸易》，《中国社会经济史研究》1992年第3期。

[51] 庄国土:《茶叶,白银和鸦片:1750—1840 年中西贸易结构》,《中国社会经济史研究》1995 年第 3 期。

[52] 庄国土:《从闽北到莫斯科的陆上茶叶之路——19 世纪中叶前中俄茶叶贸易研究》,《厦门大学学报》2001 年第 2 期。

[53] 周娟美:《晚清晋商与湖北茶业的发展》,《山西高等学校社会科学学报》2005 年第 17 期。

[54] 周晓光:《近代外国资本主义势力的入侵与徽州茶商的衰落》,《江海学刊》1998 年第 6 期。

[55] 周晓光:《清代徽商与茶叶贸易》,《安徽师范大学学报》2000 年第 3 期。

[56] 朱成国:《试论恰克图条约对中俄贸易的影响》,《西北史地》1989 年第 4 期。

[57] 狄英杰:《近代湖北羊楼洞茶业经济与文化研究》,华中农业大学硕士学位论文,2011 年。

[58] 定光平:《羊楼洞茶区近代乡村工业化与地方社会经济变迁》,华中师范大学硕士学位论文,2004 年。

[59] 冯君:《清代归化城商业贸易的兴衰及其影响》,内蒙古师范大学硕士学位论文,2007 年。

[60] 张珊珊:《近代汉口港及其腹地经济关系变迁》,复旦大学博士学位论文,2007 年。

后　　记

感谢湖北大学中国思想文化史研究所中国史省级重点学科和湖北省社会科学基金项目"十二五"规划资助课题的资助，感谢中国社会科学出版社的学术支持，使本书终于有了问世的机缘。

本书是在博士学位论文的基础上撰写而成，涵盖了自己读博四年以来的研究所得，以及在文化所从事社会史研究的后续成果。书稿即将付梓之际，提笔凝思，回想起2010年自己甫任教职同时读博，这一路走来，遇到的问题不少，但得到的帮助更多。

读博期间，导师周积明教授给了我莫大的鼓励和支持。老师的严谨治学，对我影响至深，至今仍然记得当初导师"不当论文博士"的警语，手里还保留有一长溜导师开列的必读书单，为本书的撰写打下了基础。在本书的写作过程中，无论是撰写初期的问题意识、资料解读，还是写作中期的谋篇布局、理论观照，乃至后期的内容修改、遣词造句，老师都倾注了极多的心血。有时甚至顾不上吃完饭，就在饭桌上与我逐字斟酌推敲。回顾写作和修改过程中所经历的种种困难挫折，每每在最艰难的时候都有老师的点拨鼓励相伴，而自己言拙辞讷，很多在当时未曾表达的感谢，谨借此机会略表万一。

在本书撰写和修改的过程中，我也总能够得到来自所在的中国思想文化史研究所的师长和同人的支持和帮助。每逢我遭遇工作上的棘手难题，所长郭莹老师总是给予极好的建议，帮助我渡过难关，本书最初的选题方向就是得益于郭老师的提议；当我因经验缺乏而倍感压力的时候，郭老师的理解和关怀也总是让我从心底感到温暖。在此，还要特别感谢深圳大学的张小也教授。她是历史人类学和法律制度史专家，每次她来文化所讲学，我总是获益良多，也正是在张老师悉心指导和文化所其他老师的引领下，我才开始蹒跚学步，并逐渐领略历史人类学的治学风范，体会到从事历史研究的乐趣。在此还要由衷感谢文化所的诸位同人，每次我因科研问题而苦恼，他们都会予以关心，分享他们的心得和经验，给我极大的精神支持和鼓励。自2010年以来，我在文化所工作和学习的点点滴滴皆是心底最珍贵的回忆，置身于这样一个学术大家庭，从中体会着师友们的友善与温暖，在此亦怀着感恩的心，致以深深的谢意！

此外，我还想感谢湖北省咸宁市人大常委会副主任程学娟女士、赤壁市冯金平老先生、赵李桥砖茶厂权威先生、湖北科技学院定光平教授，感谢他们所提供的宝贵资料和无私帮助。出于研究需要，我曾多次到羊楼洞实地调研，得到当地黄俊杰、雷祖兴、饶志华、游谟俊、黄家华等多位老先生的热情接待，正是在他们的大力支持和帮助下，我在羊楼洞的田野考察工作才得以顺利进行。在此，我也感谢每一位曾给予帮助的地方人士，他们的友善和真诚，我将永远铭记于心。

最后，让我深怀感激与歉疚的还有我的家人，感谢父母和爱人的体谅关怀，减轻了我工作和生活的压力，得以专心致志投入本书的撰写。

回首过去的日子，白天讲课，夜晚笔耕，每当做完一天的工作后终于能来到书桌前那一刻，总会倍感珍惜，感慨自己何其幸运，这一路走来都有老师和亲友的相助相伴。在未来的道路上，我更会秉持一颗感激的心，仰望深邃而未知的学术星空，用加倍的努力，去回报永志于心的诸多恩情。言不尽意，聊表寸心。

李灵玢

2016年1月8日于湖北大学人文逸夫楼